ADMIS FONCTION PUBLIQUE

CONCOURS 2022-2023

4e édition

CONSEILLER PÉNITENTIAIRE D'INSERTION ET DE PROBATION (CPIP)

Externe, interne • Catégorie A

Tout-en-un

Christophe Blondel-Deblangy
Directeur des services pénitentiaires

Pierre-Brice Lebrun
Enseignant en droit

Vuibert

Ressources numériques

Téléchargez gratuitement des annales corrigées supplémentaires sur www.Vuibert.fr/site/210927

Crédits photographiques : iStockphoto@Drazen Zigic

ISSN : 2109-9305
ISBN : 978-2-311-21092-7

Conception de la couverture et de l'intérieur : Séverine Tanguy
Composition : So'Graph

Sommaire
pour se repérer

Travail réalisé

PARTIE 2 Réussir les épreuves d'admissibilité

Composition (concours externe)

Note de synthèse (concours externe)

Cas pratique (concours interne)

PARTIE 3 Réussir les épreuves d'admission

Entretien (concours externe et interne)

Présentation de l'ouvrage

La protection de la sécurité des personnes et des biens est, dans une société de droit, une préoccupation fondamentale et légitime des citoyens ; elle est donc une des missions majeures de la puissance publique, c'est-à-dire de l'État.

Les sanctions prononcées par la justice à l'encontre des auteurs de crimes et délits sont exécutées en France par le service public pénitentiaire.

La suppression des châtiments corporels à la Révolution française, la suppression de la peine de relégation et de transportation en 1938 et l'abolition de la peine de mort en 1981 ont donné à la privation de liberté le statut de peine de référence. Tout crime et délit est en premier lieu puni d'une peine privative de liberté. Les autres peines prévues par le Code pénal ont une place accessoire. Il suffit pour s'en convaincre de prendre connaissance de la part des peines d'emprisonnement parmi les peines prononcées.

Mais le service public pénitentiaire ne gère pas seulement les prisons ; il organise également les mesures dites de « milieu ouvert » qui évitent l'incarcération de certains condamnés. Il prépare la réinsertion dans la société et contribue à éviter la récidive.

Le législateur a ainsi cherché à limiter le recours à l'emprisonnement, notamment par la création des peines alternatives (en 1975), l'utilisation du sursis (introduit en 1891), du sursis avec mise à l'épreuve (en 1958) et la création du suivi socio-judiciaire (loi du 17 juin 1998). Ces peines conservent toutefois une référence directe et explicite à l'emprisonnement.

La sanction a valeur exemplaire tant pour les commettants d'infractions, de délits ou de crimes que pour les victimes et toute la société en général. Conformément à l'article 1er de la loi pénitentiaire du 24 novembre 2009, la sanction doit être organisée pour préparer les condamnés à s'insérer ou à se réinsérer dans la vie sociale, dès le commencement de leur peine, de manière à prévenir toute récidive.

Les missions du service public pénitentiaire sont fixées à l'article 2 de la loi pénitentiaire du 24 novembre 2009 : « Le service public pénitentiaire participe à l'exécution des décisions pénales. Il contribue à l'insertion ou à la réinsertion des personnes qui lui sont confiées par l'autorité judiciaire, à la prévention de la récidive et à la sécurité publique dans le respect des intérêts de la société, des droits des victimes et des droits des personnes détenues. »

Les objectifs de l'action de l'administration pénitentiaire sont de plusieurs ordres : favoriser la réinsertion, améliorer les conditions de détention et les conditions de travail des personnels pénitentiaires, renforcer la sécurité.

Les personnels de l'administration pénitentiaire – et particulièrement les personnels d'insertion et de probation – prennent en charge les personnes confiées par les autorités judiciaires, en assurent la garde et participent à la mission de réinsertion.

Longtemps placés sous l'autorité des magistrats – en ce qui concerne les comités de probation et d'assistance aux libérés (CPAL), et sous l'autorité des chefs d'établissements pénitentiaires pour les services socio-éducatifs (SSE) –, les services pénitentiaires d'insertion et de probation (SPIP) ont depuis 1999 développé un professionnalisme autonome par rapport à l'autorité judiciaire.

Leur action sur le passage à l'acte, leur rôle dans l'individualisation des peines et dans l'aménagement des peines, placent les conseillers pénitentiaires d'insertion et de probation sur le champ pénal et criminologique, et sur la prévention de la récidive.

Partant du principe que toute personne peut évoluer, la probation vise la réinsertion des auteurs d'infraction : en ce sens, elle ne se résume pas à la seule mise en œuvre de mesures de suivi et de contrôle et comprend également un travail d'assistance qui a pour objectif de créer des opportunités pour les personnes et de les aider à acquérir de nouvelles compétences pour profiter de ces opportunités. Le changement de la personne suivie – élaboré en concertation avec lui et en lien avec la communauté – constitue alors une dimension essentielle du concept de probation développé par le Conseil de l'Europe, qui explique qu'au-delà du processus de suivi de l'auteur d'infraction, les services de probation doivent travailler en étroite collaboration avec un vaste éventail d'organismes et collectivités locales susceptibles de fournir des réponses à la diversité des besoins des auteurs d'infractions.

Cette vision est au cœur des missions et de l'engagement des personnels d'insertion et de probation. Leurs missions sont riches et essentielles pour le suivi, le contrôle des mesures privatives ou restrictives de la liberté, et l'orientation en vue d'une meilleure insertion ou réinsertion des condamnés. Ils sont aussi des partenaires indispensables de l'autorité judiciaire, pour aider à la décision et préparer les projets d'aménagement de peine.

Ce métier est fait de rencontres, d'expériences inédites – parfois rudes ou difficiles à supporter. Vous serez confronté à des parcours de vie chaotiques, à des « accidentés de la vie », aussi bien à des auteurs de délits et de crimes – parmi les plus graves – qu'à leurs victimes. C'est un métier passionnant qui demande de la conviction, une force d'esprit et de la ténacité.

Chargée du suivi de l'ensemble des personnes placées sous main de justice, la filière insertion et probation de l'administration pénitentiaire représente plus 4000 personnes, conseillers et conseillères d'insertion et de probation (CPIP) et directeurs et directrices d'insertion et de probation (DPIP). Chaque CPIP gère en moyenne une centaine de dossiers. Ce nombre peut s'élever jusqu'à 130, voire davantage, alors que Conseil de l'Europe préconise un ratio de prise en charge de 30 à 60 personnes par agent de probation.

En juillet 2016, après une mobilisation sans précédent des conseillers pénitentiaires d'insertion et de probation, le président de la République a donné son contreseing à un relevé de conclusions signé par la chancellerie et les organisations syndicales. Cet acte, qui oblige l'État, revalorise le statut des personnels de l'insertion de l'administration pénitentiaire.

Ainsi, le décret n° 2019-50 du 30 janvier 2019 a acté le passage en catégorie A des CPIP et une revalorisation du statut à compter du 1er février 2019.

La profession devient plus attractive alors que, déjà, le recrutement indiquait que les candidats étaient de plus en plus diplômés (près de 45 % des candidats reçus ont un bac + 5).

Vous allez devoir sortir du lot.

Cet ouvrage, au plus près de la réalité des nouvelles épreuves du concours, vous donne, à partir d'exemples et d'exercices, la méthode pour appréhender les sujets, asseoir votre culture générale et réussir.

Bon courage…

Les auteurs.

Quelques notions de vocabulaire avant de commencer

Une personne placée « sous main de justice » fait l'objet d'une décision judiciaire en cours (mandat de dépôt, condamnation à une peine de prison ou à un aménagement de peine, mesures de suivi en milieu ouvert, tels qu'un sursis avec mise à l'épreuve).

En droit français, le « prévenu » est la personne, physique ou morale, faisant l'objet des poursuites judiciaires – pour une contravention ou un délit – devant un tribunal correctionnel ou devant un tribunal de police, après ordonnance de renvoi de la juridiction d'instruction (juge ou chambre).

Devant une cour d'assises, la personne poursuivie – pour un crime – est « la personne mise en examen » avant la clôture de l'instruction et l'« accusé » après l'ordonnance de mise en accusation et en attendant le procès.

Juridiquement est « prévenue » toute personne poursuivie se trouvant dans l'attente d'un jugement ou n'ayant pas encore été définitivement condamnée. Une personne prévenue peut être « détenue » ou « non détenue », selon les modalités décidées par le magistrat compétent.

Est « condamnée » toute personne déclarée coupable d'un délit ou d'un crime.
Une personne condamnée peut être « détenue » ou « non détenue », selon les modalités d'aménagement ou d'exécution de sa peine.

Est « écrouée » toute personne ayant fait l'objet d'une « mise sous écrou ».
L'« écrou » est l'acte par lequel est établie la prise en charge par l'administration pénitentiaire des personnes placées en détention provisoire ou condamnées à une peine privative de liberté. La personne écrouée peut être hébergée au sein d'un établissement pénitentiaire ou non.

Est « détenue » toute personne faisant l'objet d'une mesure privative de liberté à l'intérieur d'un établissement pénitentiaire.

Les personnes placées sous surveillance électronique ou en placement à l'extérieur sans hébergement ne sont pas détenues.

A. Les aménagements de peine

La « semi-liberté » est un aménagement de peine sous écrou qui permet à une personne condamnée de bénéficier d'un régime particulier de détention l'autorisant à quitter l'établissement pénitentiaire afin d'exercer une activité professionnelle, de suivre un enseignement, une formation professionnelle, ou un emploi temporaire, de rechercher un emploi, de participer de manière essentielle à sa vie de famille, de suivre un traitement médical ou de s'investir dans tout autre projet d'insertion ou de réinsertion de nature à prévenir les risques de récidive.

Le « placement à l'extérieur » est un aménagement de peine sous écrou qui permet à une personne condamnée de bénéficier d'un régime particulier de détention l'autorisant à quitter l'établissement pénitentiaire afin d'exercer une activité professionnelle, de suivre un enseignement, une formation professionnelle, de rechercher un emploi, de participer de manière essentielle à sa vie de famille, de subir un traitement médical ou de s'investir dans tout autre projet d'insertion ou de réinsertion de nature à prévenir les risques de récidive.

Le « placement sous surveillance électronique » (PSE) ou « bracelet électronique » est une mesure d'aménagement de peine permettant d'exécuter une peine d'emprisonnement sans être incarcéré. Cette mesure repose sur le principe que la personne s'engage à rester à son domicile (ou chez quelqu'un qui l'héberge) à certaines heures fixées par le juge. La personne porte le bracelet à la cheville. Si elle sort de chez elle en dehors des heures fixées, un surveillant pénitentiaire est aussitôt averti par une alarme à distance. Le PSE permet d'exercer une activité professionnelle, de suivre un enseignement, une formation professionnelle, un stage ou un emploi temporaire, de rechercher un emploi, de participer de manière essentielle à sa vie de famille, de suivre un traitement médical ou de s'investir dans tout autre projet d'insertion ou de réinsertion de nature à prévenir les risques de récidive.

La « libération conditionnelle » est une mesure d'aménagement de peine permettant la mise en liberté d'un condamné avant la date d'expiration normale de sa peine d'emprisonnement ou de réclusion, sous condition de respect, pendant un délai d'épreuve, d'un certain nombre d'obligations.

B. Les établissements pénitentiaires

Les « maisons d'arrêt » (MA) et « quartiers de maison d'arrêt » (QMA) situés dans des centres pénitentiaires reçoivent les prévenus (détenus en attente de jugement) et les condamnés dont le reliquat de peine est inférieur ou égal à deux ans lors de leur condamnation définitive.

Les « centres de détention » (CD) accueillent des condamnés à plus de deux ans considérés comme présentant les perspectives de réinsertion les meilleures. À ce titre, les CD ont un régime de détention principalement orienté vers la resocialisation des détenus.

Les « centres pénitentiaires » (CP) sont des établissements mixtes qui comprennent au moins deux quartiers à régime de détention différents (maisons d'arrêt, centre de détention et/ou maison centrale).

Les « maisons centrales » (MC) reçoivent les condamnés les plus difficiles. Leur régime de détention est essentiellement axé sur la sécurité.

Les « centres de semi-liberté » reçoivent les condamnés admis au régime de la semi-liberté.

Votre concours, votre métier

1. Le métier de conseiller pénitentiaire d'insertion et de probation

Les conseillers pénitentiaires d'insertion et de probation ont pour missions d'aider à la prise de décision judiciaire et de mettre à exécution les décisions pénales, restrictives ou privatives de liberté.

Ils assurent, sous l'autorité des directeurs pénitentiaires d'insertion et de probation, dans les services pénitentiaires d'insertion et de probation, les missions qui leur sont dévolues par la loi et les règlements à l'égard des personnes faisant l'objet d'une mesure privative ou restrictive de liberté, notamment :

– le décret n° 2019-50 du 30 janvier 2019 portant statut particulier du corps des conseillers pénitentiaires d'insertion et de probation ;

– la circulaire de la DAP n° 113 du 19 mars 2008 relative aux missions et aux méthodes d'intervention des services pénitentiaires d'insertion et de probation – NOR : JUSK0840001C.

Les conseillers pénitentiaires d'insertion et de probation sont soumis au statut spécial des personnels des services déconcentrés de l'administration pénitentiaire défini par l'ordonnance du 6 août 1958 et le décret du 21 novembre 1966.

Les conseillers pénitentiaires d'insertion et de probation exercent leurs attributions dans l'objectif de prévention de la commission de nouvelles infractions et d'insertion ou de réinsertion sociale des personnes placées sous main de justice.

Dans le cadre des mesures alternatives aux poursuites pénales, des mesures ou peines restrictives ou privatives de liberté, ils procèdent à l'évaluation initiale et continue de la situation globale des personnes confiées par l'autorité judiciaire. Ils sont chargés de la conception et de la mise en œuvre du parcours et de l'accompagnement individualisé de l'exécution de la ou des peines et des mesures des personnes confiées, incluant le cas échéant le respect de leurs obligations judiciaires.

Compte tenu de leur expertise en matière de décisions de justice et d'accompagnement socio-éducatif, de leurs connaissances en criminologie et de l'impact de leurs actions sur l'exercice des libertés individuelles des personnes qui leur sont confiées, ils contribuent à la politique d'individualisation des peines ainsi qu'au développement des alternatives à l'incarcération et des aménagements de peine, selon les conditions prévues par le Code de procédure pénale.

Ils contribuent à la conception, à la mise en œuvre et à l'animation de partenariats de proximité répondant aux besoins des personnes accompagnées. Ils œuvrent plus particulièrement au travail sur le sens de la peine afin de concourir au maintien ou à la restauration de l'autonomie et à la responsabilisation des personnes suivies. Au sein des établissements pénitentiaires, ils contribuent notamment à la prévention des effets désocialisants de l'incarcération et à la préparation à la sortie des personnes détenues.

Placés sous l'autorité hiérarchique des directeurs pénitentiaires d'insertion et de probation, ils sont à titre principal affectés au sein d'un service pénitentiaire d'insertion et de probation. Ils peuvent également être affectés en direction interrégionale, à l'École nationale d'administration pénitentiaire, dans l'un des centres nationaux d'évaluation ou à l'administration centrale.

Au 1er janvier 2021, près de 5 000 conseillers pénitentiaires d'insertion et de probation (hors stagiaires et élèves) étaient affectés au sein de 103 services pénitentiaires d'insertion et de probation (SPIP).

Ils prenaient en charge 241 873 personnes placées sous main de justice : 158 576 personnes suivies en milieu ouvert (au 30 septembre 2020) et 75 021 personnes sous écrou au sein des 187 établissements du parc pénitentiaire (82 maisons d'arrêt, 98 établissements pour peine, 6 établissements pénitentiaires pour mineurs, 1 établissement public de santé national à Fresnes), dont 62 673 personnes détenues (pour 61 082 places en service) :

- dont 17 856 prévenus, 2 423 condamnés-prévenus et 42 394 condamnés ;
- dont 2 699 femmes détenues et 775 mineurs incarcérés.

A. Au sein des établissements pénitentiaires

Les conseillers pénitentiaires d'insertion et de probation accompagnent les personnes détenues dans le cadre d'un parcours d'exécution des peines.

Ils aident à la décision judiciaire : ils proposent des mesures d'aménagement de peine au juge de l'application des peines, en fonction de la situation du condamné.

Ils aident à la préparation à la sortie de prison : il s'agit de faciliter l'accès des personnes incarcérées aux dispositifs d'insertion et de droit commun (logement, soin, formation, travail...). Pour ce faire, les personnels pénitentiaires d'insertion et de probation développent et coordonnent un réseau de partenaires institutionnels et associatifs.

Ils apportent l'aide utile au maintien des liens familiaux. Ils portent une attention particulière aux problèmes d'indigence, d'illettrisme et de toxicomanie. Ils facilitent l'accès des personnes détenues à la culture, en programmant des activités adaptées au milieu carcéral (diffusion d'œuvres, ateliers...).

B. En milieu ouvert

Les conseillers pénitentiaires d'insertion et de probation interviennent dans le cadre d'un mandat judiciaire.

Ils apportent à l'autorité judiciaire tous les éléments d'évaluation utiles à la préparation et à la mise en œuvre des condamnations.

Ils aident les personnes condamnées à comprendre la peine. Ils impulsent avec elles une dynamique de réinsertion, notamment par la mise en place de programmes de prévention de la récidive.

Ils s'assurent du respect des obligations imposées aux personnes condamnées à des peines restrictives ou privatives de liberté (semi-liberté, travail d'intérêt général, libération conditionnelle, placement sous surveillance électronique…).

Dans le cadre des politiques publiques, ils favorisent l'accès des personnes placées sous main de justice aux dispositifs d'insertion sociale et professionnelle.

Pour mener à bien ces différentes missions, ils travaillent avec les autres personnels pénitentiaires et s'appuient sur un réseau de partenaires institutionnels et associatifs. L'objectif est d'aider les personnes placées sous main de justice dans leurs démarches d'insertion, de contrôler le respect de leurs obligations imposées par l'autorité judiciaire (indemnisation, soins…), ainsi que d'œuvrer à la compréhension de leur peine et participer à la prévention de la récidive.

Les conseillers pénitentiaires d'insertion et de probation exercent les attributions qui leur sont conférées par les lois et règlements pour l'application des régimes d'exécution des décisions de justice et sentences pénales. Ils interviennent dans le cadre des mesures alternatives aux poursuites pénales, restrictives ou privatives de liberté. Sur saisine des autorités judiciaires, ils concourent à la préparation des décisions de justice à caractère pénal. Ils assurent le suivi de l'exécution des peines et veillent au respect des obligations judiciaires dans un objectif de prévention de la récidive et de réinsertion.

Ils concourent à la préparation et à la mise en œuvre des mesures d'insertion et des dispositifs de prévention de la récidive. Ils participent à la politique d'individualisation des peines par le développement des alternatives à l'incarcération et des aménagements de peine dans les conditions prévues par le Code de procédure pénale.

Ils œuvrent plus particulièrement au travail sur le sens de la peine, afin de concourir au maintien ou à la restauration de l'autonomie et à la responsabilisation des personnes suivies.

C. S'intéresser à tous les profils

Pour exercer ce métier, situé à la croisée de l'assistance sociale, de l'éducation et de la psychologie, il faut aimer le contact humain et s'intéresser aux individus pour les aider à s'en sortir. Et ce, quel que soit le profil du condamné : jeune délinquant mineur ou multirécidiviste… Prévenir la récidive est une tâche ambitieuse mais difficile. Il faut accepter de voir revenir régulièrement les mêmes personnes, sans pour autant penser qu'on a personnellement raté son objectif.

D. Garder une distance minimale

Prendre à cœur les problèmes des autres ne signifie pas non plus les absorber. Face à des condamnés très agressifs par exemple, le conseiller pénitentiaire d'insertion et de probation doit garder la bonne distance pour tenir un discours clair et apporter une aide efficace. Il doit aussi être en mesure d'entendre des choses très dures, d'affronter des personnalités difficiles ou des situations très émouvantes dans la journée. Il doit être capable de laisser ses préoccupations à son bureau avant de rentrer chez lui.

E. Savoir s'adapter

Le conseiller pénitentiaire d'insertion et de probation doit être capable de comprendre l'environnement social et la situation psychologique des personnes qui lui sont confiées. Il doit savoir travailler en équipe, mener des entretiens, faire preuve d'initiative...

LES QUALITÉS REQUISES

- Sens de l'écoute, ouverture d'esprit
- Capacité à mener des entretiens
- Esprit de synthèse et d'analyse
- Sens de l'initiative, goût du travail en équipe et autonomie
- Connaissances dans les domaines juridiques et les sciences humaines

2. Les conditions d'accès au concours

Les conseillers pénitentiaires d'insertion et de probation de l'administration pénitentiaire sont recrutés par deux concours distincts (externe et interne) qui ont lieu simultanément.

Les candidats aux deux concours doivent réunir les conditions suivantes :

– posséder la nationalité française ;

– jouir de leurs droits civiques ;

– se trouver en position régulière au regard du code du service national, le cas échéant ;

– remplir les conditions d'aptitude physique exigées pour l'exercice de la fonction ;

– ne pas avoir de mention au bulletin n° 2 du casier judiciaire, incompatible avec l'exercice des fonctions.

Il n'y a pas de limite d'âge pour se présenter aux concours (externe et interne).
Il n'y a pas de limite d'âge pour passer ce concours.

A. Le concours

Les conseillers pénitentiaires d'insertion et de probation sont recrutés :

1° par la voie d'un concours externe sur épreuves ouvert aux candidats titulaires d'un diplôme sanctionnant la réussite de trois années d'enseignement supérieur après le baccalauréat ou d'un titre ou d'un diplôme équivalent, c'est-à-dire d'un titre ou diplôme homologué au moins au niveau II, ou qui justifient d'un diplôme, d'un titre ou d'une qualification professionnelle reconnus comme équivalents dans les conditions prévues par le 1° de l'article 6 du décret n° 2019-50 du 30 janvier 2019 ;

2° le concours externe sur titre est ouvert aux personnes titulaires d'un diplôme sanctionnant la réussite de trois années d'enseignement supérieur après le baccalauréat ou d'un titre ou d'un diplôme équivalent, c'est-à-dire un diplôme homologué au moins au niveau II dans les domaines social ou éducatif, ou d'une qualification reconnue comme équivalente à ce diplôme par une commission dont la composition et le fonctionnement sont fixés par arrêté conjoint du garde des Sceaux, ministre de la Justice et du ministre chargé de la Fonction publique (voir le 3° de l'article 6 du décret n° 2019-50 du 30 janvier 2019) ;

Pour ce concours, les candidat(e)s remettent au service organisateur, par voie dématérialisée à l'adresse concours.dap@justice.gouv.fr, au moment de leur inscription, un dossier comportant :

- un curriculum vitae ;
- une note de deux pages au plus, décrivant les emplois occupés, les stages effectués et la nature des activités et travaux réalisés ;
- une copie des titres ou diplômes homologués, au moins de niveau 6 dans les domaines social ou éducatif, ou d'une qualification reconnue équivalente ;

3° par la voie d'un concours interne sur épreuve ouverts aux fonctionnaires et agents de l'État et de ses établissements publics, des collectivités territoriales et des établissements publics qui en dépendent, de la fonction publique hospitalière, aux militaires et aux agents en fonction dans une organisation intergouvernementale internationale qui justifient de quatre ans de services publics à la date d'ouverture du concours (voir le 3° de l'article 6 du décret n° 2019-50 du 30 janvier 2019) ;

4° par la voie d'un concours (dit « 3e concours ») ouvert aux candidats justifiant de l'exercice, pendant au moins cinq ans au cours des dix années précédant la date d'ouverture du concours, d'une ou plusieurs des activités mentionnées au 3° de l'article 19 de la loi du 11 janvier 1984 portant droits et obligations des fonctionnaires. Les périodes au cours desquelles l'exercice d'une ou plusieurs activités ou d'un ou plusieurs mandats aura été simultané ne sont prises en compte qu'à un seul titre (voir le 4° de l'article 6 du décret n° 2019-50 du 30 janvier 2019 et le 3° de l'article 19 de la loi du 11 janvier 1984).

Les concours mentionnés aux 1°, 2°, 3° et 4° peuvent être ouverts pour une affectation locale en Polynésie française et en Nouvelle-Calédonie. Lorsqu'un concours à affectation locale est ouvert simultanément à un concours à affectation nationale, les candidats doivent opter pour l'un ou l'autre dès leur inscription.

Les règles d'organisation générale des concours, la nature et le programme des épreuves sont fixés par arrêté conjoint du garde des Sceaux, ministre de la Justice et du ministre chargé de la Fonction publique. Les modalités d'organisation des concours, ainsi que la composition du jury sont fixées par arrêté du garde des Sceaux, ministre de la Justice.

Le nombre des emplois offerts au concours externe ne peut être inférieur à 30 % ni excéder 50 % du nombre total des emplois mis aux concours internes et externes.

Le nombre des emplois offerts au concours externe sur titres ne peut excéder 10 % du nombre des emplois mis au concours externe.

Le nombre des emplois offerts au concours interne ne peut être inférieur à 30 % ni excéder 50 % du nombre total des emplois mis aux concours internes et externes.

Les postes ouverts aux concours qui n'auraient pas été pourvus par la nomination des candidats à l'un de ces concours peuvent être attribués, par arrêté du garde des Sceaux, ministre de la Justice, à l'autre concours. Ce report ne peut avoir pour conséquence que le nombre d'emplois offerts à l'un des concours soit supérieur aux deux tiers du nombre total de places offertes aux concours.

B. Le concours externe

Les candidats au concours externe doivent en outre être titulaires soit d'une licence ou d'un master, soit de l'un des titres ou diplômes reconnus équivalents.

Les candidats doivent remplir la condition de diplôme au plus tard à la date de la première épreuve écrite.

Des dérogations aux conditions de diplômes sont accordées aux personnes élevant ou ayant élevé trois enfants et plus et aux sportifs de haut niveau figurant sur la liste des sportifs de haut niveau fixée chaque année par le ministère de la Santé, de la Jeunesse et des Sports. Les conditions de diplôme ne leur sont pas opposables.

C. Le concours interne

Les candidats au concours interne doivent être fonctionnaires ou agents de l'État, des collectivités territoriales et des établissements publics qui en dépendent, y compris ceux de caractère sanitaire et social mentionnés à l'article 2 de la loi n° 86-33 du 9 janvier 1986 portant dispositions statutaires relatives à la fonction publique hospitalière, placés dans l'une des positions prévues à l'article 32 de la loi n° 84-16 du 11 janvier 1984 portant dispositions statutaires relatives à la fonction publique de l'État, à **l'exception de la position de disponibilité**, et justifier au 1er janvier de l'année du concours **d'au moins quatre ans de services publics effectifs.**

D. Comment s'inscrire au concours

Les inscriptions peuvent s'effectuer par voie télématique sur le site du ministère de la Justice à l'adresse suivante : www.justice.gouv.fr – rubrique « métiers ».

Un dossier d'inscription en version papier peut également être demandé en écrivant au :

Ministère de la Justice
Direction de l'administration pénitentiaire
Sous-direction des métiers et de l'organisation des services
Bureau Me4
13, place Vendôme
75042 Paris Cedex 01

3. Les épreuves du concours

A. Le concours externe

Le concours externe comporte les épreuves suivantes :

- **Deux épreuves écrites d'admissibilité qui consistent en :**

a) une composition portant sur un sujet d'ordre général relatif à l'évolution politique, économique et sociale de la France contemporaine ou aux libertés publiques (durée : 4 heures – coefficient 3) ;

b) une épreuve de note de synthèse à partir d'un dossier portant sur des problématiques liées à la justice (durée : 3 heures – coefficient 2).

Pour le concours externe : un stage de découverte obligatoire de 2 jours dans un service d'insertion et de probation permet aux candidats déclarés admissibles d'appréhender la réalité des missions du conseiller pénitentiaire d'insertion et de probation.

- **Deux épreuves orales d'admission**

a) Un entretien avec le jury, visant à apprécier les aptitudes et les motivations du candidat à exercer les fonctions de conseiller pénitentiaire d'insertion et de probation (durée de l'entretien : 30 minutes maximum, dont 10 minutes au plus d'exposé – coefficient 5).

Pour les doctorants, cette épreuve a pour point de départ un exposé sur leur expérience universitaire ou professionnelle. Le jury dispose d'une fiche individuelle de renseignement que le candidat transmet au service organisateur. L'entretien peut également comporter des mises en situations professionnelles.

Pour les autres candidats, l'épreuve a pour point de départ un exposé à partir d'un sujet tiré au sort (temps de préparation : 15 minutes). L'échange qui s'ensuit peut comporter des mises en situation professionnelles.

b) Une épreuve collective, destinée à apprécier l'aptitude à la prise de parole, les qualités relationnelles et d'écoute du candidat.

Les candidats devront élaborer une réponse collective à une mise en situation professionnelle, qui sera suivie d'un entretien individuel avec le jury au cours duquel le candidat est invité à analyser les échanges auxquels il a participé (durée totale de l'épreuve : 40 minutes, dont 30 minutes pour la réponse collective et 10 minutes pour l'entretien individuel – coefficient 3).

B. Le concours interne

Il comporte les épreuves suivantes :

- **Une épreuve écrite d'admissibilité :**

Une épreuve écrite qui consiste en une résolution de cas pratique à partir d'un dossier portant sur des problématiques liées à la justice, visant à vérifier les qualités rédactionnelles des candidats, leur capacité d'analyse et de synthèse, ainsi que leur aptitude à proposer des solutions de manière organisée et argumentée (durée : 3 heures – coefficient : 2).

■ **Deux épreuves orales d'admission**

a) Un entretien avec les membres du jury ayant pour point de départ un exposé du candidat sur son parcours professionnel et permettant d'apprécier ses motivations pour exercer l'emploi de CPIP. Le candidat peut également être interrogé sur des questions relatives au service public pénitentiaire et des mises en situation professionnelles (durée : 30 minutes maximum, dont 10 minutes au plus d'exposé - coefficient 5).

b) Une épreuve collective, destinée à apprécier l'aptitude à la prise de parole, les qualités relationnelles et d'écoute du candidat.

Les candidats devront élaborer une réponse collective à une mise en situation professionnelle, qui sera suivie d'un entretien individuel avec le jury au cours duquel le candidat est invité à analyser les échanges auxquels il a participé (durée totale de l'épreuve : 40 minutes, dont 30 minutes pour la réponse collective et 10 minutes pour l'entretien individuel – coefficient 3).

C. Pour le concours externe sur titres

Les candidats sélectionnés sur dossier seront reçus par le jury pour un entretien ayant pour point de départ un exposé sur leur formation et leur expérience professionnelle. Il sera suivi d'une discussion destinée à apprécier les motivations et les aptitudes des candidats à exercer l'emploi de CPIP (durée : 40 minutes, dont 10 minutes au plus d'exposé).

D. Pour le 3e concours

L'épreuve consiste en un entretien avec le jury visant à apprécier les aptitudes et motivations du candidat à exercer la fonction de CPIP.

Il aura pour point de départ un exposé du candidat à partir d'un sujet qu'il aura tiré au sort.

L'entretien sera complété de mises en situation professionnelles (temps de préparation : 15 minutes – durée de l'entretien : 30 minutes, dont 10 minutes d'exposé - coefficient 4).

E. Les résultats

Il est attribué à chaque épreuve d'admissibilité et d'admission une note de 0 à 20. Cette note est multipliée par le coefficient correspondant à chaque épreuve. La somme des points ainsi obtenue forme le total de points des épreuves.

Toute note inférieure à 5 sur 20 aux épreuves d'admissibilité est éliminatoire. Les candidats doivent se présenter à l'ensemble des épreuves.

Seuls peuvent subir les épreuves d'admission, après application des coefficients, les candidats ayant obtenu aux épreuves d'admissibilité :

- pour le concours externe : un nombre total de points au moins égal à 50 ;
- pour le concours interne : un nombre total de points au moins égal à 20.

Ce nombre total de points est arrêté par le jury, qui établit la liste des candidats admissibles après péréquation, s'il y a lieu, et par ordre alphabétique.

Les candidats (externes et internes) déclarés admissibles effectuent obligatoirement, avant les épreuves d'admission, un stage de sensibilisation de deux jours en milieu pénitentiaire.

À l'issue des épreuves d'admission, le jury se réunit pour délibérer et fixer, après péréquation, s'il y a lieu, et par ordre de mérite, la liste des candidats admis au concours.

Seuls peuvent figurer sur cette liste, s'ils n'ont obtenu aucune note éliminatoire, les candidats ayant obtenu pour l'ensemble des épreuves d'admissibilité et d'admission un nombre de points fixé par le jury qui ne peut être inférieur à :

- pour le concours externe : 70 points ;
- pour le concours interne : 40 points.

Le jury peut dresser une liste complémentaire des candidats qu'il estime aptes à être admis au concours.

QUELQUES DONNÉES CONCERNANT LES LAURÉATS DE CONCOURS ENTRÉS EN FORMATION EN 2020

La 25e promotion de CPIP, constituée de 281 élèves, est entrée en formation le 31 août 2020 pour une durée de deux ans. La promotion est composée de 85 % de femmes, et les élèves sont âgés de 29,3 ans en moyenne.

Les personnes seules sont majoritaires dans la promotion : 57 % des élèves sont célibataires ou divorcés/veufs. Les élèves en couple sont principalement des personnes vivant en union libre (23 %), les mariés et les pacsés étant présents à hauteur de respectivement 11 % et 9 %.

65 % des stagiaires ont intégré la formation grâce au concours externe, 34 % via le concours interne et 1 % ont été recrutés en tant que travailleurs handicapés.

Les élèves sont détenteurs à 80 % d'un bac+3. Depuis dix promotions, les élèves diplômés d'un bac+5 sont toujours les plus nombreux : 44 % en moyenne. Cette proportion n'est cependant pas figée dans le temps : au fil des ans, les futurs CPIP sont de plus en plus nombreux à être titulaires de ce niveau.

Les élèves sont principalement motivés par la réinsertion des personnes détenues et par l'intérêt qu'ils portent aux métiers de relations humaines. Faire carrière dans le métier de CPIP et devenir DPIP sont leurs principales perspectives en début de formation.

4. La classe préparatoire intégrée

Le fonctionnement de la classe préparatoire intégrée est fixé par l'arrêté du 6 mars 2017 relatif à l'organisation de la classe préparatoire intégrée de l'École nationale d'administration pénitentiaire.

Afin d'assurer plus d'équité face aux concours, l'École nationale de l'administration pénitentiaire (ENAP) propose à des diplômés méritants issus de milieu défavorisé de s'inscrire dans une classe préparatoire intégrée aux concours de catégorie A (directeur des services pénitentiaires, directeur pénitentiaire d'insertion et probation, conseiller pénitentiaire d'insertion et probation) et B (lieutenant pénitentiaire). Les candidats sélectionnés pour intégrer cette classe préparatoire bénéficient d'une formation, d'un hébergement et d'une restauration pris en charge par l'ENAP durant les dix mois de préparation aux concours. Les bénéficiaires de la CPI peuvent se voir octroyer une aide financière (2 000 euros), sous la forme d'une allocation pour la diversité dans la fonction publique relevant de l'article du 5 juillet 2007. Ils peuvent également percevoir des bourses sur critères sociaux du ministère de l'Enseignement supérieur.

La formation se déroule sur le site de l'école à Agen, de septembre à juin.

La classe préparatoire offre un « coaching » pour les épreuves écrites et orales des concours. Chaque élève fait l'objet d'un accompagnement personnalisé, mis en place à son arrivée. Les programmes proposent des apports méthodologiques, des cours en lien avec les matières aux concours, des conférences autour de la culture pénitentiaire et des concours blancs. Les entraînements écrits et simulations orales favorisent une véritable mise en situation au concours. Des tutorats assurent des échanges et soutiens personnalisés.

En moyenne, 1 élève sur 2 suivant la classe préparatoire réussit l'un des concours de l'administration pénitentiaire.

■ Conditions d'accès à la classe préparatoire intégrée

Au-delà de la nécessaire éligibilité à l'allocation pour la diversité dans la fonction publique, les candidats à l'inscription à la CPI devront remplir les conditions leur permettant de se présenter au concours de :

- directeur des services pénitentiaires ;
- directeur pénitentiaire d'insertion et de probation ;
- conseiller pénitentiaire d'insertion et de probation ;
- lieutenant pénitentiaire.

Les candidats doivent en outre :

- être de nationalité française ;
- jouir de ses droits civiques ;
- n'avoir fait l'objet d'aucune condamnation criminelle ou correctionnelle ;
- être éligible au dispositif d'égalité des chances dans l'accès aux fonctions publiques et qui est précisé dans le dossier d'inscription ;
- remplir, lors du dépôt de dossier, les conditions permettant de se présenter au concours concerné.

Les critères de recrutement de la classe préparatoire sont les suivants :

- des critères sociaux (plafond de ressources, points de charge en fonction de la situation personnelle et familiale) ;
- le mérite ;
- la motivation pour intégrer la fonction publique, et notamment l'administration pénitentiaire ;
- les capacités d'engagement.

20 places sont offertes chaque année.

La sélection des candidats à la classe préparatoire intégrée est effectuée par une commission composée de quatre membres nommés par le directeur de l'École nationale d'administration pénitentiaire. Celle-ci comprend :

– le directeur chargé de la formation ou son représentant, avec voix prépondérante ;

– un membre du corps des directeurs des services pénitentiaires et de celui des directeurs pénitentiaires d'insertion et de probation ;

– le coordonnateur pédagogique de la classe préparatoire intégrée.

Un fonctionnaire chargé des questions d'égalité des chances peut également être associé à cette commission.

5. La scolarité à l'ENAP

Les conseillers pénitentiaires d'insertion et de probation admis aux concours externe ou interne bénéficient d'une formation de deux ans à l'École nationale d'administration pénitentiaire à Agen.

Il s'agit d'une formation en alternance avec des stages, notamment dans les services de l'administration pénitentiaire ou dans les juridictions de l'ordre judiciaire ou dans des administrations publiques ou associées au service public ou dans des associations concourant à la mise en œuvre des politiques publiques d'insertion sociale et professionnelle et institutions étrangères.

Lors de la première année de formation, les intéressés ont la qualité d'élève conseiller pénitentiaire d'insertion et de probation. Ils sont rémunérés à l'échelon d'élève.

La formation comprend, à l'issue de la première année, des épreuves de sélection permettant l'accès à la seconde année de formation.

Les élèves dont la scolarité a donné satisfaction sont nommés conseillers pénitentiaires d'insertion et de probation stagiaires, après avis de la commission administrative paritaire. Les élèves qui n'ont pas obtenu de notes suffisantes aux épreuves organisées en fin d'année de scolarité sont soit réintégrés dans leur corps, cadre d'emplois ou emploi d'origine s'ils avaient auparavant la qualité de fonctionnaire, soit licenciés après avis de la commission administrative paritaire. Toutefois, le redoublement de cette première année de formation peut être autorisé une fois, après avis de la commission administrative paritaire.

Les candidats admis au concours externe sur titres reçoivent une formation d'un an à l'École nationale d'administration pénitentiaire. Les intéressés ont la qualité de conseiller pénitentiaire d'insertion et de probation stagiaire. Ils sont rémunérés au 1er échelon de la seconde classe du premier grade.

L'organisation et le contenu de la formation sont fixés par arrêté conjoint du garde des Sceaux, ministre de la Justice et du ministre chargé de la fonction publique du 19 août 2016 modifiant l'arrêté du 10 novembre 2006 fixant les modalités d'organisation de la formation des élèves et stagiaires conseillers d'insertion et de probation de l'administration pénitentiaire et d'obtention du certificat d'aptitude professionnelle.

A. Objectifs de la formation

Dans une perspective de prévention de la récidive, le conseiller pénitentiaire d'insertion et de probation participe à la préparation des décisions à caractère pénal et à l'exécution des mesures restrictives et privatives de liberté et aide les personnes placées sous main de justice qui lui sont confiées à réintégrer le corps social.

Sa formation initiale doit ainsi lui permettre le développement de compétences sociales, humaines et juridiques, mais aussi, au regard des récentes évolutions législatives et réglementaires, l'acquisition de compétences dans les domaines de la criminologie, du droit de l'exécution des peines, du droit des victimes, des écrits professionnels et de conduite d'entretien.

B. Organisation des stages pratiques

Les stages en structure pénitentiaire visent, d'une part, à apporter à l'élève et au stagiaire conseiller pénitentiaire d'insertion et de probation une connaissance pratique de son positionnement dans l'organisation et le fonctionnement de ces services et, d'autre part, à évaluer sa capacité d'adaptation aux fonctions devant être exercées.

Les stages hors institution pénitentiaire contribuent, du fait de l'enrichissement qu'ils procurent, à renforcer la professionnalisation des élèves et des stagiaires conseillers pénitentiaires d'insertion et de probation.

La durée et les lieux des stages sont fixés par le directeur de l'École nationale d'administration pénitentiaire.

C. Évaluation des élèves CPIP en vue de leur nomination en qualité de stagiaire

L'aptitude professionnelle des élèves CPIP à être nommés stagiaires est appréciée en fin de première année de scolarité par un jury d'aptitude professionnelle.

Sont pris en compte pour la nomination en qualité de stagiaire :

- les notes obtenues aux épreuves théoriques et pratiques et aux contrôles de connaissance écrits et oraux lors des cycles de formation à l'ENAP ;
- les notes obtenues lors des stages pratiques ;
- la note résultant d'un exposé oral devant le jury de validation d'études. Cet oral est destiné à évaluer le sens de l'argumentation de l'élève, son esprit d'analyse, son aptitude à la synthèse et son implication professionnelle lors des stages pratiques.

Le jury d'aptitude professionnelle analyse les résultats obtenus en vue d'établir le classement par ordre de mérite des CPIP aptes à être nommés stagiaires.

D. Aptitude professionnelle des conseillers pénitentiaires d'insertion et de probation stagiaires

Pendant la durée du stage qui correspond à la deuxième année de formation, les conseillers pénitentiaires d'insertion et de probation stagiaires sont classés au 1er échelon de la seconde classe du premier grade.

Les candidats définitivement admis sont nommés élèves conseillers pénitentiaires d'insertion et de probation pour une durée d'un an.

L'aptitude professionnelle des conseillers pénitentiaires d'insertion et de probation stagiaires est appréciée par un jury d'aptitude professionnelle.

Sont prises en compte pour la titularisation aux fonctions de conseiller pénitentiaire d'insertion et de probation les notes obtenues lors de la première année de formation.

À l'issue de la seconde année de formation, le jury d'aptitude professionnelle analyse les résultats obtenus dans les différentes épreuves en vue d'établir le classement par ordre de mérite des conseillers pénitentiaires d'insertion et de probation stagiaires aptes à être titularisés.

Le directeur de l'administration pénitentiaire se prononce sur la titularisation des conseillers pénitentiaires d'insertion et de probation stagiaires après avis de la commission administrative paritaire compétente.

Les conseillers pénitentiaires d'insertion et de probation stagiaires qui ne sont pas titularisés sont soit autorisés à prolonger leur stage, soit réintégrés dans leur corps ou cadre d'emplois d'origine s'ils avaient la qualité de fonctionnaire, soit licenciés, après avis de la commission administrative paritaire.

La prolongation de stage est autorisée par arrêté du garde des Sceaux, ministre de la Justice, pour une durée maximale d'un an et une seule fois après avis de la commission administrative paritaire.

E. Une formation de deux années

La formation dispensée a pour objectif de permettre l'acquisition et le développement des compétences nécessaires aux fonctions qui sont dévolues au conseiller d'insertion et de probation de l'administration pénitentiaire.

Dans une perspective de prévention de la récidive, le conseiller d'insertion et de probation participe à la préparation des décisions à caractère pénal et à l'exécution des mesures restrictives et privatives de liberté et aide, le cas échéant, les personnes placées sous main de justice qui lui sont confiées à réintégrer le corps social. Sa formation initiale doit ainsi lui permettre le développement de compétences sociales, humaines et juridiques, mais aussi, au regard des récentes évolutions législatives et réglementaires, l'acquisition de compétences dans les domaines de la criminologie, du droit de l'exécution des peines, du droit des victimes, et des écrits professionnels.

a. Le programme pédagogique

Le dispositif de formation accentue la volonté de professionnalisation en intégrant des journées d'échange sur les pratiques professionnelles.

Cette modalité pédagogique permet à l'apprenant de conduire une réflexion sur un thème professionnel en intégrant les enseignements au travers d'échanges et de mise en situation.

Objectif 1 : Identifier l'environnement professionnel dans le cadre pluridisciplinaire des activités du CPIP.

Objectif 2 : Maîtriser les outils techniques en vue de les transposer dans son champ professionnel.

Objectif 3 : Construire sa pratique professionnelle afin d'adapter la prise en charge de la personne placée sous main de justice.

b. La première année de formation

La première année de formation se déroule en six cycles de scolarité à l'ENAP et en cinq périodes de stage.

La seconde année, consacrée à la pré-affectation, comprend deux temps de regroupement et une période de stage hors administration pénitentiaire, dite « hors institution ».

L'alternance permet au futur CPIP d'appréhender les différentes situations professionnelles par la diversité des modalités pédagogiques telles que la simulation, les mises en situation et les études de cas.

Les stages pratiques effectués dans et hors institution contribuent à la construction du positionnement professionnel du CPIP. Les stages en structure pénitentiaire visent, d'une part, à apporter à l'élève une connaissance pratique de son positionnement dans l'organisation et le fonctionnement de ces services et, d'autre part, à évaluer sa capacité d'adaptation aux fonctions devant être exercées. Les stages hors institution pénitentiaire contribuent du fait de l'enrichissement qu'ils procurent à renforcer la professionnalisation.

F. L'engagement à servir l'État

Au début de la formation, les élèves signent un engagement de servir l'État pendant une durée minimale de trois ans, à compter de leur titularisation.

En cas de rupture de leur engagement survenant plus de trois mois après leur date de nomination en qualité d'élève, sauf si la rupture ne leur est pas imputable, les intéressés remboursent à l'État, dans des conditions fixées par arrêté du ministre de la Justice, tout ou partie de la rémunération perçue pendant la durée de la formation, compte tenu des services restants à accomplir.

LE COMITÉ PÉDAGOGIQUE ET ÉTHIQUE

À l'occasion de leurs missions en établissements pénitentiaires, en services pénitentiaires d'insertion et de probation, ou à l'Enap, les élèves et les stagiaires peuvent s'interroger sur la meilleure décision ou le positionnement à adopter en situation professionnelle. C'est ce qu'on appelle la « recherche du bien agir ». Or, dans certains cas, le cadre règlementaire, les bonnes pratiques ou les valeurs ne suffisent pas à objectiver ces débats. L'Enap s'est donc dotée d'une instance chargée d'apporter un éclairage sur ce type de situation sensible faisant appel à la notion de discernement et à la frontière de différents domaines en favorisant une approche fondée sur l'éthique.

Le comité éthique et pédagogique :
- analyse sur le plan éthique les situations qui lui sont soumises ;
- détermine les textes et bonnes pratiques de référence en rapport à ces situations ;
- fait des recommandations pour chaque situation ;
- élabore des préconisations plus générales en vue de dynamiser et d'enrichir le questionnement éthique à l'Enap.

À l'issue de la première année de formation, les élèves dont la scolarité a donné satisfaction sont nommés conseillers pénitentiaires d'insertion et de probation de 2e classe stagiaires.

Sont pris en compte pour la nomination en qualité de stagiaire :
- le contrôle continu des connaissances ;
- les aptitudes professionnelles démontrées lors des stages pratiques ;
- l'évaluation résultant d'un exposé oral devant le jury de validation d'études.

Les élèves dont la première année de formation n'a pas donné satisfaction sont, soit autorisés à renouveler leur formation pour une durée maximale d'un an non renouvelable, soit licenciés, soit s'ils avaient auparavant la qualité de fonctionnaire, réintégrés dans leurs corps, cadre d'emplois ou emploi d'origine.

c. L'année de stage

Durant l'année de stage, les conseillers d'insertion et de probation sont affectés au sein d'un service d'insertion et de probation.

À l'expiration de la période de stage, les conseillers pénitentiaires d'insertion et de probation de l'administration pénitentiaire stagiaires qui ont subi avec succès les épreuves du certificat d'aptitude aux fonctions de conseiller pénitentiaire d'insertion et de probation sont titularisés après avis de la commission administrative paritaire.

Les autres stagiaires sont, après avis de la commission administrative paritaire, soit autorisés à poursuivre leur stage pendant une année au plus, soit licenciés, soit remis à la disposition de leur administration ou service d'origine.

6. La titularisation

À l'issue de la deuxième année, conformément aux modalités prévues par l'arrêté du 19 août 2016, sont prises en compte pour la titularisation :

– les notes obtenues pendant la période de formation théorique ;

– les notes attribuées pendant la période des stages pratiques ;

– les notes, écrite et orale, portant sur la conception et la réalisation d'un projet professionnel.

L'épreuve de soutenance portant sur la conception et la réalisation d'un projet professionnel se déroule devant le jury d'aptitudes professionnelles. Cette épreuve orale est destinée à évaluer le positionnement professionnel du stagiaire, à évaluer son sens de l'argumentation, son esprit d'analyse, son aptitude à la synthèse, au vu du travail effectué.

Ce jury est composé comme suit :

– le directeur de l'administration pénitentiaire ou son représentant, président ;

– un représentant de la sous-direction des métiers et de l'organisation des services de la direction de l'administration pénitentiaire ;

– le directeur de l'École nationale d'administration pénitentiaire ou son représentant ;

– un fonctionnaire exerçant l'emploi de directeur des services pénitentiaires d'insertion et de probation ;

– un membre du corps des directeurs d'insertion et de probation de l'administration pénitentiaire ;

– un membre du corps des chefs de service d'insertion et de probation de l'administration pénitentiaire ;

– un membre du corps des conseillers d'insertion et de probation de l'administration pénitentiaire ayant le grade de conseiller d'insertion et de probation de 1re classe ;

– une personnalité qualifiée.

Sont titularisés les stagiaires qui justifient de la moyenne pour l'ensemble des épreuves et appréciations.

Le directeur de l'administration pénitentiaire se prononce sur la titularisation des CPIP après avis de la commission administrative paritaire compétente.

La délibération du jury est portée à la connaissance de cette commission.

7. Le statut des personnels d'insertion et de probation

Le corps des conseillers pénitentiaires d'insertion et de probation est régi par le décret n° 2019-50 du 30 janvier 2019 est classé en catégorie A.

Les conseillers pénitentiaires d'insertion et de probation exerçant leurs fonctions dans les services déconcentrés de l'administration pénitentiaire sont soumis au statut spécial des personnels des services déconcentrés de l'administration pénitentiaire (ordonnance du 6 août 1958 et titre VII du décret du 21 novembre 1966).

Les conseillers pénitentiaires d'insertion et de probation font l'objet d'une évaluation annuelle de leur travail et de leurs résultats, ainsi que d'une notation par leur supérieur hiérarchique. Cette évaluation porte sur leurs activités et sur la réalisation des objectifs qui leur sont fixés.

A. Des affectations multiples

Titularisés à l'issue de deux années de formation, les conseillers pénitentiaires d'insertion et de probation bénéficient d'un déroulement de carrière en deux grades :

- conseillers pénitentiaires d'insertion et de probation comprenant deux classes. La seconde classe comporte douze échelons et un échelon élève. La première classe comporte neuf échelons ;
- conseillers pénitentiaires d'insertion et de probation de classe exceptionnelle comportant neuf échelons.

Placés sous l'autorité hiérarchique des directeurs pénitentiaires d'insertion et de probation, ils sont à ce titre principal affectés au sein d'un service pénitentiaire d'insertion et de probation. Ils peuvent également être affectés en direction interrégionale, à l'École nationale d'administration pénitentiaire, dans l'un des centres nationaux d'évaluation ou à l'administration centrale.

La durée minimale d'affectation d'un conseiller pénitentiaire d'insertion et de probation dans un premier emploi est fixée à deux ans. Une dérogation peut être accordée par le garde des Sceaux, ministre de la Justice, fondée notamment sur la situation personnelle ou familiale de l'agent ou dans l'intérêt du service.

B. Les possibilités de promotion

Les conseillers pénitentiaires d'insertion et de probation peuvent accéder au corps des directeurs pénitentiaires d'insertion et de probation (décret n° 2019-51 du 30 janvier 2019 modifiant le décret n° 2010-1640 du 23 décembre 2010 portant statut particulier du corps des directeurs pénitentiaires d'insertion et de probation) :

- soit par examen professionnel accessible après quatre ans de services effectifs dans le corps et un an d'ancienneté au 6e échelon lorsqu'ils relèvent de la seconde classe du premier grade ;
- soit par promotion au choix parmi les conseillers pénitentiaires d'insertion et de probation de la première classe du premier grade qui ont accompli au moins six ans de services effectifs dans ce corps et qui comptent au moins un an d'ancienneté dans le 3e échelon ;
- soit par promotion au choix parmi les conseillers pénitentiaires d'insertion et de probation de classe exceptionnelle qui ont accompli au moins six ans de services effectifs dans ce corps et qui comptent au moins un an d'ancienneté dans le 3e échelon.

C. La rémunération

	1er échelon	Dernier échelon
Élève conseiller pénitentiaire d'insertion et de probation	1 692 €	
Stagiaire conseiller pénitentiaire d'insertion et de probation	1 960 €	
Conseiller pénitentiaire d'insertion et de probation	1 960 €	3 217 €
Directeur pénitentiaire d'insertion et de probation	2 083 €	4 747 €
Directeur fonctionnel des services pénitentiaires d'insertion et de probation	3 167 €	5 517 €

Rémunération nette par mois au 1er janvier 2021, y compris primes liées aux fonctions (IFPIP – au montant prévu par le PLF 2021 – et PSS), hors primes liées à la situation familiale ou géographique.*

D. Les personnels pénitentiaires sont soumis à un Code de déontologie

Le Code de déontologie du service public pénitentiaire, établi par décret en Conseil d'État, fixe les règles que doivent respecter les agents de l'administration pénitentiaire ainsi que les agents des personnes de droit public ou privé habilitées. Le Code de déontologie est un symbole fort adressé à la société, rappelant les principes auxquels se conforment chaque jour les personnels pénitentiaires pour l'accomplissement de leurs fonctions, principalement dans la prise en charge des personnes placées sous main de justice. L'administration pénitentiaire doit s'acquitter en effet de ses missions dans le respect des principes posés par les textes fondamentaux internes et internationaux, conformément à ses valeurs qui résident dans la juste et loyale exécution des décisions de justice et du mandat judiciaire confié et dans le respect des personnes et de la règle de droit.

Les règles posées dans le Code de déontologie définissent les devoirs qui incombent au personnel de l'administration pénitentiaire dans l'exercice de leurs missions pendant ou en dehors du service et s'appliquent sans préjudice des règles statutaires et autres obligations auxquelles ils sont respectivement soumis. Elles font l'objet d'une formation, initiale et continue, qui vise à leur permettre d'exercer leurs fonctions de manière irréprochable.

Les principales dispositions sont mentionnées dans les articles suivants :

Article 7. Le personnel de l'administration pénitentiaire est loyal envers les institutions républicaines. Il est intègre, impartial et probe. Il ne se départit de sa dignité en aucune circonstance.

Article 10. Le personnel de l'administration pénitentiaire est astreint au devoir de réserve et au respect de la discrétion et du secret professionnels, dans les conditions prévues par les lois et règlements.

Article 11. Les personnels de l'administration pénitentiaire se doivent mutuellement respect, aide et assistance dans l'exercice de leurs missions.

Article 12. Le personnel de l'administration pénitentiaire ne peut faire un usage de la force que dans les conditions et limites posées par les lois et règlements.

Article 13. Le personnel qui serait témoin d'agissements prohibés par le présent code doit s'efforcer de les faire cesser et les porter à la connaissance de sa hiérarchie. Si ces agissements sont constitutifs d'infractions pénales, il les porte également à la connaissance du procureur de la République.

Article 15. Le personnel de l'administration pénitentiaire a le respect absolu des personnes qui lui sont confiées par l'autorité judiciaire et de leurs droits. Il s'interdit à leur égard toute forme de violence ou d'intimidation. Il ne manifeste aucune discrimination. Il ne doit user ni de dénomination injurieuse, ni de tutoiement, ni de langage grossier ou familier. Il manifeste le même comportement à l'égard de leurs proches.

Article 17. Le personnel de l'administration pénitentiaire doit en toute circonstance se conduire et accomplir ses missions de telle manière que son exemple ait une influence positive sur les personnes dont il a la charge et suscite leur respect.

Article 18. Outre les informations auxquelles est tenue l'administration pénitentiaire à l'égard des personnes dont elle a la charge, le personnel est tenu de rappeler à ces personnes, en tant que de besoin, leurs droits et leurs devoirs ainsi que les sanctions ou mesures dont elles peuvent faire l'objet dans les conditions prévues par les textes.
Pendant toute la durée de leur placement, il veille à permettre à ces personnes, dans le respect des lois et règlements, l'exercice de leurs droits.

Article 19. Le personnel de l'administration pénitentiaire ne peut occuper les personnes qui lui sont confiées à des fins personnelles, ni accepter d'elles, directement ou indirectement, des dons et avantages de quelque nature que ce soit.
Il ne peut se charger d'aucun message et d'aucune mission, acheter ou vendre aucun produit ou service pour le compte des personnes qui lui sont confiées.
Il ne peut leur remettre ni recevoir d'elles des sommes d'argent, objets ou substances quelconques en dehors des cas prévus par la loi.
Il ne doit permettre ni faciliter aucune communication non autorisée par les textes entre personnes détenues ou entre les personnes détenues et l'extérieur.
Il ne doit pas agir, que ce soit de façon directe ou indirecte, auprès des personnes qui lui sont confiées pour influer sur leurs moyens de défense ou le choix de leurs défenseurs.

Article 20. Le personnel de l'administration pénitentiaire ne peut entretenir sciemment avec des personnes placées ou ayant été placées par décision de justice sous l'autorité ou le contrôle de l'établissement ou du service dont il relève, ainsi qu'avec leurs parents ou amis, de relations qui ne seraient pas justifiées par les nécessités du service.
Lorsqu'il a eu de telles relations avec ces personnes antérieurement à leur prise en charge par le service ou l'établissement dont il relève, il en informe dans les plus brefs délais le responsable du service ou de l'établissement.

Article 24. Tout agent de l'administration pénitentiaire doit se conformer aux instructions de son supérieur hiérarchique, sauf dans le cas où l'ordre est manifestement illégal et de nature à compromettre gravement un intérêt public. Si l'agent croit se trouver en présence d'un tel ordre, il a le devoir de faire part de ses objections à l'autorité qui l'a donné, en indiquant expressément la signification illégale qu'il attache à l'ordre litigieux. Si l'ordre est maintenu et que, malgré les explications ou l'interprétation qui en ont été données par le supérieur hiérarchique, l'agent persiste dans sa contestation, il doit être pris acte de son opposition. Il en est rendu compte à l'autorité supérieure. Tout refus d'exécuter un ordre qui ne répondrait pas aux conditions ci-dessus engage la responsabilité de l'intéressé.

E. La prestation de serment

Tout personnel de l'administration pénitentiaire doit prêter serment, lors de sa première affectation au sein de l'administration pénitentiaire, en audience publique devant le président du tribunal judiciaire ou de la cour d'appel dans le ressort desquels se trouve son lieu d'affectation.

La prestation de serment consiste en un serment professionnel par lequel chaque agent s'engage à exercer ses fonctions dans le respect des lois et règlements encadrant l'exercice de ses missions et notamment du Code de déontologie du service public pénitentiaire.

La formule de la prestation de serment est :

« Je jure de bien et loyalement remplir mes fonctions et d'observer les devoirs qu'elles m'imposent dans le strict respect des personnes confiées au service public pénitentiaire et de leurs droits. Je m'engage à me conformer à la loi et aux ordres reçus et à ne faire qu'un usage légitime des pouvoirs qui me sont confiés. »

8. Un métier qui doit s'adapter à la politique pénale de l'État

Le cadre légal dans lequel s'inscrivent les missions des services pénitentiaires d'insertion et de probation (SPIP) est marqué par les changements législatifs qui, depuis 1998, se centrent sur la dangerosité et la prévention de la récidive. Si la prévention de cette dernière fait partie des missions des services depuis leur création, elle est aujourd'hui devenue centrale dans le cœur du métier et dans la redéfinition de celui-ci : « Les SPIP interviennent dans le cadre du service public pénitentiaire, qui participe à l'exécution des décisions et sentences pénales, au maintien de la sécurité publique et doit s'organiser de manière à lutter efficacement contre la récidive en favorisant la réinsertion des personnes. » En parallèle aux évolutions législatives se dessinent des mutations des pratiques professionnelles des conseillers pénitentiaires d'insertion et de probation, avec un recentrage de celles-ci sur une spécificité pénitentiaire – par rapport à d'autres travailleurs sociaux dans d'autres secteurs –, en lien avec un travail d'accompagnement autour du passage à l'acte.

Le service pénitentiaire d'insertion et de probation (SPIP), devenu « maître d'œuvre de l'exécution des mesures et des peines », doit évaluer les risques de récidive, puis construire un suivi « individualisé et progressif » dans le cadre du parcours d'exécution de peine ou de mesure, en vue de responsabiliser le sujet et de prévenir la récidive. Le SPIP devient l'acteur principal de la prévention de la récidive, qui est devenue la finalité de son action.

A. La nécessité d'individualiser les peines

Le régime des peines que nous connaissons aujourd'hui est le fruit d'une longue évolution, marquée par la progression de ce que certains auteurs identifient comme le « projet pénal républicain », notamment Robert Badinter dans *La Prison républicaine* (Paris, Fayard, 1992).

Souhaitant rompre avec l'arbitraire répressif de l'ancien droit pénal, les constituants avaient introduit dans le premier Code pénal de 1791 un principe de fixité des peines, ôtant toute appréciation au juge pénal dans le choix de la peine.

Assez rapidement toutefois, le principe d'individualisation des peines s'est imposé chez les continuateurs du projet pénal républicain comme le prolongement logique de l'exigence de proportionnalité des peines proclamée en 1789, afin d'éviter que ne se substitue à l'arbitraire du juge celui de la loi.

La grande loi du 28 avril 1832 introduit le mécanisme des circonstances atténuantes, qui permet à la juridiction de déroger, au vu de la personnalité de l'accusé ou des circonstances de l'infraction, aux peines minimales prévues par le Code pénal.

Les lois n° 75-624 du 11 juillet 1975 et n° 83-466 du 10 juin 1983 vont donner une ampleur nouvelle au principe d'individualisation en introduisant les peines alternatives à l'emprisonnement. Le Code pénal de 1994 viendra consacrer cette évolution en supprimant les peines minimales en matière correctionnelle et en posant les prémices du principe de subsidiarité de la peine privative de liberté. La grande variété des peines pouvant aujourd'hui être prononcées par le juge pénal témoigne de la volonté du législateur de favoriser l'individualisation de la sanction.

Ainsi, aux termes de l'article 131-1 du Code pénal, les peines criminelles sont la réclusion criminelle ou la détention criminelle à perpétuité ou à temps, d'une durée de quinze à trente ans.

Aux termes de l'article 131-3 du Code pénal, les peines correctionnelles sont, dans l'ordre de présentation de cet article :

- l'emprisonnement ;
- la contrainte pénale ;
- l'amende ;
- le jour-amende ;
- le stage de citoyenneté ;
- le travail d'intérêt général ;
- les peines privatives ou restrictives de droits, telles que la suspension ou l'annulation du permis de conduire, l'interdiction de conduire certains véhicules, la confiscation ou l'immobilisation d'un ou de plusieurs véhicules, l'interdiction de détenir ou de porter une arme soumise à autorisation ou leur confiscation ;
- les peines complémentaires qui emportent interdiction, déchéance, incapacité ou retrait d'un droit, injonction de soins ou obligation de faire, immobilisation ou confiscation d'un objet, confiscation d'un animal, fermeture d'un établissement ou affichage de la décision prononcée ou diffusion de celle-ci soit par la presse écrite, soit par tout moyen de communication au public par voie électronique ;
- la sanction-réparation.

Aux termes de l'article 131-12 du Code pénal, les peines contraventionnelles sont l'amende, les peines privatives ou restrictives de droits et la peine de sanction-réparation. Ces peines ne sont pas exclusives d'une ou de plusieurs peines complémentaires.

La sanction pénale doit être modulée afin de correspondre à la gravité relative des faits et notamment à la personnalité de son auteur. Ainsi, la juridiction est en principe libre quant au choix de la nature de peine.

L'exigence d'individualisation revêt une importance particulière s'agissant des peines privatives de liberté. Ainsi, la peine d'emprisonnement peut, en premier lieu, être assortie du sursis, c'est-à-dire n'être mise à exécution que si le condamné commet de nouvelles infractions ou ne respecte pas le cadre judiciaire qui lui a été imposé.

B. L'individualisation a eu un impact fort sur l'activité des services et a dénaturé le travail des conseillers d'insertion et de probation

La loi n° 2007-1198 du 10 août 2007 a introduit des peines d'emprisonnement minimales encourues en cas de récidive (les « peines plancher »). La loi de 2007 avait fortement limité les choix du juge dans la détermination de la peine et de son quantum, particulièrement en matière correctionnelle.

L'économie générale de ces dispositions a conduit mécaniquement au prononcé de sanctions démesurées, car les possibilités données au juge pour y déroger sont extrêmement réduites.

Par exemple, une personne condamnée dix ans auparavant pour vol simple, puis cinq auparavant pour vol simple en récidive, et qui était à nouveau poursuivie pour vol commis avec trois circonstances aggravantes, comme un vol commis dans les couloirs du métro, en réunion, et suite au bris d'un distributeur automatique, devait en pratique obligatoirement être condamnée à au moins quatre ans d'emprisonnement, dès lors qu'elle se trouvait sans travail ou sans domicile.

La seule solution pour les juridictions consistait dans de tels cas (sauf à ne pas retenir l'état de récidive ou à sous-qualifier les faits) à prononcer la peine d'emprisonnement exigée par la loi, mais en l'assortissant pour sa majeure partie d'un sursis avec mise à l'épreuve même si la personnalité du condamné ne le justifiait pas. Ces sursis avec mise à l'épreuve sont alors venus encombrer les cabinets des juges de l'application des peines et les services pénitentiaires d'insertion et de probation, obérant la capacité de ceux-ci à prendre en charge de façon efficace les condamnés nécessitant un suivi.

Le jury de la conférence de consensus dans son rapport du 20 février 2013 et les auteurs du rapport d'information parlementaire sur les moyens de lutte contre la surpopulation carcérale du 23 janvier 2013 ont rappelé que ce dispositif n'a pas eu d'effet démontré sur la réduction du risque de récidive, voire l'a accru.

Il favorisait l'emprisonnement, qui ne constituait pas toujours la réponse la plus adaptée pour lutter contre la récidive. La principale étude réalisée en France en 2011 sur la récidive des personnes condamnées établit que 63 % des personnes sortant de prison sans aménagement de peine font à nouveau l'objet d'une condamnation dans les cinq années qui suivent la libération. Ce taux est de 55 % pour les personnes libérées dans le cadre d'un aménagement de peine sous écrou (placement à l'extérieur, semi-liberté ou surveillance électronique) et de 39 % pour les sortants en libération conditionnelle. Il est de 45 % pour les personnes condamnées à une peine alternative – sursis avec mise à l'épreuve, travail d'intérêt général.

Ces dispositions de « peines plancher » ont été abrogées par la loi relative à l'individualisation des peines et renforçant l'efficacité des sanctions pénales, définitivement adoptée par le Parlement le 17 juillet 2014.

C. Le développement des aménagements de peine permet de lutter contre les effets désocialisants et contreproductifs de la prison

Le développement des aménagements de peine est une des actions majeures menées par l'administration pénitentiaire pour favoriser la réinsertion des personnes condamnées, prévenir la récidive, mais aussi lutter contre la surpopulation carcérale.

Les services pénitentiaires d'insertion et de probation (SPIP) sont à la manœuvre.

Ils entretiennent et élargissent un réseau partenarial sur l'ensemble du territoire national pour augmenter et diversifier les structures d'accueil de placements à l'extérieur. Des moyens importants sont également mis en œuvre pour développer le placement sous surveillance électronique et augmenter le nombre de places de semi-liberté.

Il s'agit soit d'éviter l'incarcération (aménagement de peine *ab initio*), soit de lutter contre les sorties « sèches » de prison dans une optique de prévention de la récidive et de réinsertion sociale et d'adapter la réponse pénale à la gravité de la délinquance.

La surveillance électronique fixe permet de contrôler que la personne placée sous ce régime respecte les modalités d'une assignation dans un lieu déterminé (en général son domicile) lui ayant été imposée par l'autorité judiciaire selon des horaires définis. Elle ne permet pas la localisation de la personne en dehors de son lieu d'assignation, contrairement à la surveillance électronique mobile qui permet de localiser le porteur du bracelet 24 h/24 et 7 j/7 grâce à un dispositif GPS.

Les effectifs des personnes sous écrou placées sous surveillance électronique fixe progressent régulièrement. Au total, en 2018, les personnes sous surveillance électronique fixe représentent 18 % de l'ensemble des condamnés sous écrou.

Le placement sous surveillance électronique mobile (PSEM) est une mesure de sûreté permettant la localisation permanente de la personne placée, et permet ainsi de s'assurer non seulement qu'elle respecte des horaires d'assignation à son domicile, mais également qu'elle ne se rend pas dans certains lieux qui lui sont interdits (zones d'exclusion définies par le magistrat, par exemple le domicile d'une victime).

L'administration pénitentiaire est chargée de la mise en œuvre du mandat judiciaire en matière d'exécution des peines, mais elle ne peut agir seule. Son efficacité dépend en partie des décisions et des contributions d'autres intervenants. Les politiques en matière d'insertion de l'administration pénitentiaire sont étroitement liées à celles des ministères ou des partenaires extérieurs, en amont ou en aval de son intervention ; l'enseignement en prison est dispensé par des enseignants de l'éducation nationale ; l'organisation et la mise en œuvre de la prise en charge sanitaire des personnes détenues relèvent du service public hospitalier.

9. Un métier qui vit de profondes mutations

En janvier 2011, à Pornic près de Nantes, Laëtitia Perrais, 18 ans, était enlevée, tuée et démembrée. Tony Meilhon, 31 ans lors des faits, multiréitérant ayant passé la moitié de sa vie en prison, inscrit dans le fichier des auteurs d'infractions sexuelles, est rapidement arrêté et reconnu coupable de ces actes. Lorsqu'il tue sa victime, Tony Meilhon est sous contrôle judiciaire. Son dernier délit – outrage à magistrat – n'est pas des plus graves et le service pénitentiaire d'insertion et de probation de Nantes, débordé, a mis son dossier en attente dans une armoire, avec 800 autres...

Le président de la République de l'époque promet de sanctionner ceux qui ont commis des « fautes » parmi les juges d'application des peines et les conseillers de probation. Dans le monde judiciaire, « Pornic » est un vrai traumatisme.

Outre cette mise en accusation par la plus haute autorité de l'État, les conseillers pénitentiaires d'insertion et de probation font face à des transformations qui nourrissent d'autres inquiétudes et interrogations.

En effet, les services pénitentiaires d'insertion et de probation sont confrontés depuis plusieurs années à trois profondes mutations de leur activité :

- l'accroissement de leur charge de travail lié, d'une part, au développement des mesures d'aménagement de peines, et, d'autre part, à la mise en place de nouveaux dispositifs de contrôle après l'exécution de la peine (suivi socio-judiciaire, surveillance judiciaire et plus récemment surveillance de sûreté et rétention de sûreté) ;
- l'augmentation des effectifs de la filière – y compris les personnels administratifs ;
- enfin, une évolution de la nature même des missions dévolues à ces personnels. Ainsi, une circulaire a placé la prévention de la récidive au premier rang des finalités de l'action des SPIP. Ces derniers doivent désormais animer des programmes de prévention de la récidive sous la forme de groupes de parole caractérisés par une approche criminologique et un travail axé sur le passage à l'acte.

L'augmentation du nombre de conseillers pénitentiaires d'insertion et de probation n'a pas suffi à combler le retard et encore moins à répondre aux nouvelles missions qui, loi après loi, se sont empilées : au suivi classique des aménagements de peine, des libérations conditionnelles ou du travail d'intérêt général, se sont ajoutés le contrôle des placements sous bracelet électronique, la lutte contre l'illettrisme, l'évaluation de la dangerosité, les groupes de parole de prévention de la récidive.

Ces quinze dernières années, la probation a donc subi un changement radical d'orientation. L'objectif affiché est moins la réinsertion du condamné, notion trop floue, que la prévention de la récidive, plus mesurable. Ce qui n'était que le bénéfice secondaire d'une bonne réinsertion – éviter la rechute et le passage à l'acte délinquant – est devenu l'objectif principal, le rôle des conseillers d'insertion tendant de plus en plus à se borner au simple contrôle des obligations du condamné.

D'autre part, le métier, ouvert maintenant aux titulaires de diplômes supérieurs, compte déjà en réalité beaucoup de bac+5, ces travailleurs sociaux se sentant de plus en plus dépossédés et surqualifiés pour les missions qu'ils ont à remplir, avec le sentiment de devenir de simples exécutants.

L'évolution du métier réside, d'une part, vers le développement de la polyvalence des SPIP, avec la constitution d'équipes pluridisciplinaires associant conseillers pénitentiaires d'insertion et de probation, assistants sociaux, animateurs culturels, agents de Pôle emploi et surveillants pénitentiaires chargés du suivi du placement sous surveillance électronique, d'autre part, la redéfinition des missions des conseillers pénitentiaires d'insertion et de probation, afin qu'elles portent l'accent sur l'exécution de la peine et la prévention de la récidive, sous la forme d'une prise en charge collective des détenus tournée vers la prise de conscience des conditions du passage à l'acte.

Cette évolution suppose la définition d'un cadre de référence commun à tous les conseillers pénitentiaires d'insertion et de probation, l'adaptation de la formation initiale et un effort particulier sur la formation continue des conseillers pénitentiaires d'insertion et de probation et l'adhésion des personnels, dont une partie demeure attachée, à leur identification comme « travailleurs sociaux », ce qui, à leurs yeux, légitime leur intervention auprès des personnes détenues.

10. La loi dite Taubira : un renversement de tendance toujours d'actualité au profit de l'individualisation

En consacrant l'individualisation de la peine, la loi dite Taubira du 15 août 2014 marque un véritable changement tant dans l'approche de la peine que dans les pratiques. La réforme a introduit d'ailleurs dans le Code pénal le fait que « toute peine prononcée par la juridiction doit être individualisée ». Outre la suppression des peines plancher et dans une même logique d'individualisation, avec cette loi, un rendez-vous obligatoire est mis en place pour évaluer la situation des détenus aux deux tiers de leur peine, afin d'envisager leur sortie progressive de prison. Une libération sous contrainte (libération comportant des mesures de restriction, d'obligation et/ou de surveillance) peut être décidée par le juge d'application des peines, en fonction du parcours et du projet d'insertion de la personne détenue. Jusqu'alors, les sorties « sèches » – sorties de prison sans mesure d'accompagnement – constituaient 80 % des sorties et même 98 % pour les peines de moins de six mois. Le taux de récidive étant pourtant plus important dans le cas de ces sorties « sèches ».

Au-delà de multiples dispositions concrètes, la réforme introduit un changement philosophique dont l'esprit se traduit dans le 1er article définissant les finalités et fonctions de la peine : « Afin d'assurer la protection de la société, de prévenir la commission de nouvelles infractions et de restaurer l'équilibre social, dans le respect des intérêts de la victime, la peine a pour fonctions de sanctionner l'auteur de l'infraction ; de favoriser son amendement, son insertion ou sa réinsertion. » Dans cette optique de réinsertion a d'ailleurs été introduite la possibilité d'une réduction de peine pour les personnes condamnées s'investissant dans l'apprentissage de la lecture, de l'écriture et du calcul.

A. Création d'une nouvelle peine

La loi introduit également dans le Code pénal une nouvelle peine en milieu ouvert : la contrainte pénale. Il s'agit d'une peine autonome, hors les murs de la prison, qui permet un contrôle et un suivi renforcés. Elle vient enrichir l'arsenal de réponses déjà à disposition des magistrats (ces derniers pourront toujours prononcer des peines de prison). La contrainte pénale peut concerner l'ensemble des délits, comme les peines de sursis avec mise à l'épreuve ou les TIG.

B. La place des victimes au cœur du dispositif

Les dispositions prévues par la loi permettent une meilleure prise en charge des victimes : information, accueil dans les tribunaux, indemnisation, soutien et accompagnement... Les victimes peuvent notamment demander à être informées de la fin de l'exécution d'une peine de prison, ou saisir la justice si elles estiment qu'il existe une atteinte à leurs droits en cours d'exécution de peine. Une majoration des amendes de 10 % permet désormais de financer les associations d'aide aux victimes. Dans le cas où une partie civile ne se serait pas manifestée pendant la détention, les sommes mises de côté à son intention seront, à la libération de la personne condamnée, automatiquement versées au fonds de garantie, dans l'attente d'une réclamation de sa part.

L'existence des bureaux d'aide aux victimes et bureaux de l'exécution des peines est sanctuarisée en étant inscrite dans la loi. La justice restaurative est par ailleurs introduite dans le Code de procédure pénale. Celle-ci permet la rencontre d'auteurs d'infractions et de victimes sur la base du volontariat.

Pour que la victime ait à attendre moins longtemps le procès et que le juge puisse prononcer une condamnation réellement adaptée, la réforme prévoit également la possibilité d'une césure du procès pénal. Le tribunal pourra, dans un premier temps, prononcer la culpabilité et des mesures d'indemnisation des victimes, puis renvoyer sa décision sur la peine à une seconde audience afin d'obtenir davantage d'informations sur la personnalité et la situation de l'auteur (quatre mois plus tard au maximum).

11. La justice : une priorité du quinquennat du président Macron

Conformément aux engagements pris lors de sa campagne, la justice a été élevée au rang de priorité du quinquennat par le président Emmanuel Macron. L'objectif du gouvernement est de la rendre plus lisible, plus accessible, plus simple et efficace.

Cinq chantiers ont été mis en œuvre par la garde des Sceaux :

- transformation numérique ;
- amélioration et simplification de la procédure pénale ;
- amélioration et simplification de la procédure civile ;
- adaptation du réseau des juridictions ;
- sens et efficacité des peines.

Fruit d'un long processus de discussion (chantiers de la justice et concertation avec les différents acteurs de la justice), la loi de programmation 2018-2022 et de réforme pour la justice a été publiée au *Journal officiel* le 23 mars 2019.

Ses objectifs sont de simplifier et clarifier les procédures, recentrer le juge sur sa fonction première, maintenir, et même renforcer, la proximité et la qualité de la justice, mieux protéger les victimes, lutter contre la délinquance du quotidien et prévenir la récidive.

En parallèle, le budget de la Justice doit augmenter de près de 25 % sur cinq ans, soit 1,6 milliard d'euros, permettant la création de 6 500 emplois, de rénover et sécuriser les tribunaux et les prisons et de construire 7 000 places de prison et 20 centres éducatifs fermés.

Si certaines dispositions de cette réforme ont été d'application immédiate, d'autres doivent être mises en œuvre progressivement, et plusieurs de ces dispositions seront applicables à titre expérimental.

A. 1er objectif : Simplifier les procédures et l'organisation de la justice

Quelques exemples de mesures

- **Depuis le 1er juillet 2019**

  – Création d'un parquet national antiterrorisme, véritable parquet spécialisé avec des antennes dans toutes les régions...

- **Depuis le 1er janvier 2020**

  – Création d'un tribunal judiciaire : issu de la fusion des tribunaux d'instance et des tribunaux de grande instance (sans aucune fermeture de sites actuels), il offrira une entrée unique pour le justiciable.

  – Quand il existe plusieurs tribunaux de grande instance au sein d'un même département, possibilité de créer des pôles spécialisés au sein d'un tribunal de grande instance. Cela permettra notamment d'harmoniser la réponse judiciaire sur un département et de lutter contre l'isolement professionnel de certains magistrats.

  – Mise en place, pour certains petits litiges, d'une procédure sans audience et entièrement dématérialisée. Cette procédure pourra être également écrite pour tous les dossiers (et non seulement ceux visant les petits litiges). L'accord des parties pour mettre en œuvre cette procédure sera nécessaire.

B. 2e objectif : Améliorer le quotidien des professionnels de la Justice et du droit

Quelques exemples de mesures

- **Depuis mars 2019**

  – Possibilité pour le juge, à tout moment de la procédure, d'enjoindre aux parties de rencontrer un médiateur.

– Suppression de certaines autorisations judiciaires préalables nombreuses et chronophages qui peuvent retarder un acte nécessaire, sans diminuer la protection des majeurs protégés.

■ **Depuis le 1er septembre 2020**

– Suppression de la phase de conciliation obligatoire en cas de divorce par consentement mutuel au regard du faible taux de conciliations prononcées.

– La gestion des fonds provenant des saisies des rémunérations (en cas de pluralité de créanciers) sera confiée à la Caisse des dépôts et consignations, permettant ainsi aux greffiers d'être déchargés du traitement des régies.

C. 3e objectif : Mieux protéger les victimes, lutter contre la délinquance du quotidien et prévenir la récidive

Le renforcement de l'efficacité de la procédure pénale et de l'exécution des peines, la protection des victimes et la prévention de la récidive sont des enjeux majeurs de la loi de programmation et de réforme pour la justice.

Quelques exemples de mesures

■ **Depuis mars 2019**

– Extension de l'amende forfaitaire aux délits de vente d'alcool à des mineurs et d'usage de stupéfiants.

– Extension des possibilités de condamnation à une peine de travail d'intérêt général.

■ **En octobre 2019**

– Mise en place, à titre expérimental pour trois années, d'une mesure éducative d'accueil de jour pour les mineurs. Ces derniers pourront ainsi bénéficier d'un accompagnement quotidien, intensif et pluridisciplinaire, adapté à leur situation personnelle, scolaire et familiale.

■ **Depuis février 2020**

– Possibilité de plainte en ligne avant d'être entendu par les policiers ou les gendarmes.

■ **Depuis le 25 mars 2020**

– Exécution de toutes les peines de prison supérieures à 1 an, sans possibilité d'aménagement initial de la peine.

– Suppression des peines de prison inférieures à 1 mois.

■ **À venir (retardé à cause de la Covid-19)**

– Création d'un Code de la Justice des mineurs et refonte de l'ordonnance de 1945.

LES DISPOSITIFS DE PRÉVENTION ET DE LUTTE CONTRE LA RADICALISATION EN MILIEU CARCÉRAL

Depuis les attentats qui ont touché la France en 2015, de nombreux dispositifs ont été mis en place afin d'agir plus efficacement contre le prosélytisme et la menace terroriste au sein du milieu carcéral, terreau fertile à la « contagion radicale ».

L'administration pénitentiaire affirme qu'une quarantaine de djihadistes français seraient sortis de prison en 2018 et en 2019 après y avoir purgé leur peine pour des infractions à caractère terroriste (ICT). Les infractions à caractère terroriste désignent un ensemble large d'actes « en relation avec une entreprise individuelle ou collective ayant pour but de troubler gravement l'ordre public par l'intimidation ou la terreur », ainsi que la préparation, le financement et l'apologie de ces actes.

Ce chiffre est à mettre en relation avec un total d'environ 500 personnes actuellement détenues pour des ICT. Il ne comprend pas les prisonniers de droit commun radicalisés, estimés à environ un millier derrière les barreaux actuellement, et dont plusieurs dizaines sont sortis de détention au cours des trois dernières années.

Pour les prendre en charge, des mesures de regroupement de personnes considérées comme « radicalisées » ou en voie de le devenir ont vu le jour. En effet, des unités dédiées ont été mises en place, les premières ayant été créées à l'initiative du chef d'établissement de la prison de Fresnes dès octobre 2014, puis ont été étendues après les attentats à d'autres établissements : Osny (Val-d'Oise), Fleury-Mérogis (Essonne), etc. Celles-ci visent à enrayer le prosélytisme omniprésent dans les prisons.

L'administration a développé une prise en charge différenciée selon les différents profils de détenus. Les prévenus écroués pour des faits de terrorisme en lien avec l'islamisme radical sont placés dans l'un des quartiers d'évaluation de la radicalisation (QER), le temps d'une évaluation pluridisciplinaire de quatre mois. Parallèlement à cela, on assiste à la montée en puissance du renseignement pénitentiaire, devenu un service à compétence nationale pour lutter contre la radicalisation en prison et anticiper la sortie de prison de ces détenus considérés comme potentiellement dangereux.

En outre, la radicalisation en prison est un phénomène prégnant, inquiétant et qui pose de nombreux problèmes sécuritaires. Évaluer, détecter et savoir appréhender celle-ci revêt donc un enjeu fondamental pour les prochaines années.

Alors que l'on assiste déjà au retour de djihadistes de Syrie, ainsi que de leurs familles en France, le gouvernement doit donc gérer deux autres phénomènes aux issues encore inconnues : ceux déjà en prison et dont le désamorçage idéologique est loin d'être évident ; et la question difficile de la sortie de prison et de la réinsertion de ceux qui ont purgé leur peine et reviennent dans la société.

C'est le juge d'application des peines du parquet national antiterroriste qui est en charge du suivi de ces détenus après leur libération. Premier djihadiste condamné, Flavien Moreau, 33 ans, a été libéré le 13 janvier 2020 de la prison de Condé-sur-Sarthe (Orne) après avoir purgé une peine de sept ans de prison ferme. Considéré comme toujours très radicalisé, il fait l'objet d'une double mesure de surveillance, à la fois judiciaire et administrative. Sur le plan judiciaire, il peut s'agir d'un certain nombre d'interdictions, notamment celle d'entrer en contact avec certaines personnes, ainsi qu'un suivi renforcé de la part des services d'insertion et de probation. Sa surveillance administrative prévoit par ailleurs une interdiction de sortie de sa commune de domiciliation et un pointage quotidien.

Interrogé par le magazine *Society*, le chercheur Hugo Micheron, qui a étudié les djihadistes français détenus en prison, estime que la plupart des 500 personnes actuellement derrière les barreaux pour des ICT seront libérées d'ici à 2022.

Dans un rapport rendu public mercredi 10 juin 2020, le Contrôleur général des lieux de privation de liberté (CGLPL) a dressé un bilan critique de la gestion des détenus radicalisés, cinq après la création des premiers quartiers dédiés.

Sévère avec les premiers regroupements de détenus radicalisés, le CGLPL juge toujours « insatisfaisante » leur prise en charge regrettant que ce soit « beaucoup plus un outil de gestion de la détention qu'un moyen de prendre en charge la radicalisation ».

Le premier grief porte sur « la création d'une catégorie spécifique » selon des « contours ambigus ». Elle concerne un peu moins de 1 700 détenus et englobe à la fois les personnes incarcérées (condamnées ou en attente de jugement) pour des faits de terrorisme, appelés « TIS » (terroristes islamistes) par l'administration, et les prisonniers de droit commun suspectés de radicalisation, les « DCSR ».

L'intégration de ces derniers dans la catégorie des « radicalisés » s'effectue selon des critères « opaques et discriminants » et ne « donne lieu à aucune information de la personne concernée », déplore le CGLPL dans son rapport basé sur les entretiens réalisés lors des visites de sept établissements et sur des saisines d'une cinquantaine de détenus.

Tous ont vocation à passer par l'un des six quartiers d'évaluation de la radicalisation (QER), où pendant quatre mois une équipe pluridisciplinaire mesure leur dangerosité et leur degré de radicalisation.

Leur évaluation détermine leur future affectation : en détention ordinaire, à l'isolement ou dans un quartier de prise en charge de la radicalisation (QPR). Les critères sont là aussi « bien souvent flous » et sans procédure contradictoire, souligne le rapport.

Les détenus incarcérés dans les quartiers spécifiques ont un « régime de détention quasi équivalent à celui de l'isolement », relève encore le CGLPL. Tous sont soumis à des conditions de détention « exorbitantes », « justifiées par des impératifs de sécurité », mais dont le « caractère systématique interroge sur leur légalité ».

Le rapport regrette encore que « la préparation à la sortie [ne soit] pas pensée ». « Dépourvue de projet d'aménagement de peine et des perspectives sociales et professionnelles, la prise en charge de la "radicalisation" proposée apparaît sans effet », conclut le CGLPL.

En France, 90 % des détenus actuellement incarcérés pour terrorisme ou radicalisation devraient retrouver la liberté d'ici à 2025. Le principal souci des services de sécurité est de déterminer leur risque de récidive. À cet égard, les spécialistes du Réseau européen de sensibilisation à la radicalisation (RAN), les ministres de la Justice ou les experts des Nations unies évoquent depuis 2018 une « menace majeure », encore accrue depuis le retour de combattants présents en Syrie et en Irak après la défaite de l'organisation État islamique.

Pour rappel, Cherif Kouachi, un des deux auteurs de l'attentat contre Charlie Hebdo en 2015, avait été arrêté en 2005, condamné en 2008 pour sa participation à une filière d'envoi de combattants en Irak. Usman Khan et Sudesh Amman, les auteurs des attaques au couteau de Londres commises en novembre 2019 et février 2020, ont été tous deux condamnés antérieurement pour la préparation d'attentats. Le premier avait été libéré un an plus tôt, le second dix jours à peine avant son passage à l'acte.

Les politiques à mettre en place s'avèrent extrêmement complexes.

Thomas Renard, chercheur à l'Institut Egmont, estime qu'elles sont actuellement « guidées par la peur plus que par la preuve ». D'où, d'ailleurs, de possibles contradictions, comme au Royaume-Uni, par exemple : les auteurs d'actes de terrorisme seront maintenus plus longtemps en prison, alors qu'il n'existe aucune indication quant au fait que des peines plus longues réduiraient le risque de récidive. Elles pourraient, en revanche, encourager la radicalisation, les lieux d'incarcération étant, pour beaucoup, des « universités du djihad » – une autre affirmation à prendre avec prudence, insiste toutefois le chercheur universitaire. Quelques études sur la récidive ont en effet été menées depuis les années 2000 dans différents pays et ne permettent pas de quantifier de manière certaine le phénomène de récidive.

LA PRISE EN COMPTE DE LA COVID-19 DANS LES ÉTABLISSEMENTS PÉNITENTIAIRES

Les personnes privées de leur liberté, comme les personnes en prison et incarcérées dans d'autres lieux de détention, sont plus vulnérables à la flambée de maladie à coronavirus (Covid-19). Les détenus vivent dans un environnement de promiscuité et peuvent donc constituer une source d'infection, d'amplification et de propagation des maladies infectieuses, à l'intérieur comme à l'extérieur des prisons.

Pourtant, alors que la Covid-19 bouleversait bien des pans de la société (surmortalité, chômage, déscolarisation, violences conjugales), les prisons ont constitué une surprenante et spectaculaire exception dans ce tableau dévasté : elles se sont vidées au point que la surpopulation chronique, plaie dont elles souffrent depuis des décennies, a quasiment disparu. Les conséquences de la pandémie ont eu pour effet de desserrer l'étau de la surpopulation et des matelas par terre. Par voie d'ordonnance rendue le 25 mars en application de la loi du 23 mars 2020 d'urgence pour faire face à l'épidémie de Covid-19, la garde des Sceaux a prévu des possibilités de libération anticipée pour les personnes condamnées à moins de cinq années de d'emprisonnement et auxquelles il restait deux mois à effectuer. Cette politique de libération de détenus en fin de peine a augmenté le flux des sorties. Mais, surtout, le ralentissement de l'activité des tribunaux a provoqué une diminution du nombre d'incarcérations.

Alors que les prisons françaises comptaient 72 500 détenus pour 61 000 places avant la pandémie, les effectifs ont été réduits à 58 665 au 1er juillet 2020 sous le double effet du quasi-arrêt des juridictions pendant le confinement du printemps et des mesures de libération exceptionnelle en fin de peine, prises pour limiter le risque épidémique en détention.

Si la surpopulation n'a pas disparu – le taux d'occupation de certaines maisons d'arrêt restant autour de 150 % –, la France comptait alors davantage de places de prison que de détenus.

Cellules surpeuplées plus rares, douches et promenades plus fréquentes, la panique qui avait saisi l'administration pénitentiaire qui craignait une contamination massive et des révoltes a cédé rapidement la place à une relative sérénité. Ce retournement inédit est d'autant plus impressionnant que, le 30 janvier, la Cour européenne des droits de l'homme avait dénoncé le « phénomène structurel » de la surpopulation des prisons françaises et prononcé une humiliante condamnation de la France pour « traitements inhumains ou dégradants ».

En parallèle de ces mesures, pour maîtriser la propagation du virus, l'administration pénitentiaire avait décidé, du 28 mars au 11 mai 2020, de supprimer les parloirs familiaux et toutes les activités en groupe, dont le travail et les formations.

L'administration a également pris des mesures permettant de lutter contre l'isolement carcéral. À partir du 23 mars, chaque détenu a bénéficié d'un crédit de 40 euros par mois sur son compte téléphonique. Les proches pouvant leur laisser des messages vocaux en composant un numéro non surtaxé. L'accès à la télévision a été rendu gratuit. Les détenus les plus démunis ont bénéficié d'une aide majorée de 40 euros par mois pour cantiner.

12. Paroles de CPIP

Perrine

Perrine a suivi un parcours qui ne la destinait pas à première vue aux métiers du service public. Avant d'intégrer le corps des conseillers pénitentiaires d'insertion et de probation (CPIP), elle a obtenu un DUT, mention techniques de commercialisation, en alternance, puis elle a été formée au métier de manager en grande distribution. Son diplôme en poche, elle se trouve trop gentille pour cet univers. Elle poursuit donc ses études, intègre une licence d'administration qu'elle complétera plus tard par un master 2 de droit, mention droits des hommes et exécution de la peine, et passe les concours de la fonction publique. Aujourd'hui, Perrine travaille en milieu fermé (en établissements pour peine) et accompagne les personnes détenues condamnées à de longues peines dans leur projet de sortie.

C'est par hasard que j'ai découvert ce métier et ses multiples facettes. J'ai passé plusieurs concours de la fonction publique (j'ai d'ailleurs été admise aux épreuves d'admissibilité de lieutenant de police), mais j'ai finalement choisi le métier de CPIP. Ce métier permet aussi bien d'être dans la prévention de la récidive (travail sur le sens de la peine, rappel de la loi, prise en compte des victimes et de la société civile) que dans l'insertion (prise en compte du parcours individuel de chaque personne, de ses difficultés économiques, sociales et/ou professionnelles). La juriste de formation que je suis, trouve dans ce métier le cadre pénal dont j'ai besoin et le contact humain que j'apprécie.

Je travaille en détention avec des personnes condamnées à de longues peines. Pour ce public, un parcours d'exécution de peine est organisé. En fonction de la date de fin de peine, des envies et des capacités de la personne détenue, des objectifs sont fixés. Dès l'entretien arrivant, nous donnons des échéances. Je fixe systématiquement un rendez-vous pour l'année suivante afin de constater l'intégration de la personne au sein de l'établissement (travail, scolarité, mise en place des paiements aux parties civiles, prise en charge psychologique...) et cela, peu importe le temps de la peine restant. La réinsertion se prépare dès l'arrivée. La grosse différence avec le milieu ouvert, c'est le temps, qui nous permet de bien connaître la personne détenue, son parcours, sa famille, ses acquis et ses attitudes. Je peux travailler sur la globalité de son parcours de vie afin d'évaluer et concevoir un projet cohérent qui permettra à cette personne détenue de se réinsérer dans la société.

Mon métier me permet une perpétuelle remise en question.

Je rencontre des personnes aux parcours tellement différents que chaque situation appelle à une individualisation de la prise en charge. J'espère que chaque détenu que j'aurais pu accompagner vers une sortie structurée aura pu se reconstruire sereinement et s'ancrer définitivement dans la société.

Je me souviens particulièrement d'un homme, condamné à la réclusion criminelle à perpétuité. On me le décrivait comme résigné, qui se laissait porter par la détention. Il avait pourtant repris un temps les études et était connu pour son investissement dans les arts plastiques au sein de l'établissement.

Quand je l'ai rencontré, il avait peur de retourner dehors et, finalement, nous avons réussi à lui proposer un projet d'aménagement de peine. Il est devenu bénévole dans une maison de quartier. Il aide à l'organisation et à l'intendance de cette structure en faveur des personnes défavorisées et arrive à gagner sa vie en vendant ses peintures. Il m'appelle tous les ans pour me raconter son évolution. Cette personne a réussi à purger sa peine de manière constructive et, aujourd'hui, elle apporte, en quelque sorte, sa contribution à la société. Ce genre de cas n'est pas rare car la plupart des personnes détenues condamnées à de longues peines arrivent à retrouver une place dans la société si elles sont accompagnées dans leur projet. Je conseille à tous les candidats CPIP d'être ouverts sur le monde qui les entoure pour se débarrasser de tous leurs préjugés, c'est un métier surprenant ! Évidemment une bonne préparation aux techniques du concours de la fonction publique reste nécessaire pour le réussir.

Adeline

Après l'obtention d'une maîtrise en droit, mention carrière judiciaire, Adeline, elle, s'inscrit à différents concours de la fonction publique, dont celui de CPIP. À l'époque, l'univers carcéral lui était totalement étranger. Après avoir passé cinq ans en maison d'arrêt, elle accompagne désormais les personnes qui sont sorties de détention, placées sous main de justice, dans leur projet de réinsertion.

Comme j'avais déjà un BAC + 2, un ami m'a proposé de passer le concours de CPIP pour m'entraîner. Aujourd'hui je me dis qu'il n'y a pas de hasard, et je ne vois pas trop ce que j'aurais pu faire d'autre.

Initialement, je voulais un emploi de « terrain ». Je ne voulais pas être statique et effectuer des tâches répétitives. Je voulais aussi un emploi qui me donne la sensation d'être utile.

En étant CPIP, je n'ai pas de journée identique à la précédente. Je suis, sur le terrain, en contact avec des personnes détenues et leurs familles, des partenaires associatifs ou institutionnels, les collègues travaillant en détention (personnel de surveillance) et aussi les magistrats.

Je travaille actuellement en milieu ouvert, c'est-à-dire dans un service pénitentiaire d'insertion et de probation où les personnes condamnées sont sorties de la détention mais restent placées sous main de justice.

En milieu ouvert, le facteur temps est très différent, une mise à l'épreuve, un suivi socio-judiciaire s'échelonnant souvent sur plusieurs années.

Mon travail consiste à veiller à ce que soient bien respectées les obligations prononcées par le juge de l'application des peines (JAP) à l'encontre des personnes placées sous main de justice (par exemple : se soigner, trouver un travail, indemniser les victimes). J'accompagne également les personnes dans leur réinsertion car c'est en travaillant aussi sur leurs difficultés sociales (absence de logement), professionnelles (absence de qualification, de travail) et/ou médicales (addictions), rencontrées ponctuellement ou non, que la prise en charge permet de prévenir ou de limiter les risques de récidive. Cette dernière ne peut se faire seule, et nos publics ont besoin, parfois, de cet accompagnement pour s'en sortir, se reconstruire, ou se construire tout simplement.

Mon métier m'offre au quotidien la possibilité de travailler avec des personnes de différents horizons (personnes condamnées, partenaires associatifs, magistrats). Chaque mesure est différente, et aucune mise à l'épreuve, aucun travail d'intérêt général (TIG), aucune libération conditionnelle ne se ressemble. On apprend tous les jours sur les autres et sur soi. Ce métier force la persévérance et la modestie.

Pourtant, il montre un aspect sombre et parfois lugubre de ce que l'homme est capable de faire. Le travers est que l'on peut avoir tendance, parfois, à voir le mal partout. Il ne faut jamais oublier que le conseiller pénitentiaire d'insertion et de probation n'est pas là pour juger, pour condamner ou pour plaindre la personne dont on a en charge le suivi. Travailler sur des situations précaires voire dramatiques nécessite d'adopter un bon positionnement professionnel. Le travail en équipe est essentiel sur ce point et permet d'échanger pour prendre de la distance et se préserver.

Dans mes missions de tous les jours, je m'efforce d'apporter un soutien car, pour devenir un citoyen respectueux des lois, la personne a besoin d'être conseillée, écoutée, orientée voire recadrée, sermonnée même. Parfois, leur désir de changement correspond au temps de la mesure, et notre rôle devient un peu celui d'un « guide » socio-judiciaire. Malheureusement, il se peut aussi que la personne ne soit pas encore prête à évoluer, à changer, et notre rôle sera là plus répressif.

De jolies choses peuvent se produire, et c'est bien là toute la magie de notre métier ! Je pense forcément à une personne condamnée à une peine d'emprisonnement ferme et à une mise à l'épreuve pour des faits de vols, conséquences d'une addiction ancienne et importante à l'alcool. Son enfance, sa vie, rien ne lui a vraiment souri. Sa peine de prison a été convertie en travail d'intérêt général (TIG), peine qu'elle a exécutée de façon exemplaire.

Au travers de ce TIG, cette personne a pris conscience qu'elle savait faire des choses, qu'elle pouvait faire des choses bien. Elle a recommencé à se lever le matin pour aller travailler. Durant la mise à l'épreuve, cette personne a su écouter les conseils prodigués. Elle a suivi un programme pour se sevrer de l'alcool. À la fin de cette mise à l'épreuve de deux ans, elle s'est reconstruite. Sans son énergie et son désir de changement, aucun de nos conseils n'aurait trouvé d'écho.

Mon aide s'est résumée à l'accompagner, à l'encourager dans ses démarches et à la recentrer lorsqu'elle s'éloignait de l'objectif fixé. Cette personne est redevenue actrice de sa propre vie, et j'avoue être fière d'en avoir été le témoin.

Il faut aimer l'humain, le travail en équipe, le droit, le social, les challenges, les difficultés, échanger, écouter, réfléchir, mais aussi le côté administratif (écrire des comptes rendus d'entretien sur l'ordinateur). Il faut être modeste, polyvalent, dynamique, constant, authentique, capable de recadrer et bien dans ses baskets ! ”

Auto-évaluation

Pour chaque question, une ou plusieurs réponses sont correctes.

Entraînement

Composition

❶ Une relation sexuelle imposée est considérée comme un viol :

☐ **a.** même entre époux
☐ **b.** même entre partenaires pacsés
☐ **c.** même entre concubins
☐ **d.** entre partenaires pacsés et concubins, mais pas entre époux, il s'agit d'un devoir conjugal

❷ Un mineur est pénalement responsable des infractions qu'il commet :

☐ **a.** à partir de 10 ans
☐ **b.** à partir de 13 ans
☐ **c.** à partir de 16 ans
☐ **d.** à partir du moment où il agit avec discernement

❸ Le juge des enfants (JE) qui siège au tribunal judiciaire est une juridiction compétente pour :

☐ **a.** statuer sur les droits de visite quand l'un des parents ne respecte pas l'ordonnance du juge aux affaires familiales (JAF)
☐ **b.** placer en « famille d'accueil » un enfant en danger chez ses parents
☐ **c.** condamner un mineur de 12 ans qui a commis un délit
☐ **d.** condamner un mineur de 17 ans qui a commis un viol

❹ Les spécialistes du terrorisme considèrent que le premier attentat terroriste de l'histoire a eu lieu :

☐ **a.** en juin 1987 à Madrid, quand Euskadi Ta Askatasuna (ETA) fait exploser une voiture piégée
☐ **b.** en juin 1914 à Sarajevo, quand un nationaliste serbe assassine l'archiduc François-Ferdinand d'Autriche, ce qui précipite l'Europe dans la Première Guerre mondiale
☐ **c.** en septembre 2001, quand des avions détournés détruisent les Twin Towers du World Trade Center à New York
☐ **d.** en décembre 1800, quand Napoléon Bonaparte échappe à un attentat à la bombe perpétré par des royalistes chouans

5 Le détournement de mineur :

☐ a. est l'appellation juridique et judiciaire de l'inceste

☐ b. a disparu du Code pénal le 1er mars 1994 et n'avait rien de sexuel

☐ c. est le fait pour un majeur d'avoir des relations avec un mineur

☐ d. est le fait pour un majeur d'avoir des relations avec un mineur de moins de 15 ans ou sur lequel il a autorité

Note de synthèse

6 La décision de placer une personne sous surveillance électronique :

☐ a. relève exclusivement du juge d'application des peines (JAP)

☐ b. relève du juge d'application des peines (JAP) pour les personnes condamnées à une mesure privative de liberté

☐ c. relève exclusivement du juge des libertés et de la détention (JLD) pour les personnes prévenues en attente de jugement

☐ d. ne peut pas concerner une personne mineure (au moment des faits)

7 Sont considérés comme « détenues » :

☐ a. les personnes placées sous écrou

☐ b. les personnes incarcérées (qui font l'objet d'une mesure privative de liberté à l'intérieur d'un établissement pénitentiaire)

☐ c. les personnes placées sous surveillance électronique (PSE) en exécution d'une peine privative de liberté

☐ d. uniquement les personnes condamnées à une mesure privative de liberté à l'intérieur ou à l'extérieur d'un établissement pénitentiaire

8 En France, quelles sont les principales causes de décès (classées dans les 10 premières) :

☐ a. les accidents de la route

☐ b. l'usage de drogues (tabac, alcool, stupéfiants)

☐ c. les homicides (meurtres et assassinats)

☐ d. l'obésité

9 Un taux de récidive important est alarmant :

☐ a. parce qu'il démontre que la justice ne juge pas les prévenus assez rapidement et qu'ils ont le temps avant leur condamnation de commettre de nouvelles infractions

☐ b. parce qu'il tend à prouver que le système judiciaire et carcéral se révèle inefficace dans la lutte contre la délinquance

10 La contrainte pénale :

☐ a. est une mesure prévue pour renforcer un sursis avec mise à l'épreuve (SME)

☐ b. est une mesure prévue pour renforcer le contrôle judiciaire (CJ) d'un prévenu

☐ c. est une alternative à la détention pour les personnes reconnues coupables de délits passibles de cinq ans de détention au plus

☐ d. est assortie d'obligations et d'interdictions en relation directe avec l'infraction commise

Note administrative

⓫ Le non-respect d'un principe éthique, ou déontologique, peut, en premier lieu, engager :

☐ **a.** la responsabilité civile de l'agent
☐ **b.** la responsabilité pénale de l'agent
☐ **c.** la responsabilité disciplinaire de l'agent
☐ **d.** la responsabilité administrative de l'établissement

⓬ Il existe trois grandes formes de travail au sein des établissements pénitentiaires :

☐ **a.** le travail en concession
☐ **b.** le travail de production
☐ **c.** le travail de service général
☐ **d.** le travail opérationnel

⓭ Le trouble à l'ordre public :

☐ **a.** résulte forcément d'un effet de groupe
☐ **b.** peut être constitué par une simple nuisance à la quiétude
☐ **c.** restreint forcément la liberté des autres citoyens
☐ **d.** peut relever des actes d'une seule personne

⓮ Les unités de vie familiale (UVF) permettent :

☐ **a.** qu'un détenu réapprenne à vivre seul dans un logement autonome
☐ **b.** qu'un détenu accueille sa famille au sein de l'établissement pendant quelques jours
☐ **c.** qu'un détenu aille passer quelques jours avec sa famille en dehors de l'établissement
☐ **d.** qu'un détenu en fin de peine bénéficie d'un « sas » vers l'extérieur avant d'être libéré

⓯ La responsabilité civile impose de :

☐ **a.** réparer les dommages causés
☐ **b.** payer les contraventions dues
☐ **c.** verser le montant de l'amende aux parties civiles
☐ **d.** payer les amendes dues

Entretien

⓰ Le placement sous surveillance électronique (PSE) :

☐ **a.** est une peine d'emprisonnement ferme
☐ **b.** s'inscrit dans un sursis avec mise à l'épreuve (SME)
☐ **c.** est une mesure d'aménagement de peine qui permet d'éviter l'incarcération
☐ **d.** peut permettre d'éviter l'incarcération préventive

⓱ En France, la majorité pénale est fixée à :

☐ **a.** 18 ans
☐ **b.** 16 ans
☐ **c.** 13 ans
☐ **d.** 10 ans

⓲ Pour que la victime d'une infraction pénale soit indemnisée du préjudice moral ou matériel qu'elle a subi, il est indispensable :

☐ **a.** qu'elle dépose plainte
☐ **b.** qu'elle prenne un avocat
☐ **c.** qu'elle se constitue partie civile
☐ **d.** qu'elle fasse constater par un médecin légiste les conséquences des violences sexuelles, physiques ou psychologiques qu'elle a subies (le cas échéant)

⓳ L'abandon du domicile conjugal, en France :

☐ **a.** est un délit
☐ **b.** est une contravention
☐ **c.** disparaît si une main-courante est déposée
☐ **d.** n'existe pas en droit français.

⓴ L'enfant d'un couple marié :

☐ **a.** doit légalement porter le nom de son père (le nom patronymique)
☐ **b.** peut légalement porter le nom de sa mère (son nom de jeune fille)
☐ **c.** peut légalement porter le nom de sa mère si elle a officiellement renoncé à porter celui de son mari (le nom marital)
☐ **d.** peut porter au choix de ses parents le nom de son père, de sa mère ou des deux, accolés dans l'ordre de leur choix (le nom de famille)

Corrigé

❶ **a., b., c.** Une relation sexuelle imposée avec pénétration est considérée comme un viol entre époux, entre partenaires pacsés, et entre concubins : le « devoir conjugal » n'est pas une obligation et nécessite à chaque fois un consentement réel.

❷ **d.** Code pénal, art. 122-8, il ne faut pas confondre l'âge de la responsabilité pénale et l'âge de la majorité pénale.

❸ **b., c.** Le JE a une compétence civile de protection et une compétence pénale de répression, il n'a aucune compétence en matière de divorce, de droit de visite et d'exercice de l'autorité parentale, le mineur de plus de 16 ans qui commet un crime sera jugé par la Cour d'assises des mineurs.

❹ **d.** Le terme « terrorisme » apparaît pour la première fois en 1798 dans le supplément du dictionnaire de l'Académie française pour désigner un mode de gouvernement : la Terreur désigne une période de la Révolution française (1793-1794) qui a vu se radicaliser les mouvements républicains, responsable d'au moins 100 000 exécutions.

❺ **b.** Le principe dit « de majorité sexuelle » interdit les relations sexuelles consenties entre un majeur et un mineur de moins de 15 ans, ou sur lequel il a autorité, Code pénal, art. 227-25, 227-26 et 227-27.

❻ **b.** Le juge d'instruction et le juge des enfants peuvent également prendre cette décision, qui concerne les mineurs et les majeurs.

❼ **a., b., c.** Les personnes sous surveillance électronique en exécution d'une peine privative de liberté sont placées sous écrou même si elles ne sont pas incarcérées, et 18 587 prévenus au 1er mars 2021 sont en attente de jugement, soit près d'un tiers des 64 405 détenus, au 1er mars 2021.

❽ **b., d.** L'obésité est la 5e cause de décès en France et l'usage de drogues, la 3e (tabagisme : 60 000 décès ; alcool : 30 000 décès ; produits stupéfiants : 3 650 décès), les accidents de la route apparaissent à la 25e place et les homicides, vers la 50e, avec moins de 800 en 2018, dont plus d'un quart sont liés aux violences intrafamiliales.

❾ **b.** Il ne faut pas confondre la réitération et la récidive.

❿ **c., d.** Le SME est une peine décidée par le tribunal qui consiste en une peine d'emprisonnement renforcée par une mise à l'épreuve, et le contrôle judiciaire est ici une alternative à la détention provisoire, pas une condamnation.

⓫ **c.** L'éthique et la déontologie ne relèvent ni du droit civil, ni du droit pénal, et ne sont pas susceptibles d'engager la responsabilité de l'établissement, de l'administration ou de sa direction.

⓬ **a., b., c.**

⓭ **b., d.** Un trouble à l'ordre public peut relever des actes d'une seule personne qui ne respectent pas « la norme », qui provoquent une simple nuisance à la quiétude, comme le tapage diurne ou nocturne, l'ivresse publique et manifeste, etc.

⓮ **b.** Il existe 163 unités de vie familiale réparties dans 50 établissements pénitentiaires, les séjours peuvent durer de 6 à 72 heures.

⓯ **a.** On ne paye pas une contravention, on la commet, et le contrevenant peut être condamné à payer une amende au Trésor public, qui, jamais, contrairement aux dommages et intérêts, ne revient aux parties civiles.

⓰ **a., c., d.** Le placement sous surveillance électronique (PSE) est une mesure d'aménagement de peine qui permet d'éviter l'incarcération d'une personne condamnée à une peine d'emprisonnement ferme, il peut aussi être mis en place pour faire respecter une assignation à résidence (ARSE) dans le cadre d'une mesure de contrôle judiciaire, ou dans le cadre d'une surveillance électronique de fin de peine (SEFIP).

⓱ **a.** La majorité pénale est fixée à 18 ans, comme la majorité civile, mais le mineur est pénalement responsable de ses actes dès sa naissance, s'il commet l'infraction avec discernement (13 ans au moment des faits est l'âge de la sanction pénale, amende et prison).

⓲ **a., c., d.** La constitution de partie civile permet à la victime d'engager la responsabilité civile de son agresseur (la plainte engage la responsabilité pénale), seule l'ITT fixée par un médecin légiste (dans une Unité médico-judiciaire ou une consultation de victimologie) sera prise en compte par le tribunal (par l'arrêt de travail délivré par le médecin traitant).

⓳ **d.** Le dépôt d'une main-courante n'a pas le pouvoir de rendre légal un acte illégal : si l'abandon du domicile conjugal était susceptible de poursuites, le dépôt de la main courante ressemblerait à un aveu (seul le juge aux affaires familiales est compétent pour écarter le partenaire violent des enfants du couple, même le juge des enfants ne le peut pas).

⓴ **d.** Le 1er janvier 2005, l'appellation « nom patronymique » (de *pater*, « le père ») a été remplacée par « nom de famille » et l'enfant – d'un couple marié ou non – peut légalement porter au choix de ses parents le nom de son père, de sa mère ou des deux, accolés dans l'ordre de leur choix.

PARTIE 1

Se préparer aux épreuves

Éléments de cours

Les sujets développés dans cette première partie vont être utiles aux candidats pour rédiger la **composition** et la **note de synthèse** des épreuves d'**admissibilité** du **concours externe**, mais aussi pour réfléchir au **cas pratique** du **concours interne** et préparer l'**entretien avec le jury** « visant à apprécier les aptitudes et les motivations du candidat » du **concours externe** d'admission.

La composition porte « sur un sujet d'ordre général relatif à des questions politiques, économiques et sociales contemporaines ou aux libertés publiques », et la note de synthèse a comme support un dossier « portant sur des problématiques liées à la justice ».

L'étude du cas pratique s'appuie sur un dossier portant sur des problématiques liées à la justice.

L'ensemble des sujets possibles est extrêmement vaste, ces épreuves exigent donc du candidat quelques connaissances de culture générale et professionnelles sur des questions diverses.

On peut définir la culture générale comme l'ensemble des connaissances en tout genre qui ont une certaine importance dans la société. Elle concerne différents domaines, artistiques (peinture, cinéma, musique, etc.), culturels (littérature, histoire, géographie, etc.) ou en lien avec le quotidien (télévision, sport, actualité, chanson, etc.). Elle s'oppose à la connaissance disciplinaire, qui relève d'un sujet précis, souvent professionnel. Elle est enseignée dans l'école, mais elle n'est pas une matière à part entière, elle s'acquiert aussi en dehors de l'école, tout au long de la vie. Elle s'étoffe par la curiosité personnelle et l'expérience. Elle représente l'indispensable moteur permettant une réflexion autonome.

Nous avons, dans ce chapitre, intégré des informations relatives au métier de conseiller pénitentiaire d'insertion et de probation pour améliorer les connaissances professionnelles indispensables aux candidats : il est extrêmement important de maîtriser leur contenu.

Nous avons également sélectionné quelques thèmes liés à l'actualité, comme l'inceste et les atteintes sexuelles, dont on risque de beaucoup parler cette année, les violences intrafamiliales, souvent appelées « conjugales », et la propagation des maladies, suite à la pandémie de Covid-19, mais aussi la lutte contre les radicalisations, en prison et en milieu ouvert.

Nous y avons ajouté des sujets plus généraux, comme le handicap, sa reconnaissance, sa prise en charge et sa compensation, l'ordre public, les libertés publiques et la responsabilité, sujets particulièrement prégnants dans l'univers judiciaire et carcéral.

Lors de la précédente session, les candidats ont eu à traiter de la vieillesse, de la dépendance et de la solidarité : vous trouverez dans cet ouvrage une proposition de corrigé qui illustre la nécessité de maîtriser le vocabulaire (quelle est la différence entre une « pandémie » et une « épidémie » ? une « atteinte » et un « abus » sexuel ? la « responsabilité civile » et la « responsabilité pénale » ?) et d'être informé de l'actualité récente, au sens le plus large possible.

Il est donc fortement conseillé, dans le trimestre, le semestre, l'année qui précèdent les épreuves, de se documenter sur les grandes questions de société, de multiplier les lectures, de consulter Internet pour mémoriser quelques données importantes, quelques références, quelques chiffres : procéder ainsi renforce la « culture générale », qui doit être en permanence entretenue et développée : soyez curieux !

1. L'ordre public et les libertés publiques

L'ordre public est constitué de **l'ensemble des règles obligatoires qui touchent à l'organisation de la nation**, à l'économie, à la morale, à la santé, à la sécurité, à la paix publique, aux droits et aux libertés fondamentales de chaque citoyen.

En droit administratif, l'ordre public est **l'état social idéal,** défini par la loi du 5 avril 1884 : « la police municipale a pour objet d'assurer le bon ordre, la sûreté, la sécurité et la salubrité publique » (Code général des collectivités territoriales, art. L. 2212-2). On y ajoute généralement la moralité, ou les « bonnes mœurs ». L'ordre public est préservé par la police administrative, chargée d'en prévenir les troubles : un **trouble à l'ordre public** est une atteinte significative à la paix publique, une situation dans laquelle les **règles obligatoires édictées dans l'intérêt général** ne sont pas respectées, au **détriment de tous** (tapage, exhibitionnisme, émeutes, etc.). Ces règles rendent possible le « **vivre ensemble** » (la vie en société). Il est impossible d'y déroger (Code civil, art. 6).

NOTE DU FORMATEUR

La **police administrative est préventive** (elle permet d'éviter les troubles), la **police judiciaire est répressive** (elle permet de constater les infractions, d'en rechercher les auteurs et de les sanctionner).

1. Définitions

A. La sécurité publique

La sécurité publique permet la prévention des risques d'accidents, de dommages aux personnes et aux biens (l'État préserve la sécurité publique sur les routes avec le Code de la route, mais elle procède aussi à des contrôles, de vitesse, d'alcoolémie, qui sont répressifs).

B. La tranquillité publique

La tranquillité publique consiste à préserver « le calme des citoyens », qui doivent jouir de leurs droits « en bon père de famille » (l'État lutte contre le tapage, contre les nuisances sonores aéroportuaires et contre les troubles que peut créer le déroulement de manifestations).

La loi française estimait jadis qu'un locataire devait « jouir des locaux en bon père de famille » (elle a en 1982 remplacé cette notion par l'expression « jouir paisiblement »), et le tuteur devait administrer les biens de la personne protégée « en bon père de famille ». Les termes « raisonnable » ou « raisonnablement » se sont substitués en 2014 au « bon père de famille », qui était l'incarnation de l'ordre public : toute personne qui s'écartait de cette norme paisible et raisonnable était susceptible de troubler l'ordre public (l'ordre habituel des choses).

C. La salubrité publique

La salubrité publique impose la prévention des risques de santé publique (salubrité de l'eau, des denrées alimentaires, lutte contre le tabagisme, etc.) : plusieurs agences, telles l'Agence nationale de sécurité du médicament et des produits de santé (ANSM), l'Agence nationale de santé publique (Santé publique France) et l'Agence française de sécurité sanitaire des aliments (AFSSA), assurent en partie cette mission, aux côtés des agences régionales de santé (ARS).

D. La moralité publique

La moralité publique est absente de la définition, mais elle s'impose de plus en plus (atteintes portées à la décence, aux bonnes mœurs, à la dignité humaine, etc.).

Le **ministère de l'Intérieur** a pour mission de garantir aux citoyens la paix, la sécurité publique et la tranquillité. La loi d'orientation et de programmation pour la sécurité intérieure d'août 2002 (Lopsi) rappelle que « la sécurité et la paix publiques, consistant à veiller à l'exécution des lois, à assurer la protection des personnes et des biens, à prévenir les troubles à l'ordre public et à la tranquillité publique, ainsi que la délinquance ». Les magistrats du **ministère public** (procureurs, substituts) sont chargés de veiller au respect des règles d'ordre public : ils disposent pour cela d'un pouvoir d'initiative et d'intervention qui leur permet d'intervenir lorsque l'ordre public n'est pas respecté.

La Déclaration des droits de l'homme et du citoyen consacre la liberté d'opinion : « nul ne doit être inquiété pour ses opinions, même religieuses, pourvu que leur manifestation ne trouble pas l'ordre public établi par la loi » (article 10). Elle prévoit donc une limite à cette liberté. La laïcité garantit la liberté de conscience (la laïcité est le respect de tous les cultes et de toutes les croyances) : la seule limite à la liberté de manifester ses croyances et ses convictions est le respect de l'ordre public (loi du 9 décembre 1905, art. 1).

Montesquieu définit la liberté comme « le pouvoir de faire tout ce que les lois permettent » (*in De l'esprit des lois*, 1748), et l'article 4 de la Constitution comme « la possibilité laissée à l'homme de pouvoir faire tout ce qui ne nuit pas à autrui ».

Une **règle (ou norme) d'ordre public** est une **règle impérative** que les parties ne peuvent écarter, même par contrat ou convention, parce qu'elle **répond à des exigences fondamentales ou à des intérêts primordiaux** : il est nécessaire dans une société organisée de respecter des normes pour permettre à chacun de vivre le plus librement possible, sans avoir à craindre pour sa vie, sa sécurité, sa moralité, etc.

NOTE DU FORMATEUR

Une règle impérative peut être légale (elle découle d'une loi adoptée par le pouvoir législatif) ou réglementaire (elle découle d'un acte réglementaire, décret ou arrêté, adopté par le pouvoir exécutif).

2. Les troubles à l'ordre public

Le trouble à l'ordre public ne provoque pas forcément un danger ou une restriction des libertés des autres citoyens : il peut être une simple nuisance à la quiétude, quand une personne seule commet des actes ou tient des paroles « déplacées » (qui ne respectent pas la norme), comme l'exhibitionnisme, l'ivresse publique et manifeste, le tapage, diurne ou nocturne (etc.), ou quand plusieurs personnes (actes collectifs) créent des manifestations, des émeutes, des attroupements (Code pénal, art. 431-3). Il s'agit dans ce cas précis d'apprécier dans quelle mesure la manifestation est éligible au droit de réunion : seule l'autorité civile est en France habilitée à décider du moment où l'on peut considérer que le trouble à l'ordre public est atteint (dans certains pays, c'est l'autorité militaire).

NOTE DU FORMATEUR

Un spectacle polémique, une manifestation peuvent être interdits par arrêté préfectoral ou municipal (pouvoir réglementaire) en cas de menaces de trouble à l'ordre public : c'est une décision préventive de police administrative (qui interroge néanmoins sur la liberté d'expression).

Les forces de police et de gendarmerie sont en France chargées du maintien et du rétablissement de l'ordre public : certaines unités sont même spécialisées dans cette fonction comme les compagnies républicaines de sécurité (CRS), les compagnies de sécurisation (compagnies de sécurisation et d'intervention à Paris et en Petite Couronne), et la gendarmerie mobile.

3. Les libertés publiques

Les libertés publiques (certaines sont personnelles, d'autres sont collectives) appartiennent à la sphère du droit : elles rassemblent l'ensemble des droits fondamentaux reconnus aux citoyens (liberté d'aller et venir, liberté d'opinion, liberté d'expression, etc.) pour indiquer ce qui est (elles sont objectives).

On peut, pour les définir, s'appuyer sur la Déclaration des droits de l'homme et du citoyen du 26 août 1789, sur le préambule de la Constitution de la IVe République (27 octobre 1946), sur le préambule de la Constitution de la Ve République (4 octobre 1958), et sur les articles 1, 2, 3, 4 et 66 de la Constitution de la Ve République.

Les droits de l'homme relèvent de la philosophie : ils indiquent ce qui devrait être, de manière assez utopique (ils sont subjectifs).

La **Convention européenne des droits de l'homme et de sauvegarde des libertés fondamentales** (1950) est un texte contraignant qui relève du droit objectif ; le respect de l'effectivité des droits proclamés est assuré par la **Cour européenne des droits de l'homme** (CEDH) à Strasbourg, qui peut condamner un État (la France l'est régulièrement). Il n'existe aucune juridiction compétente au niveau mondial pour sanctionner le non-respect de la Déclaration universelle des droits de l'homme et de la Convention internationale des droits de l'enfant.

A. Les libertés personnelles

Il s'agit des libertés individuelles (se déplacer en toute liberté, ne pas être arrêté arbitrairement, être jugé dans le respect de la loi), de pensée (opinion, religion, presse, enseignement) ou économiques (droit au travail, au commerce, de se syndiquer, d'être propriétaire, etc.).

B. Les libertés collectives

Ce sont les libertés dont on profite en groupe (liberté d'association, de réunion, de manifestation, etc.).

C. Les libertés publiques définies dans les déclarations françaises

Ce sont la liberté (individuelle, d'opinion, de penser et de s'assembler), la légalité (la loi peut seule déterminer les limites de la liberté) et l'égalité (la loi est la même pour tous, elle ne doit pas accentuer les inégalités qui existent dans la société, mais aussi l'égalité homme/femme).

NOTE DU FORMATEUR

Le préambule de la Constitution du 27 octobre 1946 réaffirme les droits et libertés contenus dans la Déclaration des droits de l'homme et du citoyen et y ajoute le droit d'asile, le droit au travail (« chacun a le devoir de travailler et le droit d'obtenir un emploi »), le droit à une existence décente, à la solidarité nationale, à l'instruction et à la culture...

D. Les libertés publiques définies dans les textes internationaux

Ce sont les droits personnels de l'individu (droit à la vie, à la liberté et à la sûreté personnelle, au respect de la vie privée et familiale, au mariage), les droits de l'individu face à la collectivité (droit à la nationalité, d'asile, de libre circulation et de résidence, de propriété, interdiction de la torture et de l'esclavage, etc.), les libertés publiques et les droits politiques (liberté de pensée, de conscience, de religion, d'opinion, d'information et d'expression, droit de réunion, d'association et de vote), les droits économiques et sociaux (droit au travail, droit syndical, droit au repos et à l'éducation).

2. Le cadre de la responsabilité

La responsabilité peut être juridique : elle est alors civile, pénale, contractuelle ou disciplinaire. La responsabilité peut être morale : elle est alors éthique, pédagogique, éducative, déontologique, etc.

Être responsable veut dire : répondre de ses actes, en assumer les conséquences.

Chacun, dès sa naissance, dans sa vie privée et professionnelle, doit répondre de ses actes et en assumer les conséquences, pénales, disciplinaires ou pécuniaires.

La responsabilité est le contrepoids de la liberté : en démocratie, chacun est libre de faire ce qu'il veut, en toute liberté, à condition d'en assumer les conséquences.

NOTE DU FORMATEUR

Les responsabilités morales ne sont pas du domaine de la loi, plutôt de celui de la philosophie : la responsabilité morale est la conscience que chacun a de sa propre responsabilité.

1. La responsabilité civile

Elle impose à chacun de **réparer pécuniairement les dommages** qu'il cause à autrui, volontairement ou non : elle est personnelle (Code civil, art. 1240), elle peut aussi être engagée « du fait des choses que l'on a sous sa garde et des personnes dont on doit répondre » (Code civil, art. 1242), et des animaux que l'on a à son usage (Code civil, art. 1243).

La responsabilité civile s'assure : c'est le contrat « multirisques habitation », l'assurance de la voiture, la licence sportive (qui assure le pratiquant et l'entraîneur durant leurs activités sportives, le dirigeant d'un club sportif), l'assurance scolaire, etc.

Le non-respect du secret professionnel, auquel sont soumis « par profession » (c'est-à-dire : du fait du service qui les emploie) les conseillers pénitentiaires d'insertion et de probation (Code de procédure pénale, art. D. 581) engage la responsabilité pénale : c'est un délit passible d'une peine correctionnelle (Code pénal, art. 226-13). Il engage également la responsabilité civile par la constitution de partie civile de la victime. Le non-respect de l'obligation de discrétion professionnelle auquel sont soumis, en leur qualité de fonctionnaire, les conseillers pénitentiaires d'insertion et de probation (loi du 13 janvier 1983, art. 26) engage la responsabilité disciplinaire : c'est une faute professionnelle qui peut être sanctionnée par la hiérarchie. Les deux peuvent bien évidemment se cumuler (loi du 13 janvier 1983, art. 29). Le non-respect de la vie privée engage la responsabilité civile (Code civil, art. 9).

2. La responsabilité pénale

Elle impose à chacun d'assumer **les conséquences des infractions** qu'il commet, volontairement ou non, et d'accepter **les sanctions pénales prévues par la loi**.

La responsabilité pénale est personnelle (Code pénal, art. 121-1).

La responsabilité pénale de l'auteur d'une infraction est **engagée par la plainte** déposée par la victime, ou au nom de la victime (lorsqu'elle est mineure ou vulnérable, au sens de l'article 434-3 du Code pénal), qui enclenche l'**action publique** conduite par le procureur de la République : c'est lui qui va requérir la sanction, au nom de la société, et non la victime ou ses ayants droit (c'est la différence entre la justice et la vengeance).

La **constitution de partie civile** engage, au même endroit et **dans la procédure pénale**, la **responsabilité civile** de l'auteur ou de ses responsables légaux.

La responsabilité pénale peut être atténuée par des **circonstances atténuantes** (Code pénal, art. 122-1 à 122-8) ou aggravée par des **circonstances aggravantes** (s'attaquer à un mineur, une personne vulnérable, être armé, commettre l'infraction à plusieurs, ou avec violence, etc.).

NOTE DU FORMATEUR

Le majeur placé sous un régime de protection reste civilement responsable de ses actes puisque « celui qui a causé un dommage à autrui alors qu'il était sous l'empire d'un trouble mental n'en est pas moins obligé à réparation » (Code civil, art. 414-3), comme celui qui, au pénal, bénéficie de l'irresponsabilité pénale (Code pénal, art. 122-1).

3. La responsabilité civile et pénale du mineur et de ses parents

Le mineur est civilement responsable des dommages qu'il cause (Code civil, art. 1240), mais ses parents, « en tant qu'ils exercent l'autorité parentale », assument solidairement la responsabilité civile des dommages causés par « leur enfant mineur habitant avec eux » (Code civil, art. 1242).

Le mineur émancipé devient civilement responsable de ses actes (Code civil, art. 413-7), mais il est toujours considéré comme un mineur par la justice pénale.

Le mineur « capable de discernement » est « pénalement responsable des infractions dont il est reconnu coupable » (Code pénal, art. 122-8) : le mineur est donc pénalement responsable, dès sa naissance, des infractions (contravention, délit, crime) qu'il commet avec discernement, et les parents ne sont jamais pénalement responsables de leurs enfants mineurs (ils n'ont pas à payer les amendes qui sont infligées à leurs enfants et ne vont pas en prison à leur place puisque la responsabilité pénale est personnelle).

Le Code de la justice pénale des mineurs (CJPM) va entrer en vigueur le 1er octobre 2021 pour remplacer l'ordonnance du 2 février 1945, abrogée par l'article 7 de l'ordonnance 2019-950 du 11 septembre 2019. L'article 122-8 du Code pénal précisera alors que « les mineurs capables de discernement sont pénalement responsables des crimes, délits ou contraventions dont ils ont été reconnus coupables, en tenant compte de l'atténuation de responsabilité dont ils bénéficient en raison de leur âge, dans des conditions fixées par le Code de la justice pénale des mineurs ». Les mineurs de moins de 13 ans seront présumés ne pas être capables de discernement, les mineurs âgés d'au moins 13 ans seront présumés être capables de discernement (CJPM, art. L. 11-1). L'idée de fixer un âge d'irresponsabilité pénale n'a pas été retenue par le législateur.

La majorité pénale est fixée à 18 ans (depuis le 12 avril 1906) : le mineur devenu majeur ne bénéficie plus de l'excuse de minorité, mais qui peut être retirée par le tribunal pour enfants ou la Cour d'assises des mineurs à partir de 16 ans « lorsque les circonstances de l'espèce et la personnalité du mineur le justifient » ou lorsque les faits sont « commis en état de récidive légale ».

4. La responsabilité contractuelle

Elle est engagée en cas de **mauvaise exécution** ou d'**inexécution totale ou partielle** des obligations (souvent réciproques) **prévues par un contrat** (Code civil, art. 1147).

5. La responsabilité disciplinaire

Elle impose à chacun d'assumer ses actes devant l'autorité dont il dépend, qui peut le sanctionner (**la responsabilité administrative** est la responsabilité disciplinaire des fonctionnaires ou la responsabilité de l'administration envers ses administrés).

NOTE DU FORMATEUR

Le droit qu'a un parent de donner une fessée à son enfant relève de la responsabilité disciplinaire (il engage la responsabilité disciplinaire de l'enfant en le punissant) ; un employeur qui licencie pour faute un salarié le sanctionne après avoir engagé sa responsabilité disciplinaire.

3. L'inceste et les atteintes sexuelles

1. L'inceste

Il s'agit d'une notion qui appartient au vocabulaire des sciences humaines (anthropologie, psychologie, sociologie, ethnologie), qui n'avait pas forcément vocation à se retrouver dans le vocabulaire juridique. Il n'a longtemps été qu'une notion de droit civil utilisée dans le cadre de la filiation : c'est un rapport charnel entre proches parents ou alliés dont le mariage est prohibé par la loi. Le droit pénal le qualifiait d'« agression sexuelle » ou de « viol par ascendant ou personne ayant autorité » et le considérait comme une circonstance aggravante (ainsi que l'âge de la victime si elle a moins de 15 ans).

L'inceste a été réintroduit le 14 mars 2016 dans le Code pénal, qui précise désormais que « les viols et les agressions sexuelles sont qualifiés d'incestueux lorsqu'ils sont commis par un ascendant : un frère, une sœur, un oncle, une tante, un neveu ou une nièce ; le conjoint, le concubin [d'une des personnes précédemment citées] ou le partenaire lié par un pacte civil de solidarité avec l'une des personnes [précédemment citées] s'il a sur la victime une autorité de droit ou de fait » (Code pénal, art. 222-31-1).

L'enfant né d'une relation incestueuse ne peut avoir de filiation établie qu'envers un seul de ses deux parents (Code civil, art. 310-2). Il est totalement impossible d'établir la filiation de l'autre parent, par quelque moyen que ce soit (ni adoption, ni reconnaissance, ni recherche en paternité ou maternité).

Les peines prévues pour l'agression sexuelle et le viol, réprimés depuis toujours par la loi pénale, étaient déjà alourdies par plusieurs circonstances aggravantes, dont le lien de famille, de parenté ou d'autorité : le retour de l'inceste n'apporte absolument rien de nouveau et n'alourdit pas les peines. L'inceste n'est toujours pénalisé que si l'un des deux partenaires est mineur ou si, majeur, il n'est pas réellement consentant (une fille majeure peut avoir des relations sexuelles consenties avec son père, un frère et une sœur peuvent avoir des relations sexuelles consenties pendant leur minorité et après leur majorité). L'inceste n'a aucun rapport avec la majorité sexuelle ou l'âge du consentement : un mineur ne peut en aucun cas consentir à une relation sexuelle incestueuse.

NOTE DU FORMATEUR

Les atteintes sexuelles sont l'agression sexuelle (qui est un délit) et le viol (qui est un crime). Le viol implique la pénétration. On tente de remplacer le terme générique d'« abus sexuel » par celui d'« atteintes sexuelles » : l'abus est défini comme un usage abusif, ce qui peut laisser penser qu'il existe un usage sexuel qui ne soit pas abusif (un usage est rarement réciproque, contrairement à une relation).

Le terme d'**attouchements** n'existe pas dans la loi, il faut éviter de l'utiliser, il minore les faits : une caresse non désirée est une « agression », pas un « attouchement ».

Le détournement de mineur a disparu du Code le 1er mars 1994 et n'a jamais rien eu de sexuel : il punissait le fait de soustraire un mineur aux adultes ayant autorité sur lui (ancien Code pénal, art. 227-8). Il se référait donc à la majorité civile, pas à la majorité sexuelle. Il a été remplacé par les délits de corruption (Code pénal, art. 227-22) et de provocation de mineur : provocation à faire un usage illicite de stupéfiants (Code pénal, art. 227-18), à la consommation excessive ou habituelle d'alcool (Code pénal, art. 227-19), à commettre un crime ou un délit (Code pénal, art. 227-21).

2. La majorité sexuelle

Elle est fixée en France à 15 ans depuis une ordonnance du 2 juillet 1945 (relations hétérosexuelles) et une loi du 4 août 1982 (relations homosexuelles) ; il n'a jamais existé sur ce sujet de différence d'âge entre filles et garçons.

Le terme de « majorité sexuelle » n'existe pas dans la loi : il résulte d'une décision du Conseil constitutionnel (décision 2011-222 QPC du 17 février 2012).

NOTE DU FORMATEUR

La majorité sexuelle était auparavant fixée à 13 ans par la loi du 13 mai 1863, à 11 ans par la loi du 28 avril 1832 (cette loi a introduit la majorité sexuelle dans le droit français et aboli le pilori).

L'âge de la majorité sexuelle n'est pas l'âge à partir duquel un mineur peut avoir des relations sexuelles, mais **l'âge à partir duquel un mineur peut avoir des relations sexuelles consenties avec un majeur** (Code pénal, art. 227-25) : il n'existe **aucune disposition légale qui limite ou interdise les relations sexuelles entre mineurs.**

Un principe de jurisprudence estime que la différence d'âge entre les partenaires « doit rendre le consentement plausible ». L'Unesco estime que cette différence ne peut en aucun cas être supérieure à cinq ans, ce que ne précise pas la loi française, qui en confirme néanmoins le principe (Code pénal, art. 222-22-1).

Il n'existe pas en France d'âge du consentement à l'acte sexuel, mais, le 21 janvier 2021, le Sénat a adopté en première lecture un article 227-24-2 du Code pénal qui fixerait cet âge à 13 ans : il faut maintenant que le processus législatif aboutisse (première lecture à l'Assemblée nationale, éventuelle seconde lecture au Sénat, etc.) pour que cette disposition soit promulguée et publiée.

Le mineur ne peut pas avoir de rapports sexuels consentis avec un majeur avant d'avoir 15 ans : la loi estime que son éventuel consentement est vicié (frappé d'un vice), la relation sexuelle pourra donc être qualifiée d'agression sexuelle (s'il n'y a pas pénétration) ou de viol (s'il y a pénétration). Il faut néanmoins que cet adulte ne soit pas un ascendant légitime (Code pénal, art. 227-26), naturel ou adoptif du mineur, une personne qui a autorité sur lui ou une personne qui abuse de l'autorité que lui confèrent ses fonctions (Code pénal, art. 227-27). L'âge légal du consentement à 13 ans (s'il est adopté) et la majorité sexuelle n'ont donc aucun effet sur l'inceste, considéré comme une infraction et une circonstance aggravante pendant toute la minorité de l'enfant (Code pénal, art. 222-24).

Le **harcèlement sexuel** est une atteinte sexuelle sans contact : avec contact, c'est une « agression sexuelle ». Il se caractérise par le fait d'imposer de manière répétée (c'est la répétition qui constitue le harcèlement) à quelqu'un des propos ou comportements à connotation sexuelle qui portent atteinte à sa dignité en raison de leur caractère dégradant ou humiliant, ou créent à son encontre une situation intimidante, hostile ou offensante (Code pénal, art. 222-33). User de toute forme de pression grave, même de manière isolée, pour obtenir un acte de nature sexuelle est assimilé au harcèlement sexuel. Le harcèlement sexuel est un délit, la peine encourue est de deux ans d'emprisonnement et de 30 000 euros d'amende, portée à trois ans d'emprisonnement et 45 000 euros d'amende en cas de circonstance aggravante (personne qui abuse de l'autorité que lui confèrent ses fonctions, victime mineure de moins de 15 ans ou vulnérable, etc.).

4. La lutte contre les violences au sein du couple

Le Code civil a longtemps prévu que « la femme est obligée d'habiter » avec son mari « et de le suivre partout où il juge à propos de résider » (ancien Code civil, art. 215). On évoque alors « la puissance maritale » (ancien Code civil, art. 1388) de ce « chef de famille » (il le restera jusqu'au 11 juillet 1970), héritier du *pater familias* romain : s'il « doit protection à sa femme », elle lui doit obéissance (ancien Code civil, art. 213). Néanmoins, l'abandon du domicile conjugal n'existe pas en droit français.

1. L'abandon du domicile conjugal

L'abandon du domicile conjugal n'apparaît pas dans le Code pénal, ce n'est donc pas une infraction : il ne peut pas être sanctionné d'une amende ou d'une peine de prison, et la police n'a aucun rôle à jouer dans cet abandon, qui ne peut avoir que des conséquences civiles (inutile donc de déposer une main courante qui, de toute manière, ne sert à rien).

L'abandon du domicile conjugal n'apparaît pas non plus dans le Code civil, qui prévoit même que « le mari et la femme peuvent avoir un domicile distinct sans qu'il soit pour autant porté atteinte aux règles relatives à la communauté de vie » (Code civil, art. 108) : ce même article affirmait jadis – jusqu'à l'adoption de la loi du 11 juillet 1975, qui a réformé le divorce – que « la femme mariée n'a point d'autre domicile que celui de son mari ».

L'abandon du domicile conjugal peut être utilisé comme argument, par l'époux abandonné (cela ne concerne ni les concubins ni les partenaires pacsés), dans une procédure de séparation ou de divorce, mais le juge aux affaires familiales ne sanctionnera jamais l'époux violenté au profit de l'époux abandonné, à condition que l'époux qui dit l'avoir été puisse le prouver : il est donc indispensable que la victime dépose plainte et se constitue partie civile. La plainte sera aussi indispensable pour obtenir la suspension de l'exercice de l'autorité parentale du parent violent.

> Il ne faut pas confondre l'abandon du domicile conjugal et l'**abandon de famille** (Code pénal, art. 227-3), qui n'est que pécuniaire.

2. Le viol entre époux, concubins et partenaires pacsés

Le viol entre époux durant le mariage a été reconnu pour la première fois le 5 septembre 1990 par la chambre criminelle de la Cour de cassation (qui l'avait admis le 17 juillet 1984 pour des époux en instance de divorce). La loi du 4 avril 2006 précise que « la présomption de consentement des époux à l'acte sexuel ne vaut que jusqu'à preuve du contraire » (Code pénal, art. 222-22), mais cette mention disparaît le 9 juillet 2010, et l'article 222-22 est depuis ainsi rédigé : « le viol et les autres agressions sexuelles sont constitués lorsqu'ils ont été imposés à la victime [...], quelle que soit la nature des relations existant entre l'agresseur et sa victime, y compris s'ils sont unis par les liens du mariage. »

NOTE DU FORMATEUR

Lorsque l'infraction est commise par le conjoint, le concubin ou le partenaire lié à la victime par un pacte civil de solidarité, les peines encourues pour un crime, un délit ou une contravention sont aggravées (Code pénal, art. 132-80).

3. Le vol des papiers d'identité et des moyens de paiement

La loi du 4 avril 2006 précise enfin que l'impossibilité de poursuivre l'auteur d'un vol commis au préjudice d'un ascendant, d'un descendant ou du conjoint (Code pénal, art. 311-12) ne s'applique pas « lorsque le vol porte sur des objets ou documents indispensables à la vie quotidienne de la victime, tels que des documents d'identité, relatifs au titre de séjour ou de résidence d'un étranger, ou des moyens de paiement ».

4. Le harcèlement moral

Le harcèlement moral imposait jusqu'en août 2014 un lien de subordination (Code pénal, art. 222-33-2) : on ne pouvait porter plainte pour harcèlement moral que contre son employeur, si ce harcèlement avait « pour objet ou pour effet une dégradation des conditions de travail susceptible de porter atteinte à ses droits et à sa dignité, d'altérer sa santé physique ou mentale [...] » ; le principe a été étendu au conjoint, au partenaire lié par un pacte civil de solidarité (Pacs) et au concubin (Code pénal, art. 222-33-2-1) par la loi 2014-873 du 4 août 2014 pour l'égalité réelle entre les femmes et les hommes. Le harcèlement est désormais considéré comme une violence au sein du couple s'il est constitué de « propos ou comportements répétés ayant pour objet ou pour effet une dégradation des conditions de vie se traduisant par une altération de la santé physique ou mentale ». Le principe a également été étendu aux anciens conjoints, anciens concubins et anciens pacsés.

5. Les mesures de protection des victimes de violences au sein du couple

Elles peuvent être appliquées avant toute condamnation pénale de l'auteur des faits, mais elles peuvent aussi constituer une des obligations/interdictions d'un contrôle judiciaire, d'un placement sous surveillance électronique ou du sursis avec mise à l'épreuve (SME). Lorsqu'elles sont ordonnées par un juge civil (le juge aux affaires familiales), elles n'ont malheureusement pas le caractère coercitif qu'une décision pénale.

Les **violences intrafamiliales** se déroulent à l'intérieur de la famille : elles concernent également les violences subies par les enfants. L'expression « **violences conjugales** » implique que les protagonistes soient mariés. On emploie donc désormais plus volontiers le terme de « **violences au sein du couple** » (couple marié, concubin, pacsé).

Dans le cas de violences légères et isolées, le procureur peut décider de ne pas poursuivre l'auteur devant un tribunal et préférer avoir recours à une solution alternative :

- une composition pénale (Code de procédure pénale, art. 41-2) ;
- un rappel à la loi (Code de procédure pénale, art. 41-1) ;
- une médiation pénale, mais uniquement si la victime est d'accord (Code de procédure pénale, art. 41-1).

NOTE DU FORMATEUR

Près de 2 % des femmes subissent ou ont subi des violences au sein de leur couple : la proportion de femmes (1,84 %) est près de trois fois supérieure à celle des hommes (0,64 %). Les violences au sein du couple ont fait 146 morts en 2013 en France (121 femmes et 25 hommes). En 2019, 146 femmes (âgées de 18 à 75 ans) ont été tuées par leur partenaire ou ex-partenaire (25 de plus qu'en 2018), 27 hommes et 25 mineurs ont été tués par l'un de leurs parents dans un contexte de violences au sein du couple (Étude nationale sur les morts violentes au sein du couple. Année 2019, ministère de l'Intérieur, Délégation aux victimes). On estime que 213 000 femmes ont été victimes de violences physiques, psychologiques ou sexuelles par leur conjoint, partenaire ou ex-conjoint, ex-partenaire : 18 % seulement ont déposé plainte. En 2020, malgré le confinement, on constate une baisse sensible des homicides : 67 femmes ont été tuées au sein de leur couple (chiffres au 23 novembre), alors que tous les indicateurs démontrent que les violences sont à la hausse.

A. L'ordonnance de protection

Le juge aux affaires familiales (JAF) peut délivrer « dans les meilleurs délais » (Code civil, art. 515-11) une ordonnance de protection (Code civil, art. 515-9). Il doit être saisi par la personne en danger ou, avec l'accord de la personne en danger, par le procureur de la République (Code civil, art. 515-10) : l'accord peut être matérialisé par un dépôt de plainte, ou lors d'une déposition sans dépôt de plainte.

L'ordonnance de protection permet que soient mises en place des mesures d'éloignement du conjoint violent (interdiction à l'auteur des violences de s'approcher de la victime et de porter une arme). Elle statue sur la résidence séparée des époux, attribue la jouissance du logement à la victime et se prononce sur l'exercice de l'autorité parentale. L'ordonnance de protection est mise en place pour une durée de six mois (Code civil, art. 515-12). Le juge convoque, dès la réception de la demande d'ordonnance de protection, la partie demanderesse (victime) et la partie défenderesse (auteur), assistées, le cas échéant, d'un avocat, ainsi que le ministère public. Ces auditions peuvent avoir lieu séparément (pour éviter qu'ils se croisent ou se rencontrent) ; elles peuvent se tenir en chambre du conseil.

NOTE DU FORMATEUR

Une ordonnance de protection peut également être délivrée en urgence par le juge à la personne majeure menacée de mariage forcé ; il peut également ordonner, à sa demande, l'interdiction temporaire de sortie du territoire de la personne menacée, et cette interdiction de sortie du territoire est inscrite au fichier des personnes recherchées par le procureur de la République (Code civil, art. 515-13).

L'ordonnance de protection est délivrée par le juge aux affaires familiales s'il estime, « au vu des éléments produits devant lui et contradictoirement débattus, qu'il existe des raisons sérieuses de considérer comme vraisemblables la commission des faits de violence allégués et le danger auquel la victime ou un ou plusieurs enfants sont exposés » (Code civil, art. 515-11). Lorsqu'il délivre une ordonnance de protection en raison de violences susceptibles de mettre en danger un ou plusieurs enfants, il en informe sans délai le procureur de la République (pour que soit saisi le juge des enfants ou le service départemental de l'Aide sociale à l'enfance).

Sur ce sujet, il est utile de prendre connaissance des termes de la circulaire 2014/0130/C16 relative à la lutte contre les violences au sein du couple (http://www.justice.gouv.fr/publication/cir-crim-AP-2014-0130-C16.pdf).

L'ordonnance de protection permet :

– d'interdire à l'auteur de recevoir ou de rencontrer certaines personnes désignées, ainsi que d'entrer en relation avec elles, de quelque façon que ce soit ;

– d'interdire à l'auteur de détenir ou de porter une arme et, le cas échéant, lui ordonner de remettre à un service de police ou de gendarmerie les armes dont elle est détentrice en vue de leur dépôt au greffe (fusil de chasse, etc.) ;

– de statuer sur la résidence séparée des époux en précisant lequel des deux continuera à résider dans le logement conjugal et sur les modalités de prise en charge des frais liés à ce logement (la jouissance du logement est attribuée, sauf circonstances particulières, au conjoint qui n'est pas l'auteur des violences, même s'il a bénéficié d'un hébergement d'urgence) ;

– de préciser lequel des partenaires liés par un pacte civil de solidarité ou des concubins continuera à résider dans le logement commun [...] ;

– de se prononcer sur les modalités d'exercice de l'autorité parentale ;

– de se prononcer, le cas échéant, sur la contribution aux charges du mariage (pour les couples mariés), sur l'aide matérielle pour les partenaires liés par un pacte civil de solidarité (Code civil, art. 515-4) et sur la contribution à l'entretien et à l'éducation des enfants ;

– d'autoriser la victime à dissimuler son domicile ou sa résidence et à élire domicile chez l'avocat qui l'assiste ou la représente, ou auprès du procureur de la République : d'autoriser la partie demanderesse à dissimuler son domicile ou sa résidence et à élire domicile pour les besoins de la vie courante chez une personne morale qualifiée ;

– de prononcer l'admission provisoire à l'aide juridictionnelle de la victime.

NOTE DU FORMATEUR

L'éloignement du conjoint ou du compagnon violent peut aussi, suite à un dépôt de plainte, être décidé dans le cadre d'un contrôle judiciaire (avant le procès) et dans le cadre d'un sursis avec mise à l'épreuve (après le procès).

B. Le téléphone « très grand danger »

Le téléphone « très grand danger » est un téléphone portable d'alerte qui permet à une victime de violences au sein du couple de contacter directement, en cas de danger, une plateforme spécialisée, qui alertera la police ou la gendarmerie si nécessaire. La victime pourra être géolocalisée si elle l'accepte. Ce téléphone est attribué par le procureur pour une durée de six mois renouvelable si un éloignement du conjoint violent a été décidé (Code de procédure pénale, art. 41-3-1). Le dispositif est destiné aux cas les plus graves de violences conjugales. La victime sera également suivie par une association désignée par le procureur. Il y aurait environ 550 téléphones de ce type déployés sur le territoire national.

C. Le bracelet anti-rapprochement

La décision du port d'un bracelet anti-rapprochement est prise dans le cadre d'un placement sous contrôle judiciaire assorti d'une interdiction de se rapprocher de la victime (CPP, art. 138-3). L'ordonnance motivée peut être rendue par le juge d'instruction ou le juge des libertés et de la détention (CPP, art. R 24-14). Le dispositif assure la géolocalisation de la personne porteuse du bracelet et de la personne protégée, à laquelle a été attribué un dispositif de téléprotection (CPP, art. R. 24-16). La distance d'alerte séparant la victime de la personne placée sous contrôle judiciaire ne peut être inférieure à un kilomètre ni supérieure à dix kilomètres (CPP, art. R. 24-17), la distance de préalerte est égale au double de la distance d'alerte. La mesure est ordonnée pour une durée qui ne peut excéder six mois. Elle peut être prolongée pour une même durée, sans que sa durée totale ne dépasse deux ans (CPP, art. R. 24-19). La pose du bracelet comportant un émetteur ne peut être effectuée sans le consentement de celui qui doit le porter, mais un refus de sa part constitue une violation de ses obligations, qui peut donner lieu à la révocation de son contrôle judiciaire et à son placement en détention provisoire (CPP, art. R. 24-20). Se rapprocher volontairement de la victime, ou provoquer son rapprochement, peut également donner lieu à la révocation du contrôle judiciaire et au placement en détention provisoire. Un millier de bracelets seront progressivement mis en place.

5. Le handicap, sa reconnaissance et sa compensation

L'Organisation mondiale de la santé (OMS) définit la personne handicapée comme « souffrant d'une déficience (aspect lésionnel) ou d'une incapacité (aspect fonctionnel) qui limite ou interdit toutes activités considérées comme normales pour un être humain ».

En France, l'article 2 de la loi du 11 février 2005 précise que « constitue un handicap, au sens de la présente loi, toute limitation d'activité ou restriction de participation à la vie en société subie dans son environnement par une personne en raison d'une altération substantielle, durable ou définitive d'une ou plusieurs fonctions physiques, sensorielles, mentales, cognitives ou psychiques, d'un polyhandicap ou d'un trouble de santé invalidant ».

On compterait dans le pays 12 millions de personnes souffrant d'un handicap (pour 66 524 000 habitants), mais seulement 5,5 millions se déclarent handicapés : 3,97 millions possèdent une carte d'invalidité (environ 7 % de la population française), et 2,3 millions perçoivent une allocation (environ 4 % de la population française).

Le mot « handicap » provient probablement de l'expression anglaise *« hand in cap »* (« main dans le chapeau ») : lors d'un troc, celui qui recevait un objet d'une valeur supérieure à l'autre devait mettre, dans un chapeau, de quoi rétablir l'équité. L'expression aurait été récupérée au XVIIIe siècle dans le milieu des courses hippiques : le handicap permettait de donner autant de chances à tous les concurrents en imposant des difficultés supplémentaires au(x) meilleur(s). Il s'est ensuite défini par opposition à la maladie : le patient était qualifié de « malade » tant que son état de santé était pris en charge, il devenait « handicapé » lorsqu'il était jugé incurable (1827).

1. Six types de handicaps

La loi 2005-102 du 11 février 2005 reconnaît six types de handicaps qui s'appuient sur les différentes classifications de l'OMS :

- le **handicap physique** est l'altération de la capacité du corps ou d'une partie du corps à se mouvoir (difficulté à faire certains gestes, à saisir, rendre et manipuler des objets, à parler, à se déplacer, à conserver une position ou en changer, etc.) ; l'origine peut être congénitale (malformation consécutive à une maladie, poliomyélite, sclérose en plaques), consécutive à un accident ou liée à l'altération due au vieillissement ;

- le **handicap sensoriel** désigne les déficiences affectant un sens, comme la déficience visuelle, auditive, l'anosmie (altération de l'odorat) et l'agueusie (altération du goût) ;
- le **handicap mental** est une déficience qui altère le développement intellectuel en limitant la rapidité des fonctions mentales (problèmes d'apprentissage, de langage, difficultés à réfléchir, conceptualiser, communiquer, décider, etc.) ;

> Le handicap mental peut apparaître dès la conception (maladies génétiques, aberrations chromosomiques, accidents génétiques, incompatibilité sanguine, etc.), pendant la grossesse (radiation ionisante, virus, médicaments, alcool, tabac, parasites, etc.) ou à la naissance (souffrance cérébrale du nouveau-né, prématurité, etc.). Il peut aussi être la conséquence de maladies infectieuses, d'intoxications, de traumatismes crâniens, d'accidents de la route, de noyades ou d'asphyxies, qui privent le cerveau d'oxygène. L'autisme (trouble du développement précoce dans lequel la communication et les interactions sociales réciproques sont perturbées) et la trisomie 21 provoquent des handicaps mentaux.

- le **handicap psychique** est la conséquence d'une maladie mentale sur une personne dont les capacités sont par ailleurs normales (contrairement au handicap mental) ; il n'affecte pas directement les capacités intellectuelles, seulement leur mise en œuvre (troubles phobiques, dépression, névrose, psychose, schizophrénies, troubles obsessionnels compulsifs, etc.) ;

> La loi du 24 août 1790 sur l'organisation judiciaire laissait au maire le soin « de remédier aux événements fâcheux qui pourraient être occasionnés par les insensés et les furieux laissés en liberté, et par la divagation des animaux malfaisants ou féroces ».
> Le Code pénal de 1810 prévoyait que « seront punis d'une amende [...] ceux qui auraient laissé divaguer des fous ou des furieux étant sous leur garde, ou des animaux malfaisants ou féroces » : cet article R. 30 du Code pénal ne sera abrogé que le 1er mars 1994.

- le **handicap cognitif** désigne les déficiences affectant les capacités à recevoir et traiter une information (lire, parler, mémoriser, comprendre, etc.) ; il regroupe les troubles du langage, les troubles spécifiques d'apprentissage (dyslexie, dysphasie, dyscalculie, dyspraxie, etc.), les troubles de la mémoire, etc. ;
- le **polyhandicap** associe des déficiences motrices et intellectuelles sévères parfois à d'autres déficiences (intellectuelle, sensorielle, physique, psychique et somatique), qui interagissent ; il a souvent une cause prénatale (malformations ou maladies affectant l'embryon ou le fœtus), parfois une cause périnatale (liée à l'accouchement), mais il peut aussi être dû à un traumatisme crânien grave (choc sévère au niveau de la tête ou du crâne, coma qui entraîne des séquelles neuropsychologiques). On distingue les troubles neurologiques (goût, odorat, vue, audition, articulation du langage, déglutition, hémiplégies, mouvements anormaux), les troubles neuropsychologiques (langage, attention, mémoire, troubles visuels qui affectent

l'identification des choses vues, troubles des fonctions d'exécution) et les troubles psychologiques d'ordre lésionnel (impulsivité, troubles de l'humeur, anxiété, etc.) ou relationnel (lunatique, dépressif, etc.).

On intègre également dans le champ du handicap les altérations dues à l'âge : le vieillissement, même en l'absence de maladies invalidantes ou de perte des facultés mentales, devient un handicap lorsque la personne ne peut plus assumer seule son quotidien, voit son autonomie et ses capacités motrices se réduire (on peut aussi citer la maladie d'Alzheimer ou celle de Parkinson, à l'origine de grandes dépendances chez les personnes âgées).

2. La reconnaissance du handicap

Elle est indispensable pour bénéficier d'un certain nombre d'aides spécifiques. Elle est de la compétence de la **commission départementale pour l'autonomie des personnes handicapées** (CDAPH), qui siège au sein de la **maison départementale des personnes handicapées** (MDPH) et attribue la **reconnaissance en qualité de travailleur en situation de handicap** (RQTH). Elle délivre la **carte « mobilité inclusion »** (CMI), qui a remplacé la carte d'invalidité. Elle statue sur le **taux de handicap** du demandeur (inférieur à 50 %, il n'ouvre droit à aucune allocation). L'**allocation aux adultes handicapés** (AAH) est attribuée aux personnes atteintes d'un taux d'incapacité permanente d'au moins 80 % ou plus (entre 50 % et 79 %, il est possible d'en bénéficier, à condition de subir « une restriction substantielle et durable d'accès à un emploi »). L'AAH est versée par la **Caisse d'allocations familiales** (CAF). La reconnaissance et la compensation du handicap sont de la compétence du **conseil départemental** : il s'agit d'une **compétence décentralisée** (depuis 1986).

3. La compensation du handicap

La loi du 11 février 2005 pose le principe selon lequel la personne handicapée a droit à la compensation des conséquences de son handicap, « quels que soient l'origine et la nature de sa déficience, son âge ou son mode de vie ». La compensation consiste principalement à répondre de manière adaptée aux besoins qui sont les siens. Elle peut prendre la forme d'aides financières (acquisition d'un fauteuil, d'un chien guide d'aveugle ou d'assistance, accessibilité du logement, adaptation du véhicule, du poste de travail, etc.), d'aménagements ou de programmes spécifiques (scolarisation adaptée, aménagement des épreuves d'examen, assistance humaine pendant les cours, insertion professionnelle, etc.).

Les entreprises de vingt salariés et plus doivent employer des travailleurs handicapés dans une proportion de 6 % de leur effectif total ou recourir à différents moyens de substitution (sous-traiter auprès d'établissements des secteurs protégés et adaptés, accueillir des demandeurs d'emploi handicapés en formation, etc.). Si cette disposition n'est pas respectée, elles versent une contribution à l'**association de gestion du fonds pour l'insertion des personnes handicapées** (Agefiph), dont le montant varie en fonction de la taille de l'entreprise et de sa masse salariale. Cette disposition s'applique également au secteur public, dans les mêmes proportions. La contribution est alors versée au **fonds pour l'insertion des personnes handicapées dans la fonction publique** (FIPHFP). L'Agefiph et le FIPHFP accompagnent financièrement les employeurs pour aménager les postes de travail ou accompagner les salariés dont l'état de santé nécessite des aménagements de poste ou des reconversions.

6. La surpopulation carcérale

Représentant 50 % du budget du ministère de la Justice, les prisons sont sous forte pression, en raison notamment d'un nombre record de détenus. La France fait partie des États européens dont les prisons sont les plus encombrées et dont la population pénale augmente. Elle comptait 70 651 détenus pour 61 080 places opérationnelles au 1er janvier 2020. La densité carcérale globale s'élève à 115,7 %, marquant une légère baisse par rapport au 1er janvier 2019 (116,5 %).

Plusieurs facteurs sont avancés pour expliquer l'inflation carcérale :

- le recours fréquent à la détention provisoire (près d'un tiers de la population incarcérée) ;
- l'augmentation du nombre de condamnations à de la prison ferme pour les courtes peines (et ce, malgré la consécration par la loi pénitentiaire de 2009 du principe de subsidiarité de la peine d'emprisonnement en matière correctionnelle) ;
- la fin des lois d'amnistie et des grâces présidentielles collectives en 2007 ;
- l'allongement des peines prononcées, conséquence de lois toujours plus répressives (par exemple les peines planchers en 2007). La durée moyenne en détention a ainsi plus que doublé en trente-cinq ans : elle est passée de 4,6 mois en 1980 à 10,3 mois en 2014.

La Contrôleure générale des lieux privatifs de liberté (CGLPL) constate que la surpopulation aggrave les conditions de détention, qu'elle juge donc indignes.

1. Les droits des détenus

Les droits des détenus ne sont en effet plus garantis, tels que le droit à l'encellulement individuel défini par la loi de 2009. Il arrive que trois détenus s'entassent dans 7 m^2. Certains ne disposent même pas de matelas. L'absence d'intimité, les conditions d'hygiène dégradées, les sorties à l'air libre limitées, l'impossibilité d'accéder aux activités et la détérioration de la qualité des soins (dont le non-respect du secret médical) pèsent sur le climat qui règne à l'intérieur des prisons. Les conditions de vie sont propices à l'apparition de tensions, tant entre personnes détenues qu'entre ces derniers et le personnel.

Alors que le nombre de personnes incarcérées décroît en Europe, la France reste l'un des huit pays du Conseil de l'Europe où les prisons sont les plus surpeuplées. Pour la CGLPL, il faut :

- corréler le nombre de personnels pénitentiaires au nombre de détenus ;
- assurer l'encellulement individuel ;
- mettre fin à l'utilisation excessive de la peine d'emprisonnement ;

– interroger le sens des peines courtes ;

– engager une réflexion autour de la régulation pénale afin d'empêcher que le taux d'occupation dépasse les 100 %.

La décision de la Cour européenne des droits de l'homme (CEDH) rendue le 30 janvier 2020 condamne également les conditions de détention et aussi l'absence de voie de recours efficace pour les détenus. La Cour pointe avant tout la surpopulation des prisons françaises et ses graves répercussions.

La CEDH dénonce cette surpopulation chronique. Elle concerne surtout les maisons d'arrêt, qui accueillent les personnes prévenues en détention provisoire et celles dont la peine n'excède pas deux ans. La densité carcérale y atteint 138 %, contre 90 % en centre de détention (où les détenus purgent une peine supérieure à deux ans) et 74% dans les maisons centrales (réservées aux longues peines). En janvier 2020, 29 % des personnes incarcérées étaient des prévenus.

Le principe du placement en cellule individuelle, inscrit dans la loi depuis 1875 et réaffirmé en 2009, ne s'est jamais concrétisé. Son application a été sans cesse reportée.

Les mesures générales engagées jusqu'ici pour limiter la surpopulation carcérale se sont avérées insuffisantes. La CEDH recommande donc la mise en œuvre d'une politique publique ambitieuse et l'institution de recours préventifs effectifs.

2. Les mesures

La loi n° 2019-222 du 23 mars 2019 de programmation 2018-2022 et de réforme pour la justice prévoit :

– d'augmenter le budget de la justice afin de construire 15 000 places de prison supplémentaires d'ici à 2027, de nouveaux types d'établissement et de créer des emplois pénitentiaires ;

– de réviser l'échelle des peines (suppression des peines d'emprisonnement d'un mois, favoriser les travaux d'intérêt général et le placement sous bracelet électronique pour l'exécution des peines comprises entre un et six mois).

La question de la surpopulation carcérale a connu un tournant à l'été 2020 en raison de la crise sanitaire provoquée par la Covid-19. Le nombre de détenus a brutalement chuté, passant de 72 500 à la mi-mars à 58 695 au 1er juillet 2020. Les entrées en détention ont diminué durant le confinement en raison de la baisse de la délinquance. Autre facteur : 6 600 personnes ont été libérées pour des raisons sanitaires afin de contrer la propagation de l'épidémie dans les établissements pénitentiaires.

L'Observatoire international des prisons a adressé en juin 2020 à Emmanuel Macron une lettre ouverte appelant le président à se saisir de l'opportunité présentée par la crise. « Pour la première fois depuis près de vingt ans, il y a en France moins de prisonniers que de places de prison. Conséquence d'une crise sanitaire sans précédent, ce qui était hier impossible est devenu réalité : en deux mois, le nombre de personnes détenues a été réduit de plus de 13 500. Cette situation fait naître un fol espoir car, si elle résulte de circonstances exceptionnelles, elle impose une évidence incontestable : réduire la population carcérale, prendre en charge en milieu libre ceux qui peuvent ou doivent l'être n'est ni déraisonnable ni dangereux. C'est, au contraire, une mesure de salut public », exposait notamment le texte. Éric Dupond-Moretti, alors avocat, comptait parmi les signataires.

Pourtant, Éric Dupond-Moretti, devenu ministre de la Justice, sera l'homme de la reprise de l'inflation carcérale. Dès septembre 2020, la population des prisons françaises est repartie à la hausse. On dénombre au 1er janvier 2021 plus de 62 673 personnes détenues, avec une densité carcérale qui frôle désormais les 120 % en maisons d'arrêt au plan national. Pour en savoir plus :

RAPPORT DU CGLPL

http://www.ladocumentationfrancaise.fr/rapports-publics/184000154-les-droits-fondamentaux-a-l-epreuve-de-la-surpopulation-carcerale.

3. Des nouvelles places de prison

La France dispose d'un patrimoine immobilier carcéral qui est plus que centenaire : 70 % des prisons ont été construites au XVIIIe siècle. Elles sont, pour la plupart d'entre elles, dans un état de vétusté « déplorable », selon les mots du garde des Sceaux.

Pour faire face à l'urgence de réduire la surpopulation carcérale, qui dégrade les conditions de travail des personnels et la prise en charge des détenus, 7 000 places de prison doivent être livrées d'ici à 2022 et 8 000 autres lancées à la même date et dont la livraison s'échelonne jusqu'en 2027.

La plupart des projets de construction ont été validés dans le Sud de la France, aussi bien à l'Est qu'à l'Ouest. Ainsi, Toulon, Fréjus, Nice, Alès, Avignon, Montpellier, Narbonne, Perpignan, Muret et Pau devraient accueillir une dizaine d'établissements. Dans l'Est de la France, de nouvelles prisons devraient être construites à Châlons-en-Champagne, Dommartin-lès-Toul et Colmar ; dans l'Ouest, elles se situeront à Angoulême, Rennes, Nantes, Cherbourg, Vannes et Fontenay-le-Comte. Deux autres prisons verront également le jour à Arras et Chalon-sur-Saône.

Pour y parvenir, la loi de programmation 2018-2022 et de réforme pour la justice publiée au *Journal officiel* le 23 mars 2019 prévoit de pouvoir accélérer les délais de construction des nouveaux établissements pénitentiaires si nécessaire.

4. Un livre blanc

Un livre blanc pour l'administration pénitentiaire qui n'a pas été apprécié à la hauteur des espérances qu'il portait.

Le ministre de la Justice de l'époque s'est vu remettre le 4 avril 2017 un livre blanc sur les prisons, rédigé par la commission présidée par l'ex-sénateur Jean-René Lecerf.

Ce livre blanc martèle que la construction de nouvelles places de prison ne sera pas une solution aux problèmes actuels à moins qu'elle soit accompagnée d'une révolution culturelle. La commission propose de réguler les flux d'incarcération afin de respecter strictement les capacités d'accueil des nouveaux établissements et d'accompagner la résorption de la surpopulation dans les établissements existants. Il ne s'agit pas à proprement parler d'un *numerus clausus*, mais d'instaurer une pratique en concertation avec les magistrats afin de lier l'augmentation de la capacité à une décrue de la densité, sans pour autant viser une baisse du nombre de détenus. Le livre blanc recommande en revanche de renoncer aux grandes prisons de 1 000 détenus ou plus. Elle propose surtout de différencier davantage les niveaux de sécurité, et donc de coût, selon les établissements. Les délinquants sexuels ou les délinquants de la route ne représentent par exemple pas le même risque d'évasion que les personnes du grand banditisme. Répondant au souhait exprimé par le garde des Sceaux de « combattre l'oisiveté en détention », le livre blanc invite à concevoir les établissements autour d'une journée de détention principalement organisée en dehors de la cellule, avec comme corollaire de faire de l'offre de cinq heures d'activité par jour une norme contraignante pour l'administration. Tout cela nécessitera une meilleure collaboration des collectivités territoriales et des services de l'État. Il s'agit de « faire du temps d'emprisonnement un temps utile, fécond [...], meilleur rempart contre la récidive », a énoncé M. Lecerf, qui rappelle qu'« une société se juge à l'état de ses prisons », selon la citation empruntée à Albert Camus.

7. Les dispositifs de prévention et de lutte contre la radicalisation en milieu carcéral

1. Le Plan national de prévention de la radicalisation

Le 23 février 2018, à Lille, lors d'un **comité interministériel de prévention de la délinquance et de la radicalisation** (CIPDR), le Premier ministre a dévoilé le **Plan national de prévention de la radicalisation** (PNPR), qui, autour de **5 grands axes**, comporte **60 mesures** :

– prémunir les esprits face à la radicalisation (à l'école, sur Internet et en prison), développer un contre-discours ;

– améliorer la détection et la prévention (dans les administrations et les collectivités territoriales, dans le sport, dans l'entreprise, dans l'enseignement supérieur et la recherche) ;

– comprendre et anticiper l'évolution de la radicalisation (développer la recherche appliquée) ;

– professionnaliser les acteurs locaux et évaluer les pratiques (mobiliser les professionnels et les réseaux, développer des sessions de formation, etc.) ;

– adapter le désengagement et améliorer la réinsertion.

Le **fichier de traitement des signalements pour la prévention de la radicalisation à caractère terroriste** (FSPRT), créé en 2015, recense un peu plus de 20 000 individus. Il ne faut pas le confondre avec la fiche S (pour « sûreté » de l'État), qui est l'une des sous-catégories du fichier des personnes recherchées (FPR), créé en 1969, qui en compte 21, de la fiche « M » (mineur en fugue) à la fiche « IT » pour « interdiction du territoire ». Le FPR contient environ 620 000 noms.

POUR EN SAVOIR PLUS

On consultera le site du secrétariat général du comité interministériel de prévention de la délinquance et de la radicalisation : https://www.cipdr.gouv.fr. Le **Centre national d'assistance et de prévention de la radicalisation** (CNAPR) reçoit les signalements et répond aux questions de la population (0 800 005 696).

Le projet de **loi confortant le respect des principes de la République** vise à **lutter contre le séparatisme et les atteintes à la citoyenneté**. Il a été adopté par l'Assemblée nationale et doit désormais être examiné par le Sénat. Il espère apporter des réponses au repli communautaire et au développement de l'islamisme radical en renforçant le respect des principes républicains et en modifiant les lois sur les cultes. Il **renforce les principes de laïcité et de neutralité** dans les organismes publics ou privés qui participent à une mission de service public, mais aussi pour les titulaires de contrats de marché public ou de concession exécutant une mission de service public. Il développe le **contrôle** des collectivités locales qui porteraient gravement atteinte à la neutralité dans un service public (cantines, équipements sportifs...). Il prévoit que les associations qui demandent une subvention publique devront s'engager à respecter les principes de la République (égalité femme-homme, dignité humaine, fraternité, etc.) en signant un **contrat d'engagement républicain** : cela s'applique également aux associations et fédérations sportives. Il crée une nouvelle infraction pénale pour protéger les élus et les agents publics et un délit de mise en danger de la vie d'autrui par diffusion d'informations relatives à la vie privée, familiale ou professionnelle. Il étend la procédure de comparution immédiate aux abus les plus graves et manifestes à la liberté d'expression favorisés par les réseaux sociaux (en réaction à l'assassinat de Samuel Paty). Il instaure le principe de la scolarisation obligatoire de tous les enfants âgés de 3 à 16 ans dans un établissement scolaire à la rentrée 2021 : l'instruction d'un enfant en famille devient une exception soumise à autorisation. Il renforce la lutte contre les mariages forcés et interdit la délivrance de certificats de virginité. Il accroît les obligations des associations cultuelles.

2. La radicalisation en prison et la détention des détenus radicalisés

Les attentats de Paris (*Charlie Hebdo* et l'Hyper Cacher de la porte de Vincennes) ont conduit le gouvernement à présenter le 19 février 2015 un plan qui prévoit la mise en place de quartiers spécialisés pour détenus radicalisés et l'embauche de personnels pénitentiaires supplémentaires.

> 503 détenus sont étiquetés « terroristes islamistes » (TIS), condamnés ou en détention provisoire avant jugement (au 1er octobre 2020), et 509 « droits communs » dont la radicalisation est avérée (RAV).

On constate en effet que la prison est un « nid » de radicalisation islamiste.

Chérif Kouachi (*Charlie Hebdo*) et Amedy Coulibaly (Hyper Cacher) se sont rencontrés en 2005 à la prison de Fleury-Mérogis, et c'est Djamel Beghal, un autre détenu (islamiste condamné pour un projet d'attentat contre l'ambassade américaine à Paris) qui les radicalisera. Mohamed Merah (Toulouse) a accéléré sa radicalisation en prison par une lecture plus assidue du Coran (selon une déclaration du procureur de la République de Paris en mars 2012), comme Mehdi Nemmouche (Musée juif de Belgique, Bruxelles).

Mohamed Merah, les frères Kouachi et Mehdi Nemmouche ont été placés très jeunes en foyer de l'enfance (pour maltraitances ou carences éducatives) : il faudra aussi qu'un jour on s'interroge sur le dispositif de protection de l'enfance, qui semble bien défaillant.

La détection des personnes radicalisées ou en voie de radicalisation reste complexe : ils ont en effet adapté et modifié leurs comportements pour ne pas attirer l'attention. On évoque désormais des « signaux faibles », comme le refus de parler au personnel féminin par exemple.

Créer cinq quartiers réservés

Six quartiers d'évaluation de la radicalisation (QER) sont opérationnels dans les prisons de Fresnes (Val-de-Marne), d'Osny (Val-d'Oise), de Fleury-Mérogis (Essonne) et de Vendin-le-Vieil (Pas-de-Calais), où un septième devrait ouvrir d'ici à la fin de l'année : les détenus y restent quatre mois pour être évalués. Cinq quartiers sont réservés aux détenus radicalisés dans les prisons de Fleury-Mérogis (Essonne), Lille-Annœullin (Nord), Osny (Val-d'Oise), et deux quartiers à Fresnes (Val-de-Marne). Chaque quartier pourra accueillir 20 à 25 détenus ; 18 surveillants sont embauchés et spécifiquement formés pour travailler dans ces quartiers.

26 établissements pénitentiaires ont été désignés pour accueillir des détenus radicalisés.

3. Améliorer la formation des imams

La loi du 9 décembre 1905 sur la séparation des églises et de l'État garantit le libre exercice des cultes : l'administration pénitentiaire doit permettre aux détenus de « pouvoir satisfaire aux exigences de sa vie religieuse, morale ou spirituelle » (CPP, art. R57-9-3) et d'exercer le culte de son choix « selon les conditions adaptées à l'organisation des lieux » (loi pénitentiaire de 2009, art. 26). Sept confessions sont agréées au niveau national : elles sont organisées en aumôneries, et des aumôniers agréés interviennent en détention pour célébrer les offices religieux, animer des réunions cultuelles et apporter une assistance spirituelle.

Les prisons françaises accueillent 1 609 intervenants cultuels : 616 aumôniers rémunérés, 802 bénévoles, 191 auxiliaires d'aumônerie ; 699 sont catholiques, 77, israélites, 231, musulmans, 57, orthodoxes, 353, protestants, 19, bouddhistes, 173, témoins de Jéhovah et 33, « divers » (administration pénitentiaire, 1er janvier 2018).

Le plan précise que l'isolement des détenus radicalisés ou en voie de radicalisation, pour être efficace, doit être assorti d'une révision des conditions de recrutement et de formation des imams.

Une formation sur la laïcité a par exemple été organisée, à laquelle participent certains personnels pénitentiaires.

La proportion de personnes de confession musulmane peut atteindre jusqu'à 60 % de la population carcérale : c'est un phénomène classique de surreprésentation des populations les plus pauvres, issues des quartiers les plus défavorisés (en 1861, les trois cinquièmes des détenus français étaient « issus des campagnes », d'après le rapport de Louis Perrot, et 46 % n'avaient jamais mis un pied à l'école). L'islam n'est évidemment pas un problème en soi, c'est son instrumentalisation en tant que contre-pouvoir qui est problématique et dangereuse. Il reste à comprendre pourquoi des individus souvent jeunes décident de suivre une vision violente de l'islam, devenu un moyen de s'opposer à *la société* et de lutter contre le sentiment d'injustice face à l'autorité pénitentiaire qui gère leurs faits et gestes.

4. Lutter contre la surpopulation carcérale

La surpopulation carcérale complexifie la tâche : la promiscuité est un terreau sur lequel prospère le prosélytisme fondamentaliste. Le 1er mars 2021, 64 405 personnes étaient détenues dans les prisons françaises, pour 60 783 places opérationnelles (740 matelas au sol), soit un taux d'occupation moyen de 116 % (il y avait 29 482 détenus dans les prisons françaises en 1977, soit 0,05 % de la population française). Il est donc urgent de développer les alternatives à la détention : 12 499 condamnés sont placés sous surveillance électronique.

Le secteur « prévention » (auquel appartient l'aumônerie) voit son budget multiplié par deux (il passe à 1,23 million d'euros), et 1 million d'euros seront dédiés à cinq programmes de déradicalisation.

5. Améliorer le renseignement pénitentiaire

Le bureau du renseignement pénitentiaire a pour mission de détecter les mouvements de repli identitaire et de radicalisation. Il travaille en étroite collaboration avec le ministère de l'Intérieur pour mieux prévenir et lutter contre les actes de terrorisme. L'administration pénitentiaire est présente depuis le 5 janvier 2015 au sein de l'Unité de coordination et de lutte antiterroriste (Uclat).

« Une coopération de très grande qualité, mise en œuvre dans un esprit de loyauté et de responsabilité » : c'est ainsi que la garde des Sceaux a qualifié la relation entre les services de renseignement pénitentiaire et ceux du ministère de l'Intérieur lors d'une séance de travail commune avec le ministre de l'Intérieur organisée à Fresnes le 26 février 2015.

Depuis les attentats qui ont touché la France en 2015, de nombreux dispositifs ont été mis en place afin d'agir plus efficacement contre le prosélytisme et la menace terroriste au sein du milieu carcéral, terreau fertile à la « contagion radicale ».

6. Un état des lieux

L'administration pénitentiaire affirme qu'une quarantaine de djihadistes français seraient sortis de prison en 2018 et en 2019 après y avoir purgé leur peine pour des infractions à caractère terroriste (ICT). Les infractions à caractère terroriste désignent un ensemble large d'actes « en relation avec une entreprise individuelle ou collective ayant pour but de troubler gravement l'ordre public par l'intimidation ou la terreur », ainsi que la préparation, le financement, l'apologie de ces actes.

Ce chiffre est à mettre en relation avec un total d'environ 500 personnes actuellement détenues pour des ICT. Il ne comprend pas les prisonniers de droit commun radicalisés, estimés à environ un millier derrière les barreaux actuellement et dont plusieurs dizaines sont sortis de détention au cours des trois dernières années.

7. Des mesures

Pour les prendre en charge, des mesures de regroupement de personnes considérées comme « radicalisées » ou en voie de le devenir ont vu le jour. En effet, des unités dédiées ont été mises en place, les premières ayant été créées à l'initiative du chef d'établissement de la prison de Fresnes dès octobre 2014, puis ont été étendues après les attentats à d'autres établissements : Osny (Val-d'Oise), Fleury-Mérogis (Essonne), etc. Celles-ci visent à enrayer le prosélytisme omniprésent dans les prisons.

L'administration a développé une prise en charge différenciée selon les différents profils de détenus. Les prévenus écroués pour des faits de terrorisme en lien avec l'islamisme radical sont placés dans l'un des quartiers d'évaluation de la radicalisation (QER) le temps d'une évaluation pluridisciplinaire de quatre mois. Parallèlement à cela, on assiste à la montée en puissance du renseignement pénitentiaire, devenu un service à compétence nationale pour lutter contre la radicalisation en prison et anticiper la sortie de prison de ces détenus considérés comme potentiellement dangereux.

En outre, la radicalisation en prison est un phénomène prégnant, inquiétant et qui pose de nombreux problèmes sécuritaires. Évaluer, détecter et savoir appréhender celle-ci revêt donc un enjeu fondamental pour les prochaines années.

8. Un retour à gérer

Alors que l'on assiste déjà au retour de djihadistes de Syrie, ainsi que de leurs familles en France, le gouvernement doit donc gérer deux autres phénomènes aux issues encore inconnues : ceux déjà en prison et dont le désamorçage idéologique est loin d'être évident, et la question difficile de la sortie de prison et de la réinsertion de ceux qui ont purgé leur peine et reviennent dans la société.

C'est le juge d'application des peines du parquet national antiterroriste qui est en charge du suivi de ces détenus après leur libération. Premier djihadiste condamné, Flavien Moreau, 33 ans, a été libéré le 13 janvier 2020 de la prison de Condé-sur-Sarthe (Orne) après avoir purgé une peine de sept ans de prison ferme. Considéré comme toujours très radicalisé, il fait l'objet d'une double mesure de surveillance, à la fois judiciaire et administrative. Sur le plan judiciaire, il peut s'agir d'un certain nombre d'interdictions, notamment celle d'entrer en contact avec certaines personnes, ainsi qu'un suivi renforcé de la part des services d'insertion et de probation. Sa surveillance administrative prévoit par ailleurs une interdiction de sortie de sa commune de domiciliation et un pointage quotidien.

9. Un dossier complexe

Interrogé par le magazine *Society*, le chercheur Hugo Micheron, qui a étudié les djihadistes français détenus en prison, estime que la plupart des 500 personnes actuellement derrière les barreaux pour des ICT seront libérées d'ici à 2022.

Dans un rapport rendu public mercredi 10 juin 2020, la Contrôleure générale des lieux de privation de liberté (CGLPL) a dressé un bilan critique de la gestion des détenus radicalisés, cinq après la création des premiers quartiers dédiés.

Sévère avec les premiers regroupements de détenus radicalisés, la CGLPL juge toujours « insatisfaisante » leur prise en charge regrettant que « c'est beaucoup plus un outil de gestion de la détention qu'un moyen de prendre en charge la radicalisation ».

Le premier grief porte sur « la création d'une catégorie spécifique » selon des « contours ambigus ». Elle concerne un peu moins de 1 700 détenus et englobe à la fois les personnes incarcérées (condamnées ou en attente de jugement) pour des faits de terrorisme, appelés « TIS » (terroristes islamistes) par l'administration, et les prisonniers de droit commun suspectés de radicalisation, les « DCSR ».

L'intégration de ces derniers dans la catégorie des « radicalisés » s'effectue selon des critères « opaques et discriminants », et ne « donne lieu à aucune information de la personne concernée », déplore la CGLPL dans son rapport basé sur les entretiens réalisés lors des visites de sept établissements et sur des saisines d'une cinquantaine de détenus.

Tous ont vocation à passer par l'un des six quartiers d'évaluation de la radicalisation (QER), où pendant quatre mois une équipe pluridisciplinaire mesure leur dangerosité et leur degré de radicalisation.

Leur évaluation détermine leur future affectation : en détention ordinaire, à l'isolement ou dans un quartier de prise en charge de la radicalisation (QPR). Les critères sont là aussi « bien souvent flous » et sans procédure contradictoire, souligne le rapport.

Les détenus incarcérés dans les quartiers spécifiques ont un « régime de détention quasi équivalent à celui de l'isolement », relève encore la CGLPL. Tous sont soumis à des conditions de détention « exorbitantes », « justifiées par des impératifs de sécurité », mais dont le « caractère systématique interroge sur leur légalité ».

Le rapport regrette encore que « la préparation à la sortie [ne soit] pas pensée ». « Dépourvue de projet d'aménagement de peine et des perspectives sociales et professionnelles, la prise en charge de la "radicalisation" proposée apparaît sans effet », conclut la CGLPL.

En France, 90 % des détenus actuellement incarcérés pour terrorisme ou radicalisation devraient retrouver la liberté d'ici à 2025. Le principal souci des services de sécurité est de déterminer leur risque de récidive. À cet égard, les spécialistes du Réseau européen de sensibilisation à la radicalisation (RAN), les ministres de la Justice ou les experts des Nations unies évoquent depuis 2018 une « menace majeure », encore accrue depuis le retour de combattants présents en Syrie et en Irak après la défaite de l'organisation État islamique.

Une étude détaillée, publiée mardi 28 avril par le Centre de lutte contre le terrorisme (CTC Sentinel), à l'Académie militaire de West Point, aux États-Unis, aidera peut-être à mesurer un peu mieux l'ampleur du risque, au-delà, notamment, de l'émotion suscitée, en 2015, par l'attentat contre *Charlie Hebdo*, perpétré entre autres par Cherif Kouachi, arrêté en 2005, condamné en 2008 pour sa participation à une filière d'envoi de combattants en Irak ou des attaques au couteau de Londres, commises en novembre 2019 et février 2020 par Usman Khan et Sudesh Amman, tous deux condamnés antérieurement pour la préparation d'attentats. Le premier avait été libéré un an plus tôt, le second dix jours à peine avant son passage à l'acte.

Thomas Renard commence par relever que les politiques à mettre en place s'avèrent extrêmement complexes. En revanche, souligne-t-il, elles sont actuellement « guidées par la peur plus que par la preuve ». D'où, d'ailleurs, de possibles contradictions, comme au Royaume-Uni par exemple : les auteurs d'actes de terrorisme seront maintenus plus longtemps en prison, alors qu'il n'existe aucune indication quant au fait que des peines plus longues réduiraient le risque de récidive. Elles pourraient, en revanche, encourager la radicalisation, les lieux d'incarcération étant, pour beaucoup, des « universités du djihad » – une autre affirmation à prendre avec prudence, insiste toutefois le chercheur universitaire. Quelques études sur la récidive ont en effet été menées depuis les années 2000 dans différents pays, mais ne permettent pas de quantifier de manière certaine le phénomène de récidive.

8. La prise en compte de la Covid-19 dans les établissements pénitentiaires

1. Définitions et précisions

L'épidémie de peste de Marseille s'est propagée à partir du *Grand-Saint-Antoine*, un navire de commerce qui a accosté le 25 mai 1720 de retour de Syrie : sa cargaison était constituée d'étoffes et de balles de coton contaminées par le bacille de la peste, et son propriétaire, pressé de l'écouler, n'a pas respecté la période de quarantaine, ce qui a permis aux puces porteuses de la maladie de se répandre dans la ville (la peste est une maladie des rongeurs, véhiculée surtout par le rat, transmise à l'homme par les piqûres des puces des rongeurs infectés). Elle a entraîné la mort de 90 000 à 120 000 victimes, sur une population d'environ 400 000 habitants. La peste est une maladie infectieuse causée par une bactérie découverte en 1894. Elle se traite par antibiotiques.

Lutter contre la propagation des maladies est un enjeu majeur de santé publique. Les échanges internationaux (de personnes ou de marchandises) ont de tout temps été un vecteur de propagation important.

Le **virus** est un **microbe** composé d'éléments génétiques parasitaires. Il est beaucoup plus petit que la **bactérie**, qui est également un microbe, comme certaines espèces de **champignons**. Le virus est un **parasite** qui utilise le métabolisme d'un hôte pour se répliquer, contrairement à une bactérie, qui est autonome. Les **antibiotiques** n'ont aucun effet sur le virus, d'où l'importance de se faire vacciner.

Les maladies peuvent être infectieuses ou contagieuses : toutes les **maladies infectieuses** ne sont pas contagieuses, mais toutes les **maladies contagieuses** sont des maladies infectieuses.

La contagion est la transmission d'homme à homme (transmission interhumaine) d'**agents pathogènes** pour l'homme (rougeole, coqueluche, etc.).

Le tétanos est une maladie infectieuse qui provient d'une bactérie présente dans le sol (la contamination se fait à la faveur d'une plaie). Le botulisme est d'origine alimentaire : il se contracte par des aliments contaminés. Le tétanos et le botulisme ne sont pas contagieux d'homme à homme.

Les maladies contagieuses se transmettent de façon directe par les **sécrétions respiratoires**, nasales ou pharyngées (salive, crachats, postillons, etc.), par la toux et l'éternuement, par les mains ou d'autres surfaces sur lesquelles elles peuvent se déposer (de l'importance de biens se laver les mains !).

Certaines peuvent aussi se transmettre par les urines ou les sécrétions sexuelles.

Les maladies contagieuses se transmettent aussi de façon indirecte par les déjections (qui contaminent les sources d'eau, puits, rivières et lacs), par les mouches (qui servent de véhicule à la contamination des aliments) et par la transfusion sanguine (hépatite B, hépatite C, sida, paludisme, etc.).

Les personnes contagieuses sont les malades, les convalescents ou les porteurs sains, qui sont parfois asymptomatiques (aucun symptôme de la maladie n'est encore visible), mais qui peuvent jouer un rôle important dans la dissémination des germes (méningite à méningocoques, diphtérie, poliomyélite, etc.). Il arrive en effet que la contagiosité précède les signes cliniques de la maladie : elle cesse parfois quand la maladie est diagnostiquée (rougeole), ou elle se poursuit pendant la maladie, et même pendant la convalescence.

Les animaux sont contagieux pour l'homme quand ils transmettent des germes pathogènes par contact direct (brucellose, rage, etc.) ou indirect par l'intermédiaire de l'alimentation (salmonellose, etc.) ou de l'environnement (leptospirose, etc.).

Les malades sont contagieux lorsqu'ils peuvent transmettre des microbes, ce qui n'est pas toujours le cas : les septicémies et certaines formes de tuberculose sont des infections « fermées », non contagieuses.

L'**épidémie** est la propagation rapide (littéralement « qui circule dans le peuple ») d'une maladie infectieuse dans un territoire déterminé (augmentation d'une maladie endémique ou apparition d'un grand nombre de malades alors que la maladie était absente). L'**épizootie** est l'épidémie qui ne touche que des animaux, de la même espèce ou d'espèces différentes. Elle peut parfois être transmise à l'homme, mais c'est extrêmement rare. La **pandémie** est la diffusion épidémique dans une zone géographique très étendue, en un temps assez court et avec un fort taux de mortalité.

2. Une situation particulière

Les personnes privées de leur liberté, comme les personnes en prison et incarcérées dans d'autres lieux de détention, sont plus vulnérables à la flambée de maladie à coronavirus (Covid-19). Les détenus vivent dans un environnement de promiscuité et peuvent donc constituer une source d'infection, d'amplification et de propagation des maladies infectieuses, à l'intérieur comme à l'extérieur des prisons.

Pourtant, alors que la Covid-19 bouleversait bien des pans de la société (surmortalité, chômage, déscolarisation, violences conjugales), les prisons ont constitué une surprenante et spectaculaire exception dans ce tableau dévasté : elles se sont vidées au point que la surpopulation chronique, plaie dont elles souffrent depuis des décennies, a quasiment disparu. Les conséquences de la pandémie ont eu pour effet de desserrer l'étau de la surpopulation et des matelas par terre. Par voie d'ordonnance rendue le 25 mars en application de la loi d'urgence du 23 mars 2020 pour faire face à l'épidémie de Covid-19, la garde des Sceaux a prévu des possibilités de libération anticipée pour les personnes condamnées à moins de cinq années d'emprisonnement auxquelles il reste deux mois à effectuer. Cette politique de libération de détenus en fin de peine a augmenté le flux des sorties. Mais, surtout, le ralentissement de l'activité des tribunaux a provoqué une diminution du nombre d'incarcérations.

Le nombre de détenus a brutalement chuté, passant de 72 500 à la mi-mars à 58 695 au 1er juillet 2020. Les entrées en détention ont diminué durant le confinement en raison de la baisse de la délinquance. Autre facteur : 6 600 personnes ont été libérées pour des raisons sanitaires afin de contrer la propagation de l'épidémie dans les établissements pénitentiaires.

Si la surpopulation n'a pas disparu – le taux d'occupation de certaines maisons d'arrêt restant autour de 150 % –, la France comptait alors davantage de places de prison que de détenus.

3. Des mesures

Cellules surpeuplées plus rares, douches et promenades plus fréquentes... la panique qui avait saisi l'administration pénitentiaire qui craignait une contamination massive et des révoltes a cédé rapidement la place à une relative sérénité. Ce retournement inédit est d'autant plus impressionnant que, le 30 janvier, la Cour européenne des droits de l'homme avait dénoncé le « phénomène structurel » de la surpopulation des prisons françaises et prononcé une humiliante condamnation de la France pour « traitements inhumains ou dégradants ».

En parallèle de ces mesures pour maîtriser la propagation du virus, l'administration pénitentiaire a décidé, dès le 28 mars et jusqu'au 11 mai, de supprimer les parloirs familiaux et toutes les activités en groupe, dont le travail et les formations.

L'administration a également pris des mesures permettant de lutter contre l'isolement carcéral. À partir du 23 mars, chaque détenu a bénéficié d'un crédit de 40 euros par mois sur son compte téléphonique. Les proches pouvant leur laisser des messages vocaux en composant un numéro non surtaxé. L'accès à la télévision a été rendu gratuit. Les détenus les plus démunis ont bénéficié d'une aide majorée de 40 euros par mois pour cantiner.

Lors de la deuxième vague de Covid-19, le 17 novembre 2020, la Contrôleure générale des lieux privatifs de liberté a fait part au ministre de la Justice de sa préoccupation face à l'augmentation des incarcérations alors même que de nombreux « clusters » se développaient en prison. Dans les maisons d'arrêt, souvent surpeuplées et où les détenus s'entassent à deux ou trois par cellule, les mesures sanitaires s'avéraient impossibles à respecter alors que nulle mesure gouvernementale n'est venue corriger les risques de contamination encourus par les prisonniers et les surveillants. Malgré la gravité de la crise, il n'y a pas eu de disposition allant dans le sens d'une décroissance carcérale, alors qu'au printemps les libérations anticipées, soigneusement examinées par des magistrats, de condamnés proches de leur fin de peine avaient permis d'éviter une catastrophe sanitaire et de revenir à un seuil plus tolérable d'occupation des cellules. La CGLPL a demandé au gouvernement que de nouvelles mesures soient prises pour réduire la population pénale à un niveau qui ne soit pas supérieur à la capacité d'accueil des établissements.

PARTIE 2

Réussir les **épreuves d'admissibilité**

Pour les **candidats externes**, deux épreuves écrites d'admissibilité :
- une **composition** portant sur un sujet d'ordre général relatif à l'évolution politique, économique et sociale de la France contemporaine ;
- une épreuve de **note de synthèse** à partir d'un dossier portant sur les libertés publiques ou les problématiques liées à la justice.

Pour les **candidats internes,** une seule épreuve écrite d'admissibilité qui consiste en la rédaction, à partir d'un dossier, d'un **cas pratique** permettant de vérifier les qualités de rédaction, d'analyse et de synthèse du candidat, ainsi que son aptitude à proposer des solutions de manière argumentée et organisée.

Composition (concours externe)

DURÉE 4 HEURES

COEFFICIENT 3

Planning de révisions

Ce planning – donné à titre purement indicatif – doit vous aider à vous organiser. Il vous encourage à adopter et respecter un rythme qui vous permettra d'avancer tranquillement, sans stress inutile : ne vous y prenez pas au dernier moment !

Un travail continu qui s'inscrit dans la durée est bien plus efficace qu'une semaine de bachotage frénétique.

PÉRIODES	DURÉE	NOTIONS À ABORDER
Période 1	3 mois (minimum)	Lisez la méthodologie de la composition, et intégrez-la, lisez les annales et reconstruisez le plan : auriez-vous construit votre devoir de cette manière ? Quelle(s) idée(s) auriez-vous mise(s) en avant ? Promenez-vous sur Wikipédia (tapez « France » dans le moteur de recherche, lisez la page, suivez les liens, ils vont vous rappeler des souvenirs, recherchez ailleurs des informations complémentaires) : consacrez au moins une heure par jour à cette exploration.
Période 2	2 mois (minimum)	Choisissez un sujet de composition dans la liste proposée ci-contre (ils sont issus de différents concours de la fonction publique), et passez les quatre premières étapes de la méthodologie (comprendre le sujet, l'explorer, dégager une problématique et construire un plan) : refaites plusieurs fois l'exercice (deux sujets par semaine représentent a minima une bonne moyenne). Continuez vos explorations culturelles sur Wikipédia et ailleurs, lisez, réfléchissez, documentez-vous… Posez-vous les questions polémiques des sujets ci-contre (la violence des jeunes, le cannabis, la religion, les jeux vidéo, etc.) et construisez votre réflexion pour argumenter votre position (n'oubliez jamais qu'une composition n'est pas polémique : il faut donc rechercher des arguments objectifs et les analyser sans trop s'impliquer).
Période 3	1 mois (minimum)	Choisissez un sujet de composition dans la liste proposée ci-dessous, passez les quatre premières étapes de la méthodologie, rédigez l'introduction et la conclusion, construisez le plan : refaites plusieurs fois l'exercice (deux sujets par semaine représentent a minima une bonne moyenne). Lisez à votre entourage (trouvez des volontaires pour vous écouter) vos introductions et vos conclusions, n'entamez pas le débat (si l'auditeur veut vous répondre, c'est bon signe : vous l'avez accroché), mais écoutez les commentaires et vérifiez (avec éventuellement des questions) que ce que vous avez voulu dire a été compris (que l'auditeur soit d'accord ou non n'a pas d'importance). Continuez vos explorations culturelles sur Wikipédia et ailleurs, lisez, réfléchissez, documentez-vous…
Période 4	1 semaine	Arrêtez tout ! Laissez reposer, détendez-vous, pensez à autre chose, faites un peu de sport…

N'allez pas trop vite, mais, s'il vous reste du temps – et il va vous en rester –, pensez à lire, à vous intéresser à « l'évolution politique, économique et sociale de la France contemporaine », à améliorer, étayer, développer vos connaissances en la matière.

LISTE DES SUJETS PROPOSÉS

- Pauvreté et exclusion : l'Europe peut-elle vaincre la misère ?
- Quels sont les enjeux du vieillissement en France ?
- Le système français d'éducation permet-il l'égalité des chances ?
- Le débat sur les énergies de substitution est relancé, mais l'énergie nucléaire vous paraît-elle définitivement condamnée ?
- Les jeux vidéo sont-ils un fléau ?
- La légalisation du cannabis : avantages et inconvénients.
- La violence des jeunes : mythes et réalités.
- Comment une politique de prévention peut-elle être un outil de lutte contre la délinquance ?
- Est-il utile d'apprendre l'histoire à l'école ?
- L'automobile : facteur de progrès ou de nuisances ?
- La devise « Liberté, égalité, fraternité » a-t-elle encore un sens : lequel ?
- La famille est le pilier de la société : est-ce encore la réalité ?
- Éduquer ou instruire : quel est le rôle de l'école ?
- La religion est-elle, ou peut-elle être, une alliée du pouvoir politique ?
- La sécurité est l'affaire de tous.
- La santé coûte de plus en cher à la nation : quelles solutions ?
- Le travail est-il générateur d'exclusion ou d'intégration ?
- Les démocraties modernes peuvent-elles compter sur le sport pour lutter contre la violence ?
- La loi a-t-elle pour objet d'établir la justice ?
- L'enjeu des politiques urbaines.
- La nature peut-elle avoir des droits ?
- Faut-il une politique européenne de l'immigration de la médecine ?
- Internet constitue-t-il le nouvel opium du peuple ?
- La science vous paraît-elle plus noble que la technique ?

La composition est un devoir rédigé avec soin (la forme est aussi importante que le fond) qui consiste à organiser avec méthode ses connaissances sur un sujet donné : elle ressemble plus à un exposé qu'à un débat, contrairement à la dissertation, qui exige que le rédacteur s'implique, donne son avis et mène une vraie réflexion pour répondre à une question, à une interrogation, parfois existentielle quand elle est philosophique (« Le bonheur sert-il à autre chose qu'à faire croire qu'il existe ? » « Est-il possible de vivre sans amour ? » « Si tout choix est un renoncement, peut-on affirmer que renoncer à choisir, c'est choisir de renoncer ? »).

La composition est neutre, posée, technique et peu polémique. Elle se déroule en trois temps : introduction, développement et conclusion, chacune de ces parties devant être nettement séparée.

1. Quatre étapes pour se préparer

a. Première étape

La **première étape** est essentielle, il ne faut surtout pas la négliger, même si elle est chronophage : il convient de bien **comprendre** le sujet ; un sujet mal compris peut conduire le candidat au hors sujet, qui peut être éliminatoire.

Le candidat veillera donc à réfléchir au sens des mots, à ne pas les confondre avec un synonyme ou un cousin plus éloigné, il dégagera les notions clés contenues dans l'intitulé.

Il pourra reformuler le sujet pour s'assurer qu'il en a bien intégré les subtilités.

Il faut à cette première étape consacrer le temps nécessaire : ce n'est pas du temps perdu, c'est du temps investi, qui va porter ses fruits.

b. Deuxième étape

La **deuxième étape** permet d'**explorer le sujet** : inscrire au brouillon, comme elles viennent, les idées que le sujet suscite peut être une bonne méthode (en les rédigeant ou en listant : chacun trouvera la méthode qui lui convient). Il est conseillé d'inscrire ces idées sous forme de questions pour établir les liens possibles entre les différentes idées : lorsque les liens fonctionnent, la composition s'en retrouve fluidifiée, et sa lecture est plus digeste.

c. Troisième étape

La **troisième étape** consiste à **dégager une problématique**, c'est-à-dire à transformer l'ensemble des questions en une interrogation centrale qui va constituer l'idée directrice, la colonne vertébrale du devoir.

d. Quatrième étape

Lorsque la problématique est dégagée, il faut **construire le plan (quatrième étape)** : les idées principales (2 ou 3, pas plus, pour éviter que le contenu ne ressemble à un « vide-greniers ») constituent les grandes parties de la composition, des sous-parties (2 ou 3 par idée) expliquent ou illustrent l'idée annoncée. Un plan mal construit rend le devoir confus, peu agréable à lire. Il est fondamental de classer les idées principales en fonction de leur importance : on appelle cela « hiérarchiser les idées ».

> **ATTENTION**
> Le plan doit être équilibré. Les parties doivent exposer des idées d'égal intérêt et doivent avoir à peu près la même longueur.

2. Une bonne préparation permet une rédaction confortable

a. Introduction

On commencera par **rédiger l'introduction au brouillon**, éventuellement « en style télégraphique » : elle ne doit pas dépasser les 15 à 20 lignes.

L'introduction est très importante : elle « donne le ton » de la copie. Elle est la première impression donnée au correcteur, elle doit donc être particulièrement soignée.

Elle est constituée d'un seul paragraphe, elle est séparée du développement par un espace, pour que ces deux parties soient immédiatement identifiables.

> **ATTENTION**
> Évitez les formules trop « publicitaires » ou les phrases « bateau », les clichés et les évidences.

L'objectif de l'introduction est de présenter le sujet et de proposer un plan clair et structuré. Elle permet au correcteur de vérifier que vous avez compris le sujet.

- Elle comporte trois éléments :
  - l'annonce du sujet ;
  - la problématique ;
  - le plan.

■ Pour rédiger l'introduction :

– **débutez par une phrase d'accroche qui amène adroitement le sujet** (une actualité, une citation, des données chiffrées, une référence bibliographique, etc.) ;

> **ATTENTION**
>
> Les sujets dont l'intitulé comprend déjà une citation ne doivent pas commencer par une citation, et il ne faut jamais oublier de préciser le nom de l'auteur et le titre de l'ouvrage (gare aux erreurs !).

– **définissez en quelques mots les termes essentiels** pour éviter toute ambiguïté ou contresens ;

– **exposez la problématique :** énoncez le problème soulevé par le sujet sous forme de question directe ou indirecte ;

– **annoncez clairement et brièvement le plan** choisi par des phrases rédigées.

> **ATTENTION**
>
> Évitez les formules « la première partie sera consacrée à… ; la seconde parlera de… » (trop scolaire), préférer « après avoir étudié…, nous verrons… ; enfin, tel ou tel aspect nous permettra de saisir… » ; ou « dans un premier temps…, puis… ; enfin… ».

b. Conclusion

On se met ensuite à **rédiger la conclusion**, toujours au brouillon : 10 à 15 lignes suffiront.

■ Il ne faut jamais bâcler la conclusion : c'est après l'avoir lue que le correcteur note la copie, elle ne doit pas tout gâcher. Elle n'est pas répétition, encore moins un résumé de la composition : elle répond à la problématique définie dans l'introduction, c'est pour cela qu'elle est rédigée juste après.

■ Elle peut (c'est même conseillé !) ouvrir le sujet sur des perspectives plus larges. On peut ensuite modifier (éventuellement) et **recopier l'introduction au propre.**

c. Développement

On entreprend ensuite de **rédiger le développement directement au propre** (le brouillon fait perdre trop de temps) : c'est pour cela que le plan doit avoir été bien construit.

■ Chaque partie expose le thème principal et en développe dans chaque paragraphe un seul aspect, selon le modèle « un paragraphe égale une idée ». Elle se termine en donnant les résultats de l'argumentation et annonce la partie suivante.

■ On peut donner à chaque partie et chaque sous-partie un titre et un intertitre, qui doit être accrocheur et reprendre l'idée principale du paragraphe.

ATTENTION

Aérez votre copie ! Sautez une ligne entre les parties, les sous-parties (surtout si vous mettez des intertitres, **que vous ne devez en aucun cas souligner**).

Recopier la conclusion au propre, puis **relire l'ensemble** et **corriger les fautes d'orthographe.**

ATTENTION

L'écriture (elle doit être aisément déchiffrable !), le respect de l'orthographe (accords, pluriels, conjugaison, etc.) et la présentation de la copie sont aussi importants que son contenu !

Les erreurs les plus fréquentes à éviter absolument :

- se lancer sans plan : risque d'oublis, de répétitions, de hors sujet... ;
- employer le futur : préférer les temps simples, dynamiques (présent, passé composé) ;
- énumérer, citer : il faut rédiger ! ;
- donner des réponses dans l'introduction : la lecture devient ennuyeuse, sans suspense ;
- exposer des arguments nouveaux dans la conclusion : ils laisseront un goût amer d'inachevé au correcteur, qui se demandera pourquoi ils n'ont pas été traités avant ;
- terminer par une question : préférer l'envolée remplie d'espoirs ou de projets...

NOTE DU FORMATEUR

Veillez à bien choisir le vocabulaire et à éviter les mots parasites, inutiles (« en effet », « cependant », « néanmoins », etc.).

SUJET N° 1 : Composition

Session 2020

DURÉE : 4 HEURES

Énoncé

Vieillesse, dépendance et solidarités

Corrigé

En associant vieillesse et dépendance, ce sujet pose deux questions : la solidarité – ou plutôt « les solidarités », publique et familiale – répond-elle aux enjeux actuels de la vieillesse et de la dépendance ? La dépendance est le fait, pour quelqu'un, de ne pas pouvoir accomplir, seul, un ou plusieurs actes importants de la vie quotidienne. Elle ne relève donc pas de l'assistanat, mais nécessite une prise en charge ou un accompagnement. Elle est consécutive à une perte, ou une baisse, d'autonomie qui peut être due à l'âge, à la maladie, au handicap, mais l'état de santé d'une personne dépendante s'aggrave généralement avec l'âge.

1. La dépendance constitue un nouveau défi

La solidarité accompagne depuis longtemps le vieillissement de la population, et le « bien vieillir » de notre société est le résultat de la solidarité collective.

Si l'espérance de vie des hommes et des femmes a progressé, dans notre pays, de vingt ans depuis 1945, c'est en grande partie grâce à la Sécurité sociale mise en place à la Libération par Ambroise Croizat, ministre communiste des gouvernements, qui, au sortir de la Seconde Guerre mondiale, se sont succédé jusqu'en 1947.

Les quatre branches de la Sécurité sociale ont joué un rôle important dans l'allongement de l'espérance de vie « en bonne santé » (sans limitation irréversible d'activité dans la vie quotidienne ni incapacités, selon la définition de l'Insee), qui est de 63,4 ans pour un homme et 64,5 ans pour une femme (chiffres de 2018), quand l'espérance de vie se situe à 79,7 ans pour les hommes et 85,6 ans pour les femmes (chiffres de 2019).

La branche « maladie » (maladie, maternité, invalidité, décès), qui garantit l'accès aux soins, a considérablement amélioré l'état de santé de la population et lui a permis de « bien vieillir » pour atteindre le « 4e âge » (que l'on situe habituellement au-delà de 80 ans).

La branche « famille », qui prend en charge le handicap et le logement, a participé à l'amélioration des conditions de vie, ce qui a eu un impact positif sur l'état de santé de la population.

La branche « accidents du travail et maladies professionnelles », qui permet la prise en charge des travailleurs se retrouvant dans l'incapacité de travailler jusqu'à l'âge légal de la retraite,

a contribué à la lutte contre la paupérisation de la population active (un arrêt prématuré de l'activité professionnelle avait des conséquences dramatiques sur toute la famille, un accident ou une maladie mal soignés avaient un impact négatif sur l'espérance de vie).
La branche « vieillesse », ou « retraite » (obligatoire par répartition), qui a permis à chaque retraité de percevoir des ressources minimales sans travailler, a considérablement réduit la pauvreté des retraités, des veufs, et surtout des veuves, relégué(e)s jadis sans ressources dans des hospices.

La question de la dépendance n'a pas été posée au départ (il n'y a pas de branche « dépendance »). La dépendance n'est pas une maladie, mais une conséquence de la mise en place de la Sécurité sociale et de l'amélioration des conditions de vie. La Sécurité sociale n'apporte pas de réponse spécifique aux réalités à la dépendance, au « mouvement de déprise », comme l'appelle Vincent Caradec, sociologue du vieillissement. Elle nécessite une « nouvelle » solidarité sociale, ou sociétale, qui a émergé après l'épisode de canicule de 2003. Elle constitue un défi supplémentaire qui ne peut pas relever des structures de soins. Il a fallu créer des lieux d'hébergement adaptés, entre hôpital et maison de retraite : la loi 2002-2 du 2 janvier 2002 rénovant l'action sociale et médico-sociale a transformé les maisons de retraite médicalisées en Ehpad (établissement d'hébergement pour personnes âgées dépendantes). La prise en charge de la dépendance est coûteuse, à domicile ou en Ehpad, elle ne peut être assumée par les retraités, qui perçoivent rarement une pension suffisante. Les conseils départementaux versent donc, sous conditions, une allocation personnalisée d'autonomie (APA), qui n'est pas récupérable sur la succession (contrairement à d'autres allocations, comme l'aide sociale à l'hébergement, l'aide sociale à domicile, l'allocation de solidarité aux personnes âgées, etc.). La dépendance constitue également un défi pour la santé publique avec l'apparition - ou le développement - de pathologies dues à l'âge (Alzheimer, Parkinson, etc.) qui nécessitent de nouvelles recherches, de nouvelles thérapies.

2. La nécessité de nouvelles solidarités pour faire face aux besoins renforcés

Les dépenses publiques souffrent d'un déficit endémique (100 % du PIB), 55 % représentent des dépenses de solidarité, avec le déficit de l'assurance maladie et celui, annoncé, de l'assurance vieillesse (le financement des retraites), mais les besoins vont augmenter : 20 % de la population a plus de 60 ans (10 % en 1945), et ce chiffre atteindra bientôt les 30 %.
Le coût de la vieillesse et de la dépendance va donc peser de plus en plus lourd sur le budget de l'État et des départements : la Caisse nationale de solidarité pour l'autonomie (CNSA) assure déjà la péréquation entre départements qui peinent à assumer le coût de l'APA (et de la prestation de compensation du handicap). Il va être nécessaire de repousser l'âge du départ à la retraite, ce qui pose un autre problème : l'allongement de la durée de cotisations n'est viable que si les plus de 55-60 ans peuvent se maintenir en activité, ce que le monde du travail a encore du mal à intégrer (Pôle emploi considère un chômeur comme un senior à partir de 50 ans, au 1er trimestre 2019, les « 50 ans et plus » étaient 916 400 sur les 3,4 millions de demandeurs d'emploi inscrits en catégorie A). Il faut développer l'employabilité des seniors et agir sur le marché du travail pour favoriser les embauches ou les reclassements internes. Il faut également régler la question des métiers « à forte pénibilité », avec d'éventuelles réorientations et la possibilité de reclassements professionnels, qu'il faudra financer, malgré un cadre contraint.

L'allongement de la durée de vie ne pose pas que des problèmes économiques : il est également indispensable de lutter contre l'isolement des personnes âgées et de veiller à leur inclusion dans la vie sociale en évitant leur marginalisation dans des lieux clos (Ehpad, etc.). Les personnes âgées sont généralement très investies dans la société, par leur consommation, l'aide qu'elles apportent aux familles (garde d'enfants, etc.), leur présence dans les associations, etc. Elles représentent une grande richesse et un véritable marché porteur d'emplois qu'il faut développer.

La mobilisation des solidarités est d'autant plus nécessaire qu'elle est mentionnée en préambule de notre Constitution. L'enjeu majeur des années à venir est la réforme des retraites. Il est fondamental qu'un système universel par répartition garantisse à chacun des conditions de vie décentes. Le système par répartition doit être privilégié : il repose sur la solidarité entre actifs et inactifs, les inactifs étant d'anciens actifs. L'adoption d'un système par capitalisation (basé sur l'épargne individuelle et des cotisations volontaires facultatives) constituerait une régression en termes de solidarité.

Conclusion

La prise en charge de la vieillesse et de la dépendance doit pouvoir se développer dans de bonnes conditions, en accordant un statut aux aidants familiaux, en veillant à n'être pas un facteur supplémentaire d'inégalités au détriment des femmes (qui assurent majoritairement la charge des parents et beaux-parents vieillissants), en luttant contre les déserts médicaux, parce qu'en la matière la fracture territoriale se double d'une fracture numérique, qui rend difficiles, voire impossibles, les téléconsultations. La société doit adopter un nouveau regard et une nouvelle dynamique solidaire pour améliorer la prise en charge des populations vieillissantes : la solidarité, publique et familiale, est une exigence forte des valeurs républicaines.

SUJET N° 2 : Composition

Session 2019

DURÉE : 4 HEURES

Énoncé

On peut lire dans le dernier chapitre de *Candide* (1759), de Voltaire (1694-1778) :
« Le travail éloigne de nous trois grands maux : l'ennui, le vice et le besoin. »

Commentez cette citation au regard de l'évolution politique, économique et sociale de la France contemporaine.

Corrigé

Le travail est nécessaire à faire vivre les hommes ; la nature ne leur suffit plus lorsqu'ils se regroupent. Les hommes doivent donc travailler ; les esclaves s'en chargeaient auparavant, mais les Lumières vont raviver l'image que les hommes se font du travail. C'est la pensée de Voltaire qui estime que le travail libère l'homme de son ennui et permet le progrès.
C'est donc progressivement que le travail s'est révélé être un moyen d'accomplissement personnel (1). Aujourd'hui, les hommes veulent travailler, cherchent du travail, et s'ennuient généralement lorsqu'ils n'en ont pas. On considère désormais que le travail permet de s'émanciper puisqu'il donne des ressources déterminantes pour l'évolution de sa vie. Cependant, force est de constater que nombre de citoyens sont de plus en plus éloignés du travail, dont les personnes détenues. L'incarcération, loin de les maintenir en dehors du travail, doit les rapprocher de l'activité (2) en tenant compte de ce qu'elles auront comme difficultés pour y parvenir (3).

1. Le travail : une notion évolutive

Le travail venant étymologiquement, pour certains, du latin *tripalium*, c'est-à-dire torture, il peut paraître ironique d'associer le terme « travail » et le terme « bonheur ». Il convient cependant de se rappeler qu'à l'origine, le travail, d'un point de vue religieux, servait notamment à expier le péché originel.
Cependant, la société étant en évolution constante et le côté religieux du travail ayant disparu, la notion même du travail est passée d'un travail ayant une valeur expiatrice à un travail devant permettre un épanouissement tant professionnel que personnel.
Le courant marxiste a d'ailleurs développé deux idées du travail : un travail « capitaliste » visant à augmenter la rentabilité du travail au détriment de l'épanouissement du salarié et un travail « positif » visant pour le salarié à s'épanouir dans un travail qui serait utile et où le superflu n'aurait pas sa place.
Dans ce courant de pensée, le travail doit nécessairement avoir un sens, et ce n'est pas Voltaire qui le contredirait. En effet, selon lui, « le travail éloigne de nous trois grands mots : l'ennui, le besoin et le vice ».
Le travail occupe une place essentielle dans nos sociétés, même par son absence. C'est la source principale des revenus qui autorise l'accès à la consommation. C'est aussi la voie principale de l'insertion sociale.

Aujourd'hui, le travail prend la forme de l'emploi où le salarié obtient un statut social avec des droits. Ce changement de la représentation du travail est important. Il touche aux problèmes les plus cruciaux de la situation présente, avec la distinction entre le travail nécessaire pour produire une quantité donnée de biens et la forme concrète de l'emploi lié à un contrat de travail et au statut social de protection qu'il confère.
Dans une civilisation construite autour du travail, le temps humain se structure autour de lui : les études sont une préparation au travail et non d'abord une recherche de vérité ou de sagesse constructive de soi ; à l'âge de travailler succède la retraite, à un âge également déterminé. Le travail apparaît comme un temps contraint, par opposition à un temps pour soi. Ce menu de la vie ne saurait être modifié en fonction d'autres aspirations que celles du travail.
Dans la conception moderne du travail, dans l'acte de travailler se manifestent les trois dimensions de la personne : faire, être et avoir. Cette conception est celle d'une société qui tend à ne retenir du travail que l'épanouissement et la réalisation de soi tout en étant source d'enrichissement en termes de savoirs et d'avoirs.
Le travail, comme porte d'entrée dans le système social, est entré au cœur du débat. D'une part parce que le nombre de demandeurs d'emploi s'est accru et, d'autre part, parce que la société de services a modifié le contenu de l'emploi.

2. Le travail comme facteur d'insertion des personnes détenues

La recherche confirme l'idée commune qu'un emploi stable à la sortie est un facteur important dans la prévention de la récidive. Or, seuls 25 % des sortants réussissent à trouver une activité professionnelle régulière dans les douze mois après la sortie.
Le travail participe sans ambiguïté à la mission de réinsertion confiée à l'administration pénitentiaire. Ce constat confirme la place importante accordée au travail dans tout projet de réinsertion, mais sans spécifier les buts concrets à atteindre.
À ce sujet, il existe deux écoles de pensée. La première, majoritaire, cible essentiellement une augmentation de l'employabilité des détenus dans l'espoir qu'un emploi régulier puisse diminuer le risque de récidive.
C'est en ce sens que les nouvelles règles pénitentiaires du Conseil de l'Europe statuent que [le] « travail doit permettre, dans la mesure du possible, d'entretenir ou d'augmenter la capacité du détenu à gagner sa vie après sa sortie de prison » (règle 26, al. 3).
La deuxième école attribue à la réinsertion par le travail une fonction plus large d'intégration sociale, car, selon elle, le travail est le garant de la cohésion sociale des sociétés modernes, voire son « Grand Intégrateur », titre de l'article d'Yves Barel paru dans *Connexions* en 1990. C'est le travail qui facilite l'apprentissage de la vie sociale et la constitution des identités ; il est la clef de contribution-rétribution sur laquelle repose le lien social ; il donne à chacun la chance d'avoir une utilité sociale, et il est un lieu de rencontre et de coopération hors de la sphère privée, comme l'indique Dominique Méda dans *Le Travail. Une valeur en voie de disparition*. Cette conception du travail n'est pas incontestée – Méda elle-même est la première à s'en distancer –, mais elle résume bien les espoirs misés sur lui, même en prison. Elle n'est pas non plus indifférente au problème de la récidive, mais elle met d'abord l'accent sur la personne détenue et les conditions nécessaires afin qu'elle puisse trouver sa place dans la société.

3. Travail et prison, l'équation impossible ?

Pour un nombre croissant de détenus, le travail en prison constitue une première expérience professionnelle. Il doit être conçu comme un vecteur essentiel de préparation à la sortie, conformément à la mission de réinsertion dévolue à l'administration pénitentiaire.

a. Penser le projet professionnel en amont

Cela implique d'abord un travail d'orientation des détenus dès leur arrivée en prison et le développement de leurs qualifications professionnelles tout au long de leur peine.

Cette double approche doit prendre en compte les contraintes propres aux durées de détention : de court terme et incertaines en maison d'arrêt ; de moyen, voire long terme, en centre de détention et maison centrale.
L'orientation d'un détenu vers un établissement pénitentiaire doit donc concilier le projet professionnel de la personne détenue, et lui permettre d'être affecté dans un établissement qui lui donnera accès à une formation spécifique, ou à un type d'emploi qui correspondrait à un parcours professionnel cohérent avec ses compétences et ses aspirations.
La prise en charge professionnelle des détenus à leur arrivée en établissement pénitentiaire est un impératif, en particulier dans les maisons d'arrêt, où le retour à l'emploi est par définition proche, mais où, paradoxalement, il est difficile de le préparer. De fait, la brièveté de la détention, qui rend plus difficile la mise en œuvre d'actions de qualification structurantes, appelle précisément à investir en priorité le champ de l'orientation professionnelle. Cette démarche doit permettre d'accompagner le détenu dans la construction d'un projet professionnel et personnel qui l'aidera à préparer sa sortie prochaine.

b. Les vertus du travail en prison

L'activité rémunérée procurée par le travail pénitentiaire peut être un outil important pour augmenter les chances des personnes détenues sur le marché du travail. En effet, elle permet de :
- conserver les compétences professionnelles existantes de la personne détenues ;
- contrecarrer l'effet déstabilisant de l'incarcération en offrant une activité qui structure la journée et permet au détenu d'échanger son rôle d'incarcéré sans statut contre celui de travailleur responsable et valorisé ;
- atténuer les problèmes mentaux liés à l'enfermement : dépression, isolation sociale, perte du sens de la réalité ;
- maintenir le lien social en offrant un lieu de socialisation et de sociabilité ;
- permettre aux détenus d'acquérir des compétences recherchées à l'extérieur ;
- enseigner la conformité aux exigences en vigueur auprès d'un employeur extérieur pour ce qui a trait à la ponctualité, l'assiduité, le comportement et la qualité de leur travail ;
- offrir un niveau de rémunération qui permet aux travailleurs de mettre de côté un pécule de sortie suffisant pour satisfaire aux critères économiques d'employabilité.

c. Faciliter la transition vers l'extérieur

Au-delà du recours aux actions de formation professionnelle en prison, il est nécessaire de veiller à ne pas créer de discontinuité entre les formations suivies et les actions conduites à l'intérieur et les projets professionnels poursuivis à l'extérieur.
Ainsi, la continuité entre les actions préqualifiantes menées en prison et l'accès à différentes formations certifiantes dehors, dans le même secteur professionnel, doit être assurée. L'absence de lien entre dedans et dehors au niveau de la formation professionnelle se traduira, en effet, par des conséquences profondément négatives, en accroissant la probabilité de rupture sociale, facteur de récidive.
Plusieurs critères sont déterminants pour qu'un individu soit plus (ou moins) employable.
Le seul fait d'avoir passé une période en prison diminue l'employabilité des sortants : ils sont plus facilement exclus des emplois qui transitent par des cabinets de recrutement qui disposent des moyens de s'informer des antécédents judiciaires des postulants. Peu prendront le risque de suggérer à un employeur la candidature d'une personne présentant un casier judiciaire ou même un CV présentant des périodes sans activité et non justifiées.
De la même manière sont écartés tous les emplois ayant trait aux administrations ou aux groupes importants qui réclament systématiquement un extrait de casier judiciaire.
Être employable signifie également de disposer d'un minimum de conditions requises, comme un domicile fixe, un moyen de communication, de quoi subsister jusqu'au premier versement du salaire. C'est, parfois, devoir disposer d'un véhicule ou du matériel lié à l'emploi.

C'est aussi la capacité de pouvoir passer un entretien d'embauche après un temps plus ou moins long d'emprisonnement. C'est, d'une certaine manière, parvenir à occulter ce temps pour affirmer une gestuelle, un langage commun. C'est aussi la capacité de « se vendre » après un temps passé dans l'inexistence.

Enfin, dans le cadre d'un projet d'aménagement de peine, tel qu'une semi-liberté ou une libération conditionnelle, l'impossibilité d'énoncer une date fixe de libération et la certitude de cette libération peut freiner l'employeur potentiel à s'engager s'il ignore si cette personne sera libérée par anticipation et à quel moment.

Le projet de sortie doit donc être réaliste et en adéquation avec la situation de la personne détenue, mais aussi du marché du travail dans sa région. Il doit aussi, au regard de ce que cela implique d'avoir un travail et de pouvoir le conserver, bénéficier d'un accompagnement dans le cadre d'une prise en charge globale de la personne détenue dans tous ses aspects : logement, santé, relations familiales existantes, addictions...

Conclusion

Les représentations collectives sur le chômage, la pauvreté et les aides sociales sont chargées de sens. Elles le sont encore plus pour des publics particuliers, tels que les personnes marginalisées ou détenues.

Souvent, la perte ou l'absence d'emploi de longue durée se conjugue avec l'exclusion symbolique, qui conduit à ne plus être considéré comme étant dans la norme et donc être exclu de lieux où se nouent des liens sociaux. Cependant, cette analyse doit être nuancée, car le chômage qui s'accroît et touche toutes les catégories professionnelles devient de plus en plus un état de fait et atténue la stigmatisation du chômeur.

La prise de conscience qu'une couche de la population ne pourra reprendre un emploi car elle est trop loin des critères de recrutement des entreprises est indiscutable. La solution du partage de l'emploi semble impossible pour des milliers de personnes et une réflexion sur la recomposition des activités humaines est inéluctable. La répartition des emplois, des revenus et des activités semble nécessaire pour empêcher l'exclusion sociale. Ainsi se profile la recherche d'un nouvel équilibre entre activités rémunérées ou non, productives ou non. On assiste à la recherche de montages institutionnels originaux qui tentent de relier l'insertion à la dynamique d'un système de production en pleine évolution.

Si le travail conserve – mais pour combien de temps encore ? – son caractère d'intégration de masse et de modèle de référence stable au sens que Voltaire l'entend, la situation actuelle modifie le rapport de l'individu à l'emploi, qu'il en ait un ou non. Il convient d'admettre la diversité des modes d'insertion et de favoriser l'aptitude à l'insertion, reconnaître les formes atypiques de l'emploi dans et hors entreprise et donner un statut à leur bénéficiaire.

Note de synthèse (concours externe)

DURÉE 3 HEURES

COEFFICIENT 2

Planning de révisions

Ce planning – donné à titre purement indicatif – doit vous aider à vous organiser. Il vous encourage à adopter et respecter un rythme qui vous permettra d'étudier (d'abord) puis de réviser (on ne peut réviser que ce que l'on a appris) tranquillement, sans stress inutile : ne vous y prenez pas au dernier moment !

Un travail continu qui s'inscrit dans la durée est bien plus efficace qu'une semaine de bachotage frénétique.

N'allez pas trop vite, mais, s'il vous reste du temps – et il va vous en rester –, pensez à lire, à vous intéresser « aux libertés publiques et aux problématiques liées à la justice », à améliorer, étayer, développer vos connaissances en la matière : commencez par lire les cours, que vous devez considérer comme une base de travail.

PÉRIODES	DURÉE	NOTIONS À ABORDER
Période 1	3 mois (minimum)	Lisez la méthodologie de la note de synthèse, lisez les annales et reconstruisez le plan. Auriez-vous construit votre devoir de cette manière ? Quelle(s) idée(s) auriez-vous mis en avant ? Promenez-vous sur Wikipédia (tapez « libertés publiques » dans le moteur de recherche, lisez la page, suivez les liens, recherchez ailleurs des informations complémentaires), intéressez-vous, dans l'actualité (radio, télé, journaux, Internet), aux questions liées à la justice : consacrez au moins une heure par jour à cette exploration.
Période 2	2 mois (minimum)	Choisissez un sujet dans l'actualité et trouvez des articles dans différents journaux (ou sur Internet), compilez-les et rédigez une note de synthèse en respectant la méthodologie proposée : refaites plusieurs fois l'exercice (deux sujets par semaine représente a minima une bonne moyenne), n'hésitez pas à vous chronométrer étape par étape. Continuez vos explorations culturelles sur Wikipédia et ailleurs, lisez, réfléchissez, documentez-vous (si cela peut vous aider, faites-vous des fiches sur les thèmes qui vous paraissent les plus importants : il est impossible de deviner quel sujet sera à traiter le jour de l'épreuve).
Période 3	1 mois (minimum)	Relisez les synthèses que vous avez rédigées, corrigez-les et améliorez-les, traquez les mots inutiles, parasites, les lourdeurs, rendez les titres et intertitres plus percutants, réduisez, synthétisez les phrases trop longues… Lisez vos notes à votre entourage (trouvez des volontaires pour vous écouter), écoutez les commentaires et vérifiez (avec éventuellement des questions) que ce que vous avez voulu dire a été compris. Continuez vos explorations culturelles sur Wikipédia et ailleurs, lisez, réfléchissez, documentez-vous…
Période 4	1 semaine	Arrêtez tout ! Laissez reposer, détendez-vous, pensez à autre chose, faites un peu de sport…

1. L'objectif de la synthèse

Face à une masse de sources/ressources diverses et sans ordre apparent, le destinataire de la note demande que l'essentiel de leur contenu soit extrait et restitué de manière structurée et ordonnée, de sorte qu'il puisse acquérir un savoir qui l'aidera, le cas échéant, à prendre une décision.

Il attend un texte clair et concis qui lui permet de comprendre, sur la base des seuls documents, et de se faire une opinion.

Vous devez donc être un transmetteur neutre, extérieur au contenu des documents que vous présentez. Vous devrez repérer l'essentiel, le trier, puis l'ordonner et enfin le restituer d'une manière simple et intelligible.

2. La méthode pour réussir

A. L'analyse du sujet

Pour bien analyser le sujet, définissez le contexte qui permet de repérer le type de collectivité pour laquelle vous êtes censé travailler. Ce contexte peut peser sur la sélection des documents et des informations à transmettre au destinataire de la note ou du rapport.

Ensuite, déterminez le problème posé pour appréhender les différentes facettes de la question à traiter. Il est également important d'identifier les parties prenantes, quelquefois citées dans le sujet pour indiquer au candidat qu'il faut envisager une dimension pluridisciplinaire et de partenariat.

B. Lecture rapide des documents

Chaque dossier est spécifique. Il comprend, en moyenne, une dizaine de documents : du texte de loi à l'article de presse, en passant par la circulaire, la décision de justice, le décret ou le texte extrait de revues sociologiques ou de revues techniques.

> **ATTENTION**
>
> Il ne faut surtout pas lire dans l'ordre de présentation ! C'est une des règles du jeu.

Les documents sont présentés presque toujours dans un savant désordre. Il est donc utile de repérer les documents, leur valeur informative, et de les classer en quatre catégories :

- **les documents essentiels :** ils sont les plus importants car ils contiennent l'essentiel des informations sur une question, et ils se lisent aisément, tels que des circulaires ministérielles ou des articles de fond émanant de revues spécialisées ;
- **les documents complémentaires :** ils ne précisent que certains aspects du dossier en abordant la dimension sociologique, juridique, financière, sociale du problème. Ils contiennent des exemples. Ce sont aussi, tout simplement, les textes officiels (lois, décrets, arrêtés), qui sont les textes de référence du candidat ;
- **les documents redondants :** ils donnent des informations déjà contenues dans d'autres textes et permettent de mieux les comprendre. Il ne faut pas s'y attarder ;
- **les documents parasites :** ils sont là pour vous induire en erreur. Ils ne présentent aucun intérêt, et vous devez les repérer et les écarter rapidement. Leur présence dans une note de synthèse est toutefois rare. Cela dépendra du niveau du concours.

Pour sélectionner ces documents, il suffit de se concentrer sur la source, la date, les titres, les intertitres, les noms d'auteurs et les débuts de paragraphe. Si le texte est pertinent, sa structure le montrera.

C. Lecture approfondie avec prises de notes

Les documents rapidement analysés se retravaillent en prenant des notes. Quatre méthodes existent :

- **la prise de notes par document** représente la méthode la plus classique. Elle consiste à utiliser une fiche par document. Elle a le mérite d'apporter de la clarté et de la rigueur dans le classement des informations par source ;
- **la prise de notes thématique** se rapporte à la lecture rapide, qui a déjà permis de sélectionner les thèmes dominants. La démarche consiste à écrire une fiche par thème. Ainsi, toutes les informations se rapportant au même thème sont regroupées sous la même rubrique, les documents n'existent plus, seule la pertinence des données est prise en compte ;
- **la méthode « Situation, Problème, Résolution, Informations »** (SPRI) est particulièrement efficace pour traiter un problème de société auquel il faut apporter une réponse choisie parmi d'autres. La première rubrique regroupe les informations relatives à la situation et au contexte. La deuxième comporte les données exposant le problème. La troisième comprend toutes les solutions permettant la résolution du problème. La quatrième sélectionne la (ou les) solution(s) retenue(s) et donne les informations qui expliquent le choix ;
- **la prise de notes axiale** trouve son sens pour les dossiers à dominante juridique, qui contiennent un document pivot, comme une circulaire, des documents complémentaires, c'est-à-dire les textes officiels, ou bien de la jurisprudence ou des expériences. Le candidat prend des notes à partir de la circulaire pour maîtriser l'ensemble du sujet, il valide ces informations par les documents officiels et il les concrétise par des exemples tirés de la jurisprudence.

D. Astuces pour élaborer un plan

Un plan est une structure qui rassemble des informations présentées de façon logique et en cohérence avec une situation qui pose problème au destinataire de la note de synthèse. Il ne se limite pas à une introduction, un développement et une conclusion. Il doit montrer que la note de synthèse contient une logique qui permet au lecteur de comprendre un processus.

Pour bâtir le plan, il est souhaitable de laisser le dossier de côté et de s'appuyer sur l'analyse du sujet effectuée et les notes prises au cours de la lecture rapide des documents.

L'introduction, longue d'une quinzaine de lignes, comprend une ou deux phrases pour rappeler l'actualité de la note ou du rapport, une autre pour l'énoncé du problème ou de l'enjeu du dossier, et une dernière pour annoncer le plan.

Le développement, en cinq à six pages, se divise en deux parties, avec deux sous-parties chacune. Cette subdivision est la présentation classique des synthèses pour les concours administratifs. Quelquefois, il peut y avoir trois parties (I. situation; II. analyse du problème; III. présentation de solutions). Chacune de ces parties et sous-parties est équilibrée par rapport aux autres. La logique du texte apparaît à l'aide de phrases de liaison entre les grands thèmes abordés.

La conclusion est souvent considérée comme facultative. En fait, elle est conseillée pour sa fonction de mise en relief des éléments forts du texte. Sauf dans le cas de synthèse strictement juridique qui ne la requiert pas absolument, une conclusion termine le travail, car elle est l'aboutissement attendu de la démonstration. Trois solutions se présentent:

- soit ne pas écrire de conclusion, la dernière phrase prend alors de l'ampleur et ne se contente pas de faire état d'un exemple ou d'un détail;
- soit rédiger une conclusion qui présente l'idée-force de la note de synthèse;
- soit replacer la note ou le rapport dans un contexte plus large, si le sujet s'y prête.

Elle se présente normalement en deux paragraphes: le premier reprend l'idée principale du dossier, tandis que le second est un élargissement ou une interrogation positive tournée vers l'avenir.

E. Rédaction de la note de synthèse

En se fondant sur le plan détaillé que l'on a élaboré, il faut « attaquer » la rédaction du corps de la synthèse, qui est une reformulation théorique structurée, sur la base du plan annoncé dans l'introduction, des problèmes présents dans les textes, qui ne doivent jamais être simplement paraphrasés. Cette rédaction doit être directe, de manière à ne pas perdre du temps dans l'activité non productrice que serait la copie du brouillon.

La rédaction de la note de synthèse se fait en une heure, ou une heure et quinze minutes. Le temps manque pour réaliser un brouillon complet. En revanche, il est utile de rédiger l'introduction et la conclusion au brouillon. Il est recommandé d'utiliser des phrases courtes, d'environ quinze à vingt mots, et d'éviter les phrases comportant quantité de « qui » et de « que ».

La signification des sigles est précisée avant qu'ils soient utilisés.

Les citations fastidieuses de textes officiels, qui n'apportent rien en termes de synthèse, sont à éviter.

Il faut restituer l'essentiel du document en quelques mots.

Enfin, il est important de respecter l'orthographe. Un excès de fautes risque de coûter parfois jusqu'à 5 points le jour de l'épreuve. Toute copie doit être rendue achevée, sinon la note n'excédera pas la moyenne.

■ **Apprendre à gérer son temps**

La note de synthèse est une épreuve qui demande de savoir maîtriser le temps imparti. La lecture des documents ne doit pas vous prendre trois heures, ni quatre ! Pensez que vous devez rédiger et vous relire. En disposant de trois heures, comptez par exemple :

- pour la lecture du sujet : 10 minutes ;
- la lecture rapide : 20 minutes ;
- la lecture approfondie : 1 h 10 ;
- l'élaboration du plan : 15 minutes ;
- la rédaction : 1 heure ;
- la relecture (très important) : 5 minutes.

Ces données sont indicatives, chacun les adaptera en fonction de ses difficultés et facilités personnelles.

3. Les techniques à utiliser et les obstacles à éviter

La lecture rapide permet de gagner du temps, on l'acquiert en lisant activement beaucoup, c'est-à-dire en cherchant à repérer les mots-clés, donc les articulations du (des) document(s). Cet exercice constitue sans doute la seule préparation technique utile à la note de synthèse

Le recours à des repères visuels (marqueurs) simplifie souvent le travail, moyennant qu'ils ne soulignent que l'essentiel, sinon ils sont une source de confusion. Le survol du dossier permet de dégager la structure du document fondateur, d'où proviendra le plus souvent l'articulation de la note.

Il faut prendre des notes utiles et pertinentes qui éviteront le retour ultérieur au dossier et construire un plan avec des titres et sous-titres que l'on fera apparaître de préférence. Si cela n'est pas formellement obligatoire, cette pratique a l'avantage de fournir une sorte de garde-fou contre les développements hors sujet grâce au rappel visible du thème.

Il faut identifier la thèse, puis les arguments des documents, soit négatifs, positifs ou interrogatifs, et enfin leur illustration.

D'un point de vue formel, dans un contexte d'examen, il ne faut pas oublier la règle d'accessibilité de la note :

■ l'écriture doit être soignée ;

■ l'orthographe doit être raisonnablement maîtrisée, en tout cas dans sa dimension grammaticale ;

- le style doit être clair, ce qui suppose des phrases plutôt simples, avec une recherche systématique du mot juste, le respect de la concordance des temps et la maîtrise des règles de ponctuation. Il faut fuir tout ce qui entraîne une forme ou une autre d'approximation ;
- l'abondance exagérée de majuscules n'est pas conforme aux règles du français écrit, il faut donc les employer à bon escient.

SUJET N° 1 : Note de synthèse

Session 2020

DURÉE : 3 HEURES

Énoncé

Á l'aide des documents joints, vous rédigerez une note sur les violences conjugales.

Liste des documents

Document 1 : *Journal officiel* du 5 août 2014, Titre III de la loi du 4 août 2014 sur l'égalité hommes femmes (5 pages).

Document 2 : Extrait du 5e plan de mobilisation et de lutte contre toutes les violences faites aux femmes, 2017 - 2019 (8 pages).

Document 3 : Extrait de la convention nationale de mise en œuvre du dispositif de télé-protection à destination des personnes en situation de très grave danger (6 pages).

Document 4 : Dépliant sur les violences faites aux femmes au sein du couple (8 pages).

Document 5 : article de presse, *Le Monde* par Yann Bouchez et Solène Cordier publié le 28 ctobre 2019 « Soixante propositions pour lutter contre les violences conjugales » (3 pages). https://www.lemonde.fr/societe/article/2019/10/28/grenelle-60-propositions-pour-lutter-contre-les- violences-conjugales_6017242_3224.html

Document 6 : article de presse, gouvernement.fr, « Un Grenelle et des mesures fortes pour lutter contre les violences conjugales » (3 pages).
https://www.gouvernement.fr/un-grenelle-et-des-mesures-fortes-pour-lutter-contre-les-violences- conjugales

Document 7 : article de presse, *Marianne* par Juliette Hay le 1er octobre 2018 : « Violences conjugales : aider les auteurs c'est aider les victimes » (2 pages).
https://www.marianne.net/societe/violences-conjugales-aider-les-auteurs-c-est-aider-les-victimes

Document 8 : Revue *Justice actualité*, juin 2015 (4 pages).

Document 9 : Remise du rapport de la mission sur les homicides conjugaux (4 pages).

Document n° 1

l'article L. 531-8 du code de la sécurité sociale sont applicables au parent employeur. Il déduit le montant de la prise en charge mentionnée au II du présent article de la rémunération qu'il verse à l'assistant maternel.

IV. – La participation à l'expérimentation des personnes mentionnées au III du présent article prend fin en cas de cessation de recours à l'assistant maternel, de notification du souhait de ne plus prendre part à l'expérimentation ou de non-respect des engagements figurant dans la convention prévue au deuxième alinéa du même III. Lorsque les ressources du ménage ou de la personne dépassent, au cours de l'expérimentation, le plafond mentionné au premier alinéa dudit III, il n'est pas mis fin au versement du complément de libre choix du mode de garde dans les conditions prévues au présent article.

V. – L'expérimentation est conduite par les organismes débiteurs des prestations familiales qui figurent sur une liste fixée par arrêté du ministre chargé de la famille, pour une durée de dix-huit mois à compter de la publication de l'arrêté. Elle prend fin, au plus tard, le 1er juillet 2016.

Le Gouvernement transmet au Parlement un rapport d'évaluation avant la fin de l'expérimentation, assorti des observations des organismes débiteurs des prestations familiales ayant participé à l'expérimentation.

TITRE III

DISPOSITIONS RELATIVES À LA PROTECTION DES PERSONNES VICTIMES DE VIOLENCES ET À LA LUTTE CONTRE LES ATTEINTES À LA DIGNITÉ ET À L'IMAGE À RAISON DU SEXE DANS LE DOMAINE DE LA COMMUNICATION

Chapitre Ier

Dispositions relatives à la protection des personnes victimes de violences

Article 32

I. – L'article 515-11 du code civil est ainsi modifié :

1° La première phrase du premier alinéa est ainsi modifiée :

a) Après le mot : « délivrée », sont insérés les mots : « , dans les meilleurs délais, » ;

b) A la fin, les mots : « est exposée » sont remplacés par les mots : « ou un ou plusieurs enfants sont exposés » ;

2° La seconde phrase du 3° est complétée par les mots : « , même s'il a bénéficié d'un hébergement d'urgence » ;

3° Le 4° est ainsi rédigé :

« 4° Préciser lequel des partenaires liés par un pacte civil de solidarité ou des concubins continuera à résider dans le logement commun et statuer sur les modalités de prise en charge des frais afférents à ce logement. Sauf circonstances particulières, la jouissance de ce logement est attribuée au partenaire lié par un pacte civil de solidarité ou au concubin qui n'est pas l'auteur des violences, même s'il a bénéficié d'un hébergement d'urgence ; »

4° Après le 6°, il est inséré un 6° *bis* ainsi rédigé :

« 6° *bis* Autoriser la partie demanderesse à dissimuler son domicile ou sa résidence et à élire domicile pour les besoins de la vie courante chez une personne morale qualifiée ; »

5° Il est ajouté un alinéa ainsi rédigé :

« Lorsque le juge délivre une ordonnance de protection en raison de violences susceptibles de mettre en danger un ou plusieurs enfants, il en informe sans délai le procureur de la République. »

II. – L'article 515-12 du même code est ainsi modifié :

1° A la fin de la première phrase, les mots : « quatre mois » sont remplacés par les mots : « six mois à compter de la notification de l'ordonnance » ;

2° La deuxième phrase est complétée par les mots : « ou si le juge aux affaires familiales a été saisi d'une requête relative à l'exercice de l'autorité parentale ».

III. – Au premier alinéa de l'article 515-13 du même code, après le mot : « délivrée », sont insérés les mots : « en urgence ».

Article 33

La dernière phrase du 5° de l'article 41-1 du code de procédure pénale est remplacée par quatre phrases ainsi rédigées :

« Lorsque des violences ont été commises par le conjoint ou l'ancien conjoint de la victime, son partenaire lié par un pacte civil de solidarité ou son ancien partenaire, son concubin ou son ancien concubin, il n'est procédé à la mission de médiation que si la victime en a fait expressément la demande. Dans cette hypothèse, l'auteur des violences fait également l'objet d'un rappel à la loi en application du 1° du présent article. Lorsque, après le déroulement d'une mission de médiation entre l'auteur des faits et la victime, de nouvelles violences sont commises par le conjoint ou l'ancien conjoint de la victime, son partenaire lié par un pacte civil de solidarité ou son ancien partenaire, son concubin ou son ancien concubin, il ne peut être procédé à une nouvelle mission de médiation. Dans ce cas, sauf circonstances particulières, le procureur de la République met en œuvre une composition pénale ou engage des poursuites ; ».

Article 34

Le titre II du livre II du code pénal est ainsi modifié :

1° La section 1 du chapitre Ier est complétée par un article 221-5-5 ainsi rédigé :

« *Art. 221-5-5.* – En cas de condamnation pour un crime ou un délit prévu à la présente section, commis par le père ou la mère sur la personne de son enfant ou de l'autre parent, la juridiction de jugement se prononce sur le retrait total ou partiel de l'autorité parentale, en application des articles 378 et 379-1 du code civil. Si les poursuites ont lieu devant la cour d'assises, celle-ci statue sur cette question sans l'assistance des jurés. » ;

2° La section 5 du chapitre II est complétée par un article 222-48-2 ainsi rédigé :

« *Art. 222-48-2.* – En cas de condamnation pour un crime ou un délit prévu aux sections 1, 3 ou 3 *bis*, commis par le père ou la mère sur la personne de son enfant ou de l'autre parent, la juridiction de jugement se prononce sur le retrait total ou partiel de l'autorité parentale, en application des articles 378 et 379-1 du code civil. Si les poursuites ont lieu devant la cour d'assises, celle-ci statue sur cette question sans l'assistance des jurés. »

Article 35

I. – Le code de procédure pénale est ainsi modifié :

1° Le 6° de l'article 41-1 est complété par trois phrases ainsi rédigées :

« Pour l'application du présent 6°, le procureur de la République recueille ou fait recueillir, dans les meilleurs délais et par tous moyens l'avis de la victime sur l'opportunité de demander à l'auteur des faits de résider hors du logement du couple. Sauf circonstances particulières, cette mesure est prise lorsque sont en cause des faits de violences susceptibles d'être renouvelés et que la victime la sollicite. Le procureur de la République peut préciser les modalités de prise en charge des frais afférents à ce logement pendant une durée qu'il fixe et qui ne peut excéder six mois. » ;

2° Le 14° de l'article 41-2 est complété par trois phrases ainsi rédigées :

« Pour l'application du présent 14°, le procureur de la République recueille ou fait recueillir, dans les meilleurs délais et par tous moyens, l'avis de la victime sur l'opportunité de demander à l'auteur des faits de résider hors du logement du couple. Sauf circonstances particulières, cette mesure est prise lorsque sont en cause des faits de violences susceptibles d'être renouvelés et que la victime la sollicite. Le procureur de la République peut préciser les modalités de prise en charge des frais afférents à ce logement pendant une durée qu'il fixe et qui ne peut excéder six mois. » ;

3° Le 17° de l'article 138 est complété par trois phrases ainsi rédigées :

« Pour l'application du présent 17°, le juge d'instruction recueille ou fait recueillir, dans les meilleurs délais et par tous moyens, l'avis de la victime sur l'opportunité d'astreindre l'auteur des faits à résider hors du logement du couple. Sauf circonstances particulières, cette mesure est prise lorsque sont en cause des faits de violences susceptibles d'être renouvelés et que la victime la sollicite. Le juge d'instruction peut préciser les modalités de prise en charge des frais afférents à ce logement. »

II. – Le 19° de l'article 132-45 du code pénal est complété par trois phrases ainsi rédigées :

« Pour l'application du présent 19°, l'avis de la victime est recueilli, dans les meilleurs délais et par tous moyens, sur l'opportunité d'imposer au condamné de résider hors du logement du couple. Sauf circonstances particulières, cette mesure est prise lorsque sont en cause des faits de violences susceptibles d'être renouvelés et que la victime la sollicite. La juridiction peut préciser les modalités de prise en charge des frais afférents à ce logement. »

Article 36

Après l'article 41-3 du code de procédure pénale, il est inséré un article 41-3-1 ainsi rédigé :

« *Art. 41-3-1.* – En cas de grave danger menaçant une personne victime de violences de la part de son conjoint, de son concubin ou de son partenaire lié par un pacte civil de solidarité, le procureur de la République peut attribuer à la victime, pour une durée renouvelable de six mois et si elle y consent expressément, un dispositif de téléprotection lui permettant d'alerter les autorités publiques. Avec l'accord de la victime, ce dispositif peut, le cas échéant, permettre sa géolocalisation au moment où elle déclenche l'alerte.

« Le dispositif de téléprotection ne peut être attribué qu'en l'absence de cohabitation entre la victime et l'auteur des violences et lorsque ce dernier a fait l'objet d'une interdiction judiciaire d'entrer en contact avec la victime dans le cadre d'une ordonnance de protection, d'une alternative aux poursuites, d'une composition pénale, d'un contrôle judiciaire, d'une assignation à résidence sous surveillance électronique, d'une condamnation, d'un aménagement de peine ou d'une mesure de sûreté.

« Le présent article est également applicable lorsque les violences ont été commises par un ancien conjoint ou concubin de la victime, ou par une personne ayant été liée à elle par un pacte civil de solidarité, ainsi qu'en cas de grave danger menaçant une personne victime de viol. »

Article 37

La loi n° 48-1360 du 1er septembre 1948 portant modification et codification de la législation relative aux rapports des bailleurs et locataires ou occupants de locaux d'habitation ou à usage professionnel et instituant des allocations de logement est ainsi modifiée :

1° Le I de l'article 5 est complété par un alinéa ainsi rédigé :

« Le maintien reste acquis au conjoint, au partenaire lié par un pacte civil de solidarité ou au concubin de l'occupant, lorsque cet occupant a fait l'objet d'une condamnation devenue définitive, assortie d'une obligation de résider hors du domicile ou de la résidence du couple, pour des faits de violences commis sur son conjoint, son concubin, son partenaire lié par un pacte civil de solidarité ou sur leurs enfants. » ;

2° L'article 10 est complété par un 12° ainsi rédigé :

« 12° Qui ont fait l'objet d'une condamnation devenue définitive, assortie d'une obligation de résider hors du domicile ou de la résidence du couple, pour des faits de violences commis sur leur conjoint, leur concubin, leur partenaire lié par un pacte civil de solidarité ou sur leurs enfants. »

Article 38

L'article L. 345-1 du code de l'action sociale et des familles est complété par un alinéa ainsi rédigé :

« Les personnels des centres d'hébergement et de réinsertion sociale sont tenus au secret professionnel dans les conditions prévues aux articles 226-13 et 226-14 du code pénal. Par dérogation au même article 226-13, ils peuvent échanger entre eux les informations confidentielles dont ils disposent et qui sont strictement nécessaires à la prise de décision. »

Article 39

A l'article 222-16 du code pénal, après le mot : « réitérés », sont insérés les mots : « , les envois réitérés de messages malveillants émis par la voie des communications électroniques ».

Article 40

A l'article 222-33-2 et au premier alinéa de l'article 222-33-2-1 du même code, le mot : « agissements » est remplacé par les mots : « propos ou comportements ».

Article 41

La section 3 *bis* du chapitre II du titre II du livre II du même code est complétée par un article 222-33-2-2 ainsi rédigé :

« *Art. 222-33-2-2.* – Le fait de harceler une personne par des propos ou comportements répétés ayant pour objet ou pour effet une dégradation de ses conditions de vie se traduisant par une altération de sa santé physique ou mentale est puni d'un an d'emprisonnement et de 15 000 € d'amende lorsque ces faits ont causé une incapacité totale de travail inférieure ou égale à huit jours ou n'ont entraîné aucune incapacité de travail.

« Les faits mentionnés au premier alinéa sont punis de deux ans d'emprisonnement et de 30 000 € d'amende :

« 1° Lorsqu'ils ont causé une incapacité totale de travail supérieure à huit jours ;

« 2° Lorsqu'ils ont été commis sur un mineur de quinze ans ;

« 3° Lorsqu'ils ont été commis sur une personne dont la particulière vulnérabilité, due à son âge, à une maladie, à une infirmité, à une déficience physique ou psychique ou à un état de grossesse, est apparente ou connue de leur auteur ;

« 4° Lorsqu'ils ont été commis par l'utilisation d'un service de communication au public en ligne.

« Les faits mentionnés au premier alinéa sont punis de trois ans d'emprisonnement et de 45 000 € d'amende lorsqu'ils sont commis dans deux des circonstances mentionnées aux 1° à 4°. »

Article 42

I. – Le premier alinéa de l'article L. 1153-5 du code du travail est complété par les mots : « , d'y mettre un terme et de les sanctionner ».

II. – Le code de la défense est ainsi modifié :

1° Aux premier et septième alinéas de l'article L. 4123-10, après le mot : « violences », sont insérés les mots : « , harcèlements moral ou sexuel » ;

2° Après l'article L. 4123-10, sont insérés des articles L. 4123-10-1 et L. 4123-10-2 ainsi rédigés :

« *Art. L. 4123-10-1.* – Aucun militaire ne doit subir les faits :

« 1° Soit de harcèlement sexuel, constitué par des propos ou comportements à connotation sexuelle répétés qui soit portent atteinte à sa dignité en raison de leur caractère dégradant ou humiliant, soit créent à son encontre une situation intimidante, hostile ou offensante ;

« 2° Soit assimilés au harcèlement sexuel, consistant en toute forme de pression grave, même non répétée, exercée dans le but réel ou apparent d'obtenir un acte de nature sexuelle, que celui-ci soit recherché au profit de l'auteur des faits ou au profit d'un tiers.

« Aucune mesure concernant notamment le recrutement, la titularisation, la formation, la notation, la discipline, la promotion, l'affectation et la mutation ne peut être prise à l'égard d'un militaire :

« *a)* Parce qu'il a subi ou refusé de subir les faits de harcèlement sexuel mentionnés aux trois premiers alinéas, y compris, dans le cas mentionné au 1°, si les propos ou comportements n'ont pas été répétés ;

« *b)* Parce qu'il a formulé un recours auprès d'un supérieur hiérarchique ou engagé une action en justice visant à faire cesser ces faits ;

« *c)* Ou parce qu'il a témoigné de tels faits ou qu'il les a relatés.

« Est passible d'une sanction disciplinaire tout agent ou militaire ayant procédé ou enjoint de procéder aux faits de harcèlement sexuel mentionnés aux trois premiers alinéas.

« *Art. L. 4123-10-2.* – Aucun militaire ne doit subir les agissements répétés de harcèlement moral qui ont pour objet ou pour effet une dégradation des conditions de travail susceptible de porter atteinte à ses droits et à sa dignité, d'altérer sa santé physique ou mentale ou de compromettre son avenir professionnel.

« Aucune mesure concernant notamment le recrutement, la titularisation, la formation, la notation, la discipline, la promotion, l'affectation et la mutation ne peut être prise à l'égard d'un militaire en prenant en considération :

« 1° Le fait qu'il ait subi ou refusé de subir les agissements de harcèlement moral mentionnés au premier alinéa ;

« 2° Le fait qu'il ait exercé un recours auprès d'un supérieur hiérarchique ou engagé une action en justice visant à faire cesser ces agissements ;

« 3° Ou le fait qu'il ait témoigné de tels agissements ou qu'il les ait relatés.

« Est passible d'une sanction disciplinaire tout agent ou militaire ayant procédé ou ayant enjoint de procéder aux agissements définis ci-dessus. »

Article 43

Au premier alinéa de l'article 222-33-3 du code pénal, après la référence : « à 222-31 », est insérée la référence : « et 222-33 ».

Article 44

Avant le dernier alinéa de l'article L. 114-3 du code de l'action sociale et des familles, il est inséré un *k* ainsi rédigé :

« *k)* Des actions de sensibilisation et de prévention concernant les violences faites aux femmes handicapées. »

Article 45

La section 4 du chapitre Ier du titre Ier du livre III du code de l'entrée et du séjour des étrangers et du droit d'asile est complétée par un article L. 311-18 ainsi rédigé :

« *Art. L. 311-18.* – La délivrance et le renouvellement d'un titre de séjour aux étrangers mentionnés aux deuxième et dernière phrases du deuxième alinéa de l'article L. 313-12, aux articles L. 316-1, L. 316-3, L. 316-4 ou au dernier alinéa de l'article L. 431-2 sont exonérés de la perception des taxes prévues aux articles L. 311-13 et L. 311-14 et du droit de timbre prévu à l'article L. 311-16. »

Article 46

Le même code est ainsi modifié :

1° Après le 9° de l'article L. 314-11, il est inséré un 10° ainsi rédigé :

« 10° A l'étranger qui remplit les conditions prévues au second alinéa de l'article L. 316-1. » ;

2° Au second alinéa de l'article L. 316-1, les mots : « peut être délivrée » sont remplacés par les mots : « est délivrée de plein droit ».

Article 47

A la deuxième phrase du deuxième alinéa de l'article L. 313-12 et à la première phrase du dernier alinéa de l'article L. 431-2 du même code, les mots : « la communauté de vie a été rompue en raison de violences conjugales qu'il a subies de la part de son conjoint » sont remplacés par les mots : « l'étranger a subi des violences conjugales de la part de son conjoint et que la communauté de vie a été rompue ».

Article 48

Le premier alinéa de l'article L. 316-1 du même code est complété par une phrase ainsi rédigée :

« Elle est renouvelée pendant toute la durée de la procédure pénale, sous réserve que les conditions prévues pour sa délivrance continuent d'être satisfaites. »

Article 49

L'article L. 316-4 du même code est complété par un alinéa ainsi rédigé :

« Le refus de délivrer la carte prévue au premier alinéa du présent article ne peut être motivé par la rupture de la vie commune. »

Article 50

I. – Au 2° de l'article 41-1 du code de procédure pénale, après le mot : « parentale », sont insérés les mots : « , d'un stage de responsabilisation pour la prévention et la lutte contre les violences au sein du couple et sexistes ».

II. – Après le 17° de l'article 41-2 du même code, il est inséré un 18° ainsi rédigé :

« 18° Accomplir à ses frais un stage de responsabilisation pour la prévention et la lutte contre les violences au sein du couple et sexistes. »

III. – L'article 132-45 du code pénal est complété par un 20° ainsi rédigé :

« 20° Accomplir à ses frais un stage de responsabilisation pour la prévention et la lutte contre les violences au sein du couple et sexistes. »

IV. – Après le 14° du I de l'article 222-44 du même code, il est inséré un 15° ainsi rédigé :

« 15° La réalisation, à leurs frais, d'un stage de responsabilisation pour la prévention et la lutte contre les violences au sein du couple et sexistes. »

Article 51

L'article 21 de la loi n° 2010-769 du 9 juillet 2010 relative aux violences faites spécifiquement aux femmes, aux violences au sein des couples et aux incidences de ces dernières sur les enfants est ainsi rédigé :

« *Art. 21.* – La formation initiale et continue des médecins, des personnels médicaux et paramédicaux, des travailleurs sociaux, des magistrats, des fonctionnaires et personnels de justice, des avocats, des personnels enseignants et d'éducation, des agents de l'état civil, des personnels d'animation sportive, culturelle et de loisirs, des personnels de la police nationale, des polices municipales et de la gendarmerie nationale, des personnels de préfecture chargés de la délivrance des titres de séjour, des personnels de l'Office français de protection des réfugiés et apatrides et des agents des services pénitentiaires comporte une formation sur les violences intrafamiliales, les violences faites aux femmes ainsi que sur les mécanismes d'emprise psychologique. »

Article 52

Au deuxième alinéa de l'article 8 du code de procédure pénale, la référence : « 222-30 » est remplacée par la référence : « 222-29-1 ».

Article 53

Le code de l'éducation est ainsi modifié :

1° L'article L. 232-3 est ainsi modifié :

a) Après le deuxième alinéa, il est inséré un alinéa ainsi rédigé :

« La récusation d'un membre du Conseil national de l'enseignement supérieur et de la recherche peut être prononcée s'il existe une raison objective de mettre en doute son impartialité. La demande de récusation est formée par la personne poursuivie, par le président ou le directeur de l'établissement, par le recteur d'académie ou par le médiateur académique. » ;

b) Au dernier alinéa, les mots : « et leur fonctionnement sont fixées » sont remplacés par les mots : « , leur fonctionnement et les conditions de récusation de leurs membres sont fixés » ;

2° L'article L. 712-6-2 est ainsi modifié :

a) Après le deuxième alinéa, sont insérés deux alinéas ainsi rédigés :

« La récusation d'un membre d'une section disciplinaire peut être prononcée s'il existe une raison objective de mettre en doute son impartialité. L'examen des poursuites peut être attribué à la section disciplinaire d'un autre établissement s'il existe une raison objective de mettre en doute l'impartialité de la section. La demande de récusation ou de renvoi à une autre section disciplinaire peut être formée par la personne poursuivie, par le président ou le directeur de l'établissement, par le recteur d'académie ou par le médiateur académique.

« En cas de renvoi des poursuites devant la section disciplinaire d'un autre établissement, l'établissement d'origine prend en charge, s'il y a lieu, les frais de transport et d'hébergement des témoins convoqués par le président de la section disciplinaire, dans les conditions prévues pour les déplacements temporaires des personnels civils de l'Etat. » ;

b) Après la deuxième phrase du dernier alinéa, est insérée une phrase ainsi rédigée :

« Il détermine également les conditions dans lesquelles la récusation d'un membre d'une section disciplinaire ou l'attribution de l'examen des poursuites à la section disciplinaire d'un autre établissement sont décidées. »

Document n° 2

A. Faciliter la révélation des faits et l'orientation vers l'accompagnement par l'écoute de premier niveau et la formation des professionnel.le.s

Objectif 1 : Renforcer et rendre plus visibles les dispositifs d'écoute et d'accompagnement

Action 1 : Sécuriser le financement de la plateforme d'écoute « 3919 »

Le 3919, géré par la Fédération nationale solidarité Femmes, apporte une écoute anonyme et gratuite aux femmes victimes de toutes formes de violence depuis le 1er janvier 2014. Il permet d'améliorer le premier accueil des victimes, en favorisant le partenariat entre les associations nationales spécialisées dans leur prise en charge. Entre le 1er janvier 2014 et le 31 octobre 2016, 140 354 femmes victimes ont été écoutées et orientées. Ce dispositif partenarial sera consolidé et étendu. La convention d'objectifs et de moyens liant le Ministère en charge des droits des femmes avec la Fédération Nationale Solidarité Femmes sera renouvelée.

- Calendrier de réalisation : 2017-2019
- Pilote de l'action : Ministère en charge des droits des femmes

Action 2 : Mettre en place un annuaire national des structures accompagnant les femmes victimes de violence

Un annuaire informatisé, permettant un recensement et une actualisation en ligne de l'ensemble des structures accompagnant les femmes victimes de violences sera réalisé et mis à la disposition des partenaires concernés. Les dispositifs portés par les structures figureront dans une base de données sécurisée, notamment en matière d'accessibilité pour les femmes victimes de violences en situation de handicap.
Les informations ne mettant pas en cause la sécurité des femmes prises en charge par les dispositifs seront publiées sur le site www.stop.violences.gouv.fr.

- Calendrier de réalisation : 2017-2019
- Pilote de l'action : Ministère en charge des droits des femmes
- Contributeur.trice.s : Associations nationales signataires de l'accord de partenariat du 10/12/13

Action 3 : Renforcer les lieux d'écoute, d'accueil et d'orientation et les accueils de jour

Les accueils de jour et les lieux d'écoute, d'accueil et d'orientation constituent deux dispositifs d'accompagnement indispensables pour les femmes victimes de violences. Portés majoritairement par des associations, ils garantissent une prise en charge plus précoce, une plus grande fluidité dans le parcours des femmes pour sortir des violences, un renforcement de la coordination des dispositifs et des acteur.rice.s sur les territoires.
Comme le préconise le Haut Conseil à l'Égalité entre les femmes et les hommes (HCE), ces deux dispositifs seront pérennisés. Le financement des accueils de jour et les lieux d'écoute, d'accueil et d'orientation existants sera ainsi poursuivi pendant toute la durée du plan, en veillant à mesurer l'impact de leur activité sur les territoires. Des enquêtes annuelles seront menées par les équipes territoriales aux droits des femmes et seront confortées par les bilans des associations nationales.
De manière à articuler au mieux leur action, notamment avec les autres dispositifs (Intervenants sociaux en commissariats de police et unités de gendarmeries (ISCG), référents « violences au sein du couple », structures d'hébergement, etc.) et à garantir le meilleur maillage territorial, un groupe de travail sera mis en place sous l'égide du Ministère en charge des droits des femmes en 2018. Il sera composé de représentant.e.s des équipes territoriales aux droits des femmes et s'appuiera sur l'expertise des associations nationales.
Une attention sera également portée à l'engagement d'actions de promotion de ces dispositifs, encore insuffisamment connus des femmes victimes de violences. Les travaux de ce groupe déboucheront sur des préconisations en 2019.

- Calendrier de réalisation : 2018-2019
- Pilote de l'action : Ministère en charge des droits des femmes
- Contributeur.trice.s : Associations portant ces dispositifs

Action 4 : Renforcer le site http://www.stop-violences-femmes.gouv.fr/ et diffuser des dépliants d'information dans les lieux accueillant du public

Le site http://www.stop-violences-femmes.gouv.fr/ délivre toutes les informations utiles et pratiques aux femmes victimes de violences : rappel de la loi, orientation vers les dispositifs existants, etc. En complément, des dépliants sont diffusés dans les lieux accueillant du public. Ces actions seront poursuivies, les contenus seront actualisés autant que nécessaire.

- Calendrier de réalisation : 2017-2019
- Pilote de l'action : MIPROF
- Contributeur.trice.s : Ministère en charge des droits des femmes, DICOM

Objectif 2 : Faciliter l'orientation vers les dispositifs d'écoute et d'accompagnement, notamment par la formation des professionnel.le.s qui constituent le premier recours des femmes victimes de violences

La révélation des violences doit entraîner une orientation rapide et adaptée vers un accompagnement spécialisé. À cet effet, les professionnel.le.s en contact avec les femmes victimes de violences doivent être outillés.

Action 5 : Consolider le dispositif des intervenant.e.s sociaux en commissariats et gendarmeries (ISCG) à hauteur de 358 postes

Les commissariats de police et les gendarmeries constituent un des premiers recours pour les femmes victimes de violences. Il est essentiel qu'elles puissent y recevoir un accueil et une orientation adaptés, à l'interface de l'action policière, sociale et judiciaire. Le développement de ce dispositif, dont la pertinence et l'efficacité sont reconnues de tou.te.s, est inscrit dans la Stratégie Nationale de prévention de la délinquance (2013-2017). Dans ce cadre, le Fonds interministériel de prévention de la délinquance et de la radicalisation contribuera au financement de ce déploiement et soutiendra l'action de l'Association Nationale d'Interventions Sociales en Commissariat et Gendarmerie (*ANISCG*). Un soutien financier plus important des partenaires locaux sera recherché.

- Calendrier de réalisation : 2017-2019
- Pilote de l'action : Secrétariat général du CIPDR
- Contributeur.trice.s : Ministère de l'intérieur, collectivités territoriales

Action 6 : Consolider le dispositif des référents « violences faites aux femmes » au sein des services d'urgences

Les professionnel.le.s de santé constituent également un premier recours pour un quart des femmes victimes de violences. C'est pourquoi des référent.e.s « femmes victimes de violences » ont été nommé.e.s dans les services d'urgence. Ces dernier.ère.s sont formé.e.s au repérage, à la prise en charge et à l'orientation des victimes, afin de forme à leur tour l'ensemble du personnel des urgences, du SAMU et du SMUR. Au 25 novembre 2016, 575 référent.e.s ont été identifié.e.s, issu.e.s de 483 établissements de soins de 91 départements, dont 222 ont d'ores et déjà bénéficié d'une journée de formation. Cette démarche sera poursuivie pendant toute la durée du plan, une prochaine formation étant d'ores et déjà prévue en janvier 2017.

- Calendrier de réalisation : 2017-2019
- Pilote de l'action : Ministère de la santé (DGOS)
- Contributeur.trice.s : MIPROF

Action 7 : **Former l'ensemble des professionnel.le.s au contact des femmes victimes de violences**

Les professionnel.le.s au contact des femmes victimes de violences ont un rôle crucial à jouer en termes de repérage et d'orientation, que ce soit dans les champs de la santé, de la sécurité, du social, du judiciaire, de l'éducation, etc. Leur formation initiale et continue constitue un enjeu pour favoriser leur implication. Depuis la loi du 4 août 2014 pour l'égalité réelle entre les femmes et les hommes (article 51), elle est désormais obligatoire pour de nombreux.ses professionnel.le.s :
«La formation initiale et continue des médecins, des personnels médicaux et paramédicaux, des travailleurs sociaux, des magistrats, des fonctionnaires et personnels de justice, des avocats, des personnels enseignants et d'éducation, des agents de l'état civil, des personnels d'animation sportive, culturelle et de loisirs, des personnels de la police nationale, des polices municipales et de la gendarmerie nationale, des personnels de préfecture chargés de la délivrance des titres de séjour, des personnels de l'Office français de protection des réfugiés et apatrides et des agents des services pénitentiaires comporte une formation sur les violences intrafamiliales, les violences faites aux femmes ainsi que sur les mécanismes d'emprise psychologique. »

A cet effet, des actions ont été engagées, sous l'égide de la MIPROF et en lien avec les ministères et acteur.trice.s concerné.e.s. Ces actions peuvent être de diverses natures : mise à disposition des professionnel.le.s concerné.e.s et intéressé.e.s des outils, proposition de stages en formation continue, dans l'objectif à terme de proposer ce sujet dès l'ensemble des formations initiales des professionnel.le.s et des sujets d'examen possibles.

Dans le cadre du 4e plan, des outils de formation ont été élaborés par la mission interministérielle de protection des femmes contre les violences et de lutte contre la traite des êtres humains (MIPROF), en lien avec les ministères concernés. Ils sont disponibles sur le site http://stop-violences-femmes.gouv.fr/. De nombreuses actions de formation ont été engagées, notamment en direction des professionnel.le.s de santé, des travailleur.e.s sociaux.ales, des forces de l'ordre, des magistrat.e.s, etc. Plus de 300 000 professionnel.le.s ont été formé.e.s avec ces nouveaux outils depuis 2014, en complément des actions de formation réalisées en interne par les ministères, les écoles de service public ou les collectivités territoriales.

La qualité de la démarche engagée et l'impact positif de ces formations ont été salués par le Haut Conseil à l'Egalité entre les femmes et les hommes. Cette dynamique demande à être maintenue et élargie à d'autres professionnel.le.s et à d'autres violences, pour améliorer la détection et la compréhension de toutes les violences faites aux femmes.

C'est l'objectif du 5ème plan, qui conforte l'intégration des violences faites aux femmes comme objet d'étude en formation initiale de certains professionnel.le.s (pompier.e.s, travailleur.euse.s sociaux, et développe de nouveaux outils de formation, en particulier concernant les violences sexuelles et les jeunes femmes, et à destination des acteur.rice.s de l'action sociale. Le tableau en annexe 2 récapitule l'ensemble des actions réalisées ou à venir par profession.

Action 8 : **Pérenniser les postes de « référent.e départemental.e pour les femmes victimes de violences au sein du couple »**

Pour assurer une mission de coordination de proximité des acteurs et des actrices autour des victimes, des postes de « référent.e.s départementaux pour les femmes victimes de violences au sein du couple » existent dans 52 départements. Dans certains, ils assurent par ailleurs une mission d'accompagnement des femmes bénéficiant du téléphone grave danger (TGD). Ce dispositif est bien ancré dans les territoires et jugé très pertinent, notamment dans des territoires ruraux.
Dans le cadre de la circulaire annuelle d'orientation des crédits du fonds interministériel de prévention de la délinquance et de la radicalisation (FIPDR) aux préfet.e.s, il leur sera demandé de maintenir leur soutien à ce dispositif et d'encourager l'ensemble des acteur.trice.s et financeurs locaux (FIPDR, collectivités locales, équipes territoriales aux droits des femmes, etc.) à faire de même.

- Calendrier de réalisation : 2017-2019
- Pilote de l'action : Ministère en charge des droits des femmes (DGCS/SDFE)
- Contributeur.trice.s: Ministère de la justice, Secrétariat général du CIPDR, collectivités locales

B. Mettre à l'abri, dans l'urgence, les femmes victimes de violences

Objectif 3 : Proposer une réponse adaptée aux besoins d'hébergement des femmes victimes de violences

Les femmes victimes de violences, en particulier conjugales, peuvent être amenées à quitter le domicile. Leur départ s'effectue souvent dans l'urgence et dans un contexte de danger avéré. Leur situation requiert une mise en sécurité immédiate dans un lieu adapté et une prise en charge spécifique. Pour répondre à ces besoins, différentes actions ont été engagées, notamment :

Action 9 : **Accroître l'offre d'hébergement d'urgence pour parvenir à 2 000 places dédiées aux femmes victimes de violences**

En complément de l'accueil dans le parc généraliste, la création d'ici 2017 de 1 650 solutions d'hébergement d'urgence nouvelles, dédiées et adaptées aux femmes victimes de violences avait été annoncée en 2014, dans le cadre du Plan pluriannuel de lutte contre la pauvreté et pour l'inclusion sociale. Au 30 juin 2016, 1 515 nouvelles places d'hébergement étaient créées. Leur taux d'occupation s'élève à 95 %. Ces places seront pérennisées.
Par ailleurs, 350 solutions d'hébergement supplémentaires seront créées dans le cadre du 5e plan, dont 100 seront réservées aux femmes de 18-25 ans sans enfants.
En complément, des appels à projets régionaux permettront de répondre localement aux besoins identifiés dans le cadre des diagnostics à 360° menés chaque année, qui permettent de recenser l'offre et les besoins existants.

- Calendrier de réalisation : 2017-2019
- Pilote de l'action : Ministère du logement (DGCS) et au niveau local, les DRDJSCS.
- Contributeur.trice.s : au niveau local, les équipes territoriales aux droits des femmes

Action 10 : **Poursuivre le conventionnement entre les Services Intégrés d'Accueil et d'Orientation (SIAO) et les associations spécialisées**

Le partenariat entre les SIAO (désormais l'instance de coordination départementale notamment de repérage des besoins) et les associations spécialisées permet de proposer des réponses adaptées aux femmes victimes de violences. En 2016, 92 SIAO avaient conclu un tel partenariat avec les associations spécialisées. Les bonnes pratiques sur les territoires seront recensées, notamment dans le cadre des diagnostics à 360°, pour une capitalisation et une diffusion au niveau national.

- Calendrier de réalisation : 2017-2019
- Pilote de l'action : Ministère du logement (DGCS) et au niveau local, le préfet
- Contributeur.trice.s : au niveau local, les acteur.trice.s de l'hébergement et du logement (adapté et ordinaire)

Action 11 : **Améliorer la connaissance sur les besoins et l'offre en matière d'hébergement des femmes victimes de violences**

Le système d'information (SI) du Service Intégré d'Accueil et d'Orientation (SIAO) intégrera désormais l'item spécifique « personnes victimes de violences au sein du couple ». L'exploitation des nouvelles données collectées améliorera la connaissance des parcours des femmes victimes de violence au sein du couple, afin d'adapter au mieux leur prise en charge.
Chaque année, les diagnostics territoriaux dits « à 360°» seront actualisés pour permettre une analyse des besoins et de l'évolution de l'offre d'hébergement et de logement sur les territoires. Ils nourriront notamment les Plans départementaux d'action pour le logement et l'hébergement des personnes défavorisées (PDALHPD).

- Calendrier de réalisation : 2017
- Pilote de l'action : Ministère du logement (DGCS)
- Contributeur.trice.s : DDCS et SIAO

Action 12 : **Repérer et accompagner les femmes victimes de violences conjugales dans les centres d'hébergement**

Les femmes victimes de violences doivent pouvoir bénéficier d'un accompagnement répondant à leurs besoins spécifiques dans tous les dispositifs d'hébergement, qu'ils soient généralistes ou spécialisés. À cet effet, des recommandations de bonnes pratiques professionnelles sur le repérage, l'accueil, l'évaluation et l'accompagnement des situations de violence au sein du couple dans les centres d'hébergement et de réinsertion sociale seront élaborées en 2017 par l'Agence nationale de l'évaluation et de la qualité des établissements et services sociaux et médico-sociaux (ANESM) ainsi que sur l'inscription des CHRS dans un réseau coordonné de partenaires. Ces recommandations constitueront les références pour l'évaluation des établissements et services.

- Calendrier de réalisation : 2017
- Pilote de l'action : ANESM
- Contributeur.trices : Ministère du logement, Ministère en charge des droits des femmes

Action 13 : **Former les professionnel.le.s du secteur de l'hébergement**

Dans la continuité des recommandations de l'ANESM, la formation, initiale et continue, des professionnel.le.s du secteur de l'hébergement (personnels des SIAO/115, pôles sociaux des DRJSCS et DDCS, principales têtes de réseaux hébergement) sera développée. Les outils de formation, déjà élaborés sur ce champ par la MIPROF leur seront par ailleurs diffusés.

- Calendrier de réalisation : 2017-2019
- Pilote de l'action : Ministère du logement (DGCS)
- Contributeur.trice.s: MIPROF, DRJSCS et DDCS, associations et SIAO/115

C. Accompagner les femmes victimes pendant la phase judiciaire

Objectif 4 : Faciliter l'entrée dans le parcours judiciaire

De plus en plus de femmes dénoncent les violences qu'elles subissent (14% des femmes victimes de violences au sein du couple déposeraient plainte en 2015, contre 10% en 2013). Ce taux de révélation reste toutefois faible. Les différentes enquêtes de victimation et études sur ce champ mettent en évidence les difficultés des femmes à porter plainte contre les violences qu'elles subissent, liées à un phénomène d'emprise, de culpabilité, ou bien encore à la peur des représailles. Par ailleurs, elles ne disposent pas toujours d'éléments de preuves des violences subies, au moment où elles décident de déposer plainte.

Action 14 : **Poursuivre le signalement systématique aux autorités judiciaires des situations inquiétantes révélées dans les commissariats et gendarmeries**

Le « protocole plainte » réaffirme le principe de l'enregistrement de la plainte de la victime et du signalement des situations inquiétantes aux autorités judiciaires et policières. Le « protocole plainte » national signé par les ministres en charge de l'intérieur, de la justice et des droits des femmes en novembre 2013 a été décliné par 90 parquets (5 protocoles étant en cours d'élaboration). Une augmentation sensible du nombre de procédures traitées est constatée par les parquets. L'impact de ces protocoles locaux sera évalué par des remontées quantitatives et qualitatives.

- Calendrier de réalisation : 2018-2019
- Pilote de l'action : Ministère de la Justice (DACG), Ministère de l'intérieur
- Contributeur.trice.s : Ministère de l'intérieur

Action 15 : Remettre systématiquement à la victime un exemplaire de sa plainte

En complément des récépissés de dépôt de plainte, les procès-verbaux des plaintes pour violences conjugales ou sexuelles seront dorénavant systématiquement remis aux victimes, même en l'absence de demande expresse de cette dernière. Cette systématisation nécessitera la modification du logiciel de traitement des plaintes.

- Calendrier de réalisation : 2018
- Pilote de l'action : Ministère de l'intérieur

Action 16 : Consolider l'harmonisation et l'amélioration des statistiques administratives relatives aux violences faites aux femmes

Un groupe de travail statistique, animé par la MIPROF, aura pour mission de poursuivre l'harmonisation et l'amélioration des données statistiques recueillies par les services de police, de gendarmerie et de la Justice, concernant les violences faites aux femmes. Les ministères concernés maintiendront leurs efforts pour produire des données sexuées, tant en ce qui concerne les victimes que les auteurs. Il s'agit notamment de répondre aux standards posés en matière de recueil de données statistiques par la convention d'Istanbul.

- Calendrier de réalisation : 2017-2019
- Pilote de l'action : MIPROF
- Contributeur.trice.s : Ministère de la justice, Ministère de l'intérieur, Ministère en charge des droits des femmes

Action 17 : Reconnaître le sexisme comme circonstance aggravante de tous les crimes et délits

Le projet de loi Egalité Citoyenneté améliore tout d'abord la répression des délits de provocations, de diffamations et d'injures sexistes et généralise la circonstance aggravante de sexisme à l'ensemble des crimes et délits.

- Calendrier de réalisation : 2017-2019
- Pilote de l'action : Ministère de la justice

Action 18 : Permettre aux ayants-droits de victimes décédées de se constituer partie-civile

Une disposition du projet de loi Egalité Citoyenneté permet à l'un.e des ayants-droit d'une victime de meurtre de faire appel aux associations régulièrement déclarées depuis au moins 5 ans et dont l'objet statutaire comporte notamment la lutte contre les violences sexuelles ou contre les discriminations, pour pouvoir exercer les droits reconnus à la partie civile.

- Calendrier de réalisation : 2017-2019
- Pilote de l'action : Ministère de la justice

Document n° 3

CONVENTION NATIONALE

DE MISE EN ŒUVRE DU

DISPOSITIF DE TELEPROTECTION A DESTINATION DES

PERSONNES EN SITUATION DE TRES GRAVE DANGER

« *TÉLEPHONE GRAVE DANGER* »
(TGD)

Liberté • Égalité • Fraternité
RÉPUBLIQUE FRANÇAISE

CONVENTION DE MISE EN OEUVRE

DU

DISPOSITIF DE TELEPROTECTION A DESTINATION DES PERSONNES EN SITUATION DE TRES GRAVE DANGER (TGD)

ENTRE :

LE MINISTERE DE LA JUSTICE,
Représenté par Monsieur Stéphane VERCLYTTE, Secrétaire Général,
Monsieur Rémy HEITZ, Directeur des affaires criminelles et des grâces,
Monsieur Stéphane BREDIN, Directeur de l'administration pénitentiaire,

LE MINISTERE DE L'INTERIEUR,
Représenté par Monsieur Denis ROBIN, Secrétaire Général,
Monsieur Éric MORVAN, Directeur général de la police nationale,
Monsieur Richard LIZUREY, Directeur général de la gendarmerie nationale,

LE MINISTERE DES SOLIDARITES ET DE LA SANTE,
LE SECRETARIAT D'ETAT CHARGE DE L'EGALITE ENTRE LES FEMMES ET LES HOMMES AUPRES DU PREMIER MINISTRE,
Représenté par Monsieur Jean-Philippe VINQUANT, Directeur Général de la Cohésion Sociale, Délégué interministériel à l'égalité entre les femmes et les hommes
Madame Elisabeth MOIRON-BRAUD, Secrétaire Générale de la MIPROF

LE COMITE INTERMINISTERIEL DE PREVENTION DE LA DELINQUANCE ET DE LA RADICALISATION (CIPDR),
Représenté par Madame Muriel DOMENACH, Secrétaire Générale

LA FEDERATION FRANCE VICTIMES,
Représentée par Monsieur Jérôme BERTIN, Directeur Général

LA FEDERATION NATIONALE DES CENTRES D'INFORMATION SUR LES DROITS DES FEMMES ET DES FAMILLES (FNCIDFF),
Représentée par Madame Annie GUILBERTEAU, Directrice Générale

LA FEDERATION NATIONALE SOLIDARITE FEMMES (FNSF),
Représentée par Madame Françoise BRIE, Directrice Générale

EN PRESENCE DE

LA DELEGUEE INTERMINISTERIELLE A L'AIDE AUX VICTIMES,
Madame Elisabeth PELSEZ

Collectivement désignées "les Parties" et individuellement une "Partie"

PREAMBULE

- Vu la loi n° 2014-873 du 4 août 2014 pour l'égalité réelle entre les femmes et les hommes ;

- Vu l'article 41-3-1 du code de procédure pénale ;

- Vu l'action 22 du 5ème plan interministériel de mobilisation et de lutte contre toutes les violences faites aux femmes 2017/2019 ;

- Vu la circulaire du 24 novembre 2014 du ministère de la Justice ;

- Vu le protocole interministériel signé par le ministère de la Justice, le ministère de l'Intérieur, le ministère des affaires sociales, de la santé et des droits des femmes et le secrétariat d'Etat chargé des droits des femmes relatif à la mise en œuvre du dispositif ;

- Vu les instructions relatives au déploiement du dispositif de téléprotection grave danger (TGD) dans les départements en date du 17 juin 2015 (Ministère de l'Intérieur/SDFE),

Dans l'intérêt des victimes de violences commises au sein du couple et de viols, les parties à la présente convention se sont rapprochées afin de réunir leurs compétences et leurs savoir-faire, chacun dans leur domaine respectif, et de mettre en place localement le dispositif de téléprotection grave danger (TGD).

Ceci étant exposé, il a été convenu

ARTICLE 1 – DEFINITIONS

Chacun des termes mentionnés ci-dessous aura dans la convention la signification suivante

Bénéficiaire : désigne la personne physique ayant accepté, auprès du procureur de la République du ressort dont dépend son lieu de résidence, d'être équipée d'un dispositif de téléprotection grave danger ;

Comité de pilotage national : désigne l'ensemble des parties à la présente convention ;

Comité de pilotage local : désigne l'ensemble des acteurs de terrain engagés dans la mise en œuvre du dispositif au niveau local ;

Terminal : désigne le terminal mobile spécifique mis gratuitement à la disposition du bénéficiaire ;

Tiers : désigne toutes les personnes ou entités autres que les parties.

ARTICLE 2 – OBJET DE LA CONVENTION

La présente convention a pour objet la mise en place du dispositif de téléprotection grave danger dans le ressort des tribunaux de grande instance, en application de l'article 41-3-1 du code de procédure pénale.

Elle vise à définir les conditions et les modalités

- de la mise en œuvre opérationnelle ;
- d'un financement complémentaire éventuel ;
- de la coordination entre les parties et du fonctionnement du comité de pilotage.

ARTICLE 3 – DESCRIPTION DU DISPOSITIF

Le dispositif vise à assurer une protection et une prise en charge globale du bénéficiaire.

Le TGD est un téléphone portable disposant d'une touche préprogrammée et dédiée, permettant au bénéficiaire de joindre, en cas de danger, la plateforme de téléassistance accessible 7j/7 et 24h/24. Cette plateforme est chargée de réguler l'objet de l'appel.

Après avoir procédé à une analyse de la situation et en cas de danger, le téléassisteur, relié par un canal dédié et prioritaire au centre d'information et de commandement de la police nationale et au centre d'opérations et de renseignement de la gendarmerie nationale, demande immédiatement l'intervention des forces de l'ordre qui dépêchent sans délai une patrouille auprès du bénéficiaire.

Le cadre d'intervention des forces de l'ordre est rappelé dans le protocole interministériel adressé à l'ensemble des centres d'information et de commandement de la police nationale et des centres d'opérations et de renseignement de la gendarmerie nationale.

Ce dispositif repose non seulement sur la protection physique du bénéficiaire mais également sur son accompagnement pendant toute la durée de la mesure par une association désignée par le procureur de la République et sa prise en charge globale par l'ensemble des acteurs locaux (associations, conseil départemental, mairie, services sociaux, etc.).

ARTICLE 4 – CONDITIONS D'ATTRIBUTION DU DISPOSITIF

4.1 Le public bénéficiaire

L'attribution du dispositif par le procureur de la République territorialement compétent concerne les victimes de violences mentionnées à l'article 41-3-1 du code de procédure pénale.

4.2 Le signalement

L'association référente désignée par le procureur de la République est chargée de recevoir et de centraliser les situations de grave danger qui lui seront signalées par les professionnels du département (intervenants sociaux en commissariat et unité de gendarmerie, psychologues en commissariat, services sociaux, professionnels de santé, etc.).

Les services enquêteurs de la police nationale et de la gendarmerie nationale, les agents des services pénitentiaires d'insertion et de probation, les magistrats du siège des juridictions pénales, les juges aux affaires familiales ou les juges d'application des peines communiqueront directement le signalement au procureur de la République qui le transmettra pour évaluation à l'association référente.

4.3 L'attribution

L'association référente désignée par le procureur de la République procède à l'analyse des situations qui lui sont communiquées sur la base de critères prédéfinis. A cet effet, elle recueille tous les éléments utiles auprès du bénéficiaire et des professionnels (notamment les autorités judiciaires, le service pénitentiaire d'insertion et de probation, les forces de l'ordre, les services sociaux, les associations ...).

Le procureur de la République est l'autorité compétente pour décider d'attribuer le TGD.

Après avoir recueilli le consentement du bénéficiaire, le procureur de la République ou un représentant désigné par lui, remet le matériel au bénéficiaire et l'invite à prendre connaissance de la fiche d'engagement et à la signer, en présence d'un représentant de l'association.

Le procureur de la République, ou son représentant, transmet alors la fiche de renseignement à la société de téléassistance ainsi que la fiche d'attribution et de renseignements aux forces de l'ordre (police et gendarmerie).

A l'issue de ces formalités, l'association informe le bénéficiaire des modalités de fonctionnement et des procédures à suivre. Une première alerte-test sera effectuée, en présence de l'association, afin de permettre au bénéficiaire de se familiariser avec le dispositif et ainsi vérifier que celui-ci fonctionne correctement.

Le dispositif est attribué pour une durée de 6 mois qui pourra être renouvelée le cas échéant, autant de fois que nécessaire.

ARTICLE 5 – LES COMITES DE PILOTAGE

5.1 Le comité de pilotage national

Le pilotage du dispositif au niveau national est confié au ministère de la justice. A cet effet, il met en place un comité de pilotage national à vocation stratégique, co-animé par le Secrétaire général (Service de l'accès au droit et à la justice et à l'aide aux victimes – SADJAV) et par la direction des affaires criminelles et des grâces (DACG).

Ce comité de pilotage est composé comme suit :

- un représentant du Secrétaire général (SADJAV)
- un représentant de la DACG
- un représentant de la DAP
- un représentant de la DGPN
- un représentant de la DGGN
- un représentant du service des droits des femmes de la DGCS
- un représentant de la MIPROF
- un représentant du CIPDR
- un représentant de France Victimes
- un représentant de la FNCIDFF
- un représentant de la FNSF
- un représentant du prestataire en charge de la téléphonie mobile
- un représentant du prestataire en charge de la téléassistance
- toute autre personne qualifiée pouvant apporter son expérience au comité de pilotage dans le domaine de la lutte contre les violences faites aux femmes et invitée par celui-ci.

Le comité de pilotage se réunit au moins deux fois par an.

Les prestataires retenus dans le cadre du marché public communiquent les éléments nécessaires à l'évaluation du dispositif dans un délai de 10 jours précédant la tenue de ce comité.

5.2 Le comité de pilotage local

Le pilotage du dispositif au niveau local est confié au procureur de la République territorialement compétent. A cet effet, il met en place un comité de pilotage à vocation opérationnelle, qu'il préside.

Les juridictions d'un même département ont la possibilité de constituer un comité de pilotage départemental unique afin d'harmoniser les conditions de mise en œuvre du dispositif.

Ce comité de pilotage est composé comme suit

- Le ou les procureur(s) de la République territorialement compétent(s) ou un représentant.
- Le préfet du département ou un représentant
- Le ou les président(s) de la juridiction ou un représentant
- Des représentants des prestataires (société de téléassistance, opérateur de téléphonie mobile)
- Le commandant de groupement de gendarmerie ou un représentant
- Le directeur départemental de la sécurité publique ou un représentant
- Un représentant de l'association chargée de l'évaluation et de l'accompagnement des bénéficiaires ;
- Le directeur du SPIP ou son représentant
- Des représentants des collectivités territoriales partenaires du dispositif, le cas échéant ;
- Les associations de lutte contre les violences faites aux femmes et d'aide aux victimes conventionnées par la cour d'appel et présentes dans le ressort du ou des tribunaux de grande instance, ainsi que celles portant un dispositif dédié aux femmes victimes de violences
- Le (ou la) délégué(e) départemental aux droits des femmes et à l'égalité.

Le comité de pilotage se réunit une fois tous les trois mois et en tant que de besoin.

L'association référente désignée par le procureur de la République communique au comité de pilotage les éléments nécessaires à l'évaluation quantitative et qualitative du dispositif.

Le comité de pilotage est l'occasion pour les membres de partager les différentes informations relatives aux bénéficiaires ou aux signalements portés récemment à la connaissance des membres afin de coordonner efficacement le dispositif, de planifier éventuellement des attributions en fonction des sorties de détention et également de définir ensemble des mesures nécessaires à l'évolution ou l'amélioration du traitement des situations individuelles.

Il assure, de façon semestrielle, la remontée d'informations vers l'administration centrale du ministère de la Justice par l'intermédiaire des parquets généraux.

ARTICLE 6 – EVALUATION DU DISPOSITIF

Le Comité de pilotage national conduit l'évaluation du dispositif et définit les mesures nécessaires à son évolution.

A cet effet, il s'appuie sur les données statistiques et les informations d'ordre fonctionnel communiquées par l'intermédiaire des parquets généraux au ministère de la Justice (SADJAV et DACG) à une échéance semestrielle.

Le comité de pilotage national ne traite pas de situations individuelles.

ARTICLE 7 – ENGAGEMENTS DES PARTIES

7.1 Engagements communs

Les parties s'engagent communément

à ne pas divulguer, pendant la durée de la présente convention, toute appréciation relative au dispositif, sans l'accord express de chacune des parties ;

à coopérer activement à la mise en place et au suivi du dispositif ;

à s'échanger toute information nécessaire et utile à la réalisation et à l'amélioration du dispositif ;

à mettre en place des actions d'informations et de formation de leurs personnels sur les violences commises au sein du couple et les violences sexuelles, sur le dispositif « Téléphone Grave Danger » et l'ordonnance de protection.

Document n° 4

VIOLENCES AU SEIN DU COUPLE
LA LOI AVANCE
RÉPUBLIQUE FRANÇAISE
MINISTÈRE DES AFFAIRES SOCIALES, DE LA SANTÉ ET DES DROITS DES FEMMES
Cofinancé par le programme PROGRESS de l'Union Européenne
VIOLENCES CONTRE LES FEMMES
LA LOI VOUS PROTÈGE
VIOLENCES FEMMES INFO
APPELEZ LE 3919*
*Appel anonyme et gratuit.
stop-violences-femmes.gouv.fr

Les violences au sein du couple diffèrent des disputes ou conflits conjugaux où deux points de vue s'opposent dans un rapport d'égalité.

- Dans les violences s'exprime un rapport de domination et de prise de pouvoir de l'auteur sur la victime. Par ses propos et comportements, l'auteur veut contrôler et dominer, sinon détruire son/sa partenaire. Ces violences créent un climat de peur et de tension permanent. Les conséquences pour la victime sont désastreuses : peur, culpabilité, perte de l'estime de soi et d'autonomie, isolement, stress.

- Les formes des violences sont multiples (verbales, physiques, psychologiques, économiques, sexuelles) et peuvent se cumuler. L'absence de blessure physique ne signifie pas l'absence de violence. Les violences psychologiques sont reconnues comme des violences par la loi. Aucune violence n'est justifiable.

- La loi protège les victimes et organise pour elles une écoute, une orientation et un accompagnement. Elle prévoit des sanctions, un suivi et/ou une prise en charge pour les auteurs de violences.

Brisez le silence : les professionnel-le-s et les associations spécialisées sont là pour vous aider.

SIGNALEZ LES FAITS À LA POLICE OU À LA GENDARMERIE : VOS DROITS

Que les faits soient anciens ou récents, les policiers et gendarmes ont **l'obligation d'enregistrer votre plainte,** même si vous ne disposez pas d'un certificat médical.
Si vous ne voulez pas déposer plainte, vous pouvez signaler les violences en faisant une déclaration sur main courante (police) ou un procès-verbal de renseignement judiciaire (gendarmerie).
Il s'agit d'un élément de preuve dans le cadre de poursuites ultérieures.
À votre demande, un récépissé de votre déposition vous sera remis ainsi qu'une copie intégrale de votre déclaration.

AU MOMENT DES VIOLENCES

Appelez
- le 17 (police secours) ou le 112 depuis un portable
- le 18 (pompiers)
- le 15 (urgences médicales) ou utilisez le 114 pour les personnes malentendantes.

Pour vous mettre à l'abri, vous avez le droit de quitter le domicile.

Dès que possible, allez à la police ou à la gendarmerie pour le signaler.

Pensez également à consulter un médecin pour faire rédiger un certificat médical.

LES MESURES DE MISE EN SÉCURITÉ POUR VOUS PROTÉGER, LORSQUE VOUS DÉPOSEZ PLAINTE

En cas de dépôt de plainte, des mesures de protection immédiates peuvent être prises par le juge pénal :

- l'interdiction pour l'auteur de vous rencontrer ou de vous approcher ;
- l'interdiction pour l'auteur de fréquenter certains lieux ;
- la dissimulation de votre adresse et votre domiciliation à la police ou à la gendarmerie ;
- l'obligation d'un suivi pour l'auteur ;
- le placement en détention provisoire ;
- l'octroi d'un téléphone de protection pour alerter les forces de sécurité en cas de danger grave.

VOTRE MAINTIEN DANS LE LOGEMENT

À votre demande, et en cas de risque de nouvelles violences, l'éviction de l'auteur des violences peut être prononcée pour vous permettre de rester dans le domicile conjugal.

IL NE VOUS SERA PAS PROPOSÉ DE MÉDIATION PÉNALE SI VOUS NE L'AVEZ PAS EXPRESSÉMENT DEMANDÉE.

QUELQUES CONSEILS POUR ASSURER VOTRE SÉCURITÉ

DES GESTES PEUVENT VOUS AIDER À PRÉPARER VOTRE SÉPARATION ET À FAIRE FACE À UNE ÉVENTUELLE SITUATION DE CRISE

- Identifier des personnes pouvant vous venir en aide en cas d'urgence.
- Contacter une association locale pour les femmes victimes de violences au sein du couple, accueil inconditionnel, gratuit, confidentiel (*cf. site stop-violences-femmes.gouv.fr*).
- Enregistrer dans votre portable et apprendre par cœur les numéros de téléphone importants (police/gendarmerie, SAMU, 3919).
- Informer les enfants sur la conduite à tenir (aller chez les voisins, téléphoner au 17, etc.).
- Mettre à l'abri vos documents importants (papier d'identité, titres de séjour, carte de sécurité sociale, bulletins de salaires, documents bancaires, etc.) et les éléments de preuve des violences (certificats médicaux, récépissé de dépôt de plainte, main courante, lettre de témoignages) : les scanner et les enregistrer dans une boîte e-mail connue uniquement de vous, ou les déposer en lieu sûr (chez votre avocat, des proches ou des associations).
- Ouvrir un compte bancaire personnel à votre nom de naissance avec une adresse différente de celle du domicile conjugal.

LES MESURES DE PROTECTION POSSIBLES DANS LE CADRE DE L'ORDONNANCE DE PROTECTION

Vous êtes **en danger** en raison de violences exercées par votre partenaire ou ex-partenaire, vous pouvez obtenir rapidement du juge aux affaires familiales une ordonnance de protection.

Elle peut être prise **avant** ou **après un dépôt** de plainte.

La durée des mesures de protection est de 6 mois.

Vous pouvez demander à bénéficier provisoirement de l'aide juridictionnelle pour couvrir les frais d'avocats et les éventuels frais d'huissier et d'interprète.

Si l'auteur des violences ne respecte pas ces mesures, vous pouvez déposez plainte, car il s'agit d'un délit puni de 2 ans d'emprisonnement et de 15000 € d'amende.

Pour votre sécurité, si vous êtes en situation de grave danger, un téléphone de protection peut vous être remis pour vous permettre d'alerter immédiatement les forces de sécurité.

Le juge peut vous autoriser à dissimuler votre adresse et à élire domicile chez un avocat, auprès du procureur de la République ou d'une personne morale qualifiée (associations).

POUR VOTRE PROTECTION ET CELLE DE VOS ENFANTS

En urgence, les mesures de protection pouvant être ordonnées par le juge :

- l'attribution du logement à la victime, sauf circonstances particulières ;
- l'expulsion de l'auteur des violences du domicile du couple ;
- l'Interdiction à l'auteur d'entrer en contact avec vous ;
- l'interdiction de détenir ou de posséder une arme.

Pour vos enfants, le juge fixera les **modalités d'exercice de l'autorité parentale** et éventuellement la contribution à l'entretien et à l'éducation des enfants.

Vous pouvez obtenir **l'interdiction de sortie du territoire pour les enfants.**

LA LOI FRANÇAISE PROTÈGE TOUTES LES FEMMES VICTIMES DE VIOLENCES CONJUGALES VIVANT EN FRANCE, QUELLES QUE SOIENT LEUR NATIONALITÉ ET LEUR SITUATION JURIDIQUE DE SÉJOUR

SI VOUS BÉNÉFICIEZ D'UNE ORDONNANCE DE PROTECTION :

la **délivrance ou le renouvellement** de votre carte de séjour, que vous soyez en situation régulière ou irrégulière, est **automatique.**
Vous serez dispensée de payer les taxes et frais lors de la délivrance ou le renouvellement de votre titre de séjour.

DES PROFESSIONNEL-LE-S POUR VOUS ÉCOUTER ET VOUS AIDER

Que les violences soient anciennes ou récentes, il faut en parler pour en sortir.

UN NUMÉRO NATIONAL
UNIQUE D'ÉCOUTE :
3919
(VIOLENCES FEMMES INFO)

- Victimes, proches, professionnel-le-s, contactez sans hésitation le 3919, le numéro d'écoute gratuit et anonyme, depuis un poste fixe ou un mobile, partout en France. Si vous appelez depuis la France, l'appel n'apparaîtra pas sur votre facture téléphonique. Il est ouvert 7j/7 du lundi au vendredi de 9 h à 22 h et les samedis, dimanches et jours fériés de 9 h à 18 h.
- Des professionnel-le-s sont là, bienveillant-e-s et formé-e-s, pour vous écouter, sans jugement.
- Une orientation vers les dispositifs locaux vous sera proposée.

Le 3919 n'est pas un numéro d'appel d'urgence.

DES ASSOCIATIONS SPÉCIALISÉES

- Fédération nationale solidarité femmes **www.solidaritefemmes.org**
- Centre national d'information sur les droits des femmes et des familles **www.infofemmes.com**
- Mouvement français pour le planning familial **www.planning-familial.org**
- Collectif féministe contre le viol **www.cfcv.asso.fr**
- Femmes solidaires **http://www.femmes-solidaires.org**

Retrouvez toutes les informations utiles sur **http://stop-violences-femmes.gouv.fr**

LA LOI DU 4 AOÛT 2014 POUR L'ÉGALITÉ RÉELLE ENTRE LES FEMMES ET LES HOMMES : DES AVANCÉES CONCRÈTES POUR LES VICTIMES DE VIOLENCES CONJUGALES

L'ORDONNANCE DE PROTECTION RENFORCÉE : UNE PROTECTION DES VICTIMES, MÊME SANS DÉPÔT DE PLAINTE, INTERVENANT PLUS VITE, DURANT PLUS LONGTEMPS ET COUVRANT MIEUX LEURS ENFANTS

LE TÉLÉPHONE PORTABLE GRAVE DANGER GÉNÉRALISÉ POUR PROTÉGER LES FEMMES EN GRAVE DANGER VICTIMES DE VIOLENCES CONJUGALES OU DE VIOLS

L'AUTORITÉ PARENTALE DE L'AUTEUR D'UN CRIME OU DÉLIT SUR L'AUTRE PARENT OU SON ENFANT EST SYSTÉMATIQUEMENT MISE EN QUESTION PAR LA JUSTICE

LA MÉDIATION PÉNALE STRICTEMENT LIMITÉE POUR LES VIOLENCES CONJUGALES : ELLE N'EST DÉSORMAIS POSSIBLE QU'À LA DEMANDE EXPRESSE DE LA VICTIME

L'ÉVICTION DU CONJOINT VIOLENT DU DOMICILE DEVIENT LA RÈGLE

LA CRÉATION D'UN STAGE DE RESPONSABILISATION DESTINÉ AUX AUTEURS DE VIOLENCES CONJUGALES POUR PRÉVENIR LA RÉCIDIVE

LES CENTRES D'HÉBERGEMENT DÉSORMAIS EN MESURE DE GARANTIR LA CONFIDENTIALITÉ

LA GRATUITÉ DE LA DÉLIVRANCE ET DU RENOUVELLEMENT DE TITRES DE SÉJOUR POUR LES FEMMES ÉTRANGÈRES VICTIMES DE VIOLENCES

UNE OBLIGATION DE FORMATION INITIALE ET CONTINUE DE TOUS LES PROFESSIONNEL-LE-S EN CONTACT AVEC LES FEMMES VICTIMES DE VIOLENCES

UN RENFORCEMENT DE LA LUTTE CONTRE TOUTES LES FORMES DE HARCÈLEMENT ET DES PROTECTIONS NOUVELLES POUR LES VICTIMES

LE RENFORCEMENT DE LA LUTTE CONTRE LES MARIAGES FORCÉS : LE CONSENTEMENT AU MARIAGE VÉRIFIÉ, QUELLE QUE SOIT LA LOI PERSONNELLE DES ÉPOUX

Comment ça se passe dans votre couple ?

Il me dit

- « Tu n'es même pas capable de faire cuire un steak, tu n'es bonne à rien ».
- « T'es nulle, tu ne ressembles à rien ».
- « Je vais te tuer ».

Il me fait subir

- Il veut toujours savoir où et avec qui je suis.
- Il ne supporte pas que je voie mes ami-e-s, ma famille.
- Il garde mes papiers, m'a retiré ma carte de séjour.
- Je travaille, mais c'est lui qui détient mon carnet de chèques et ma carte bancaire.
- Quand j'entends la porte de la maison s'ouvrir, je me demande ce qui va se passer ce soir, j'ai peur.
- Il vous agresse, puis vous promet de ne plus recommencer et de changer.
- Il vous force à avoir des relations sexuelles alors que vous ne le voulez pas.

Si vous vous reconnaissez dans certaines de ces situations, vous êtes victime de violences. Vous n'en êtes pas responsable. La loi vous protège.

Il faut chercher de l'aide pour sortir de l'isolement et vous protéger, vous et, le cas échéant vos enfants.

Vous n'êtes pas seule, des professionnel-le-s sont là, formé-e-s pour vous écouter sans jugement et vous aider à reprendre votre vie en main.

FACE AUX VIOLENCES, LIBÉRONS LA PAROLE

« Aux femmes victimes de violences, je veux dire qu'elles ne sont pas seules et qu'elles peuvent être accompagnées et protégées. »

Pascale BOISTARD
Secrétaire d'Etat
chargée des Droits des femmes

« Les violences conjugales sont l'affaire de toutes et tous. Pour prévenir les violences, accueillir, conseiller et protéger les victimes, la loi avance. Ensemble, avec les professionnels et les associations, refusons le silence ! »

Marisol Touraine
Ministre des Affaires sociales,
de la Santé et des Droits des femmes

VIOLENCES FEMMES INFO
APPELEZ LE
3919*
*Appel anonyme et gratuit.

Renseignez-vous sur
stop-violences-femmes.gouv.fr

EFFACER LES TRACES DE VOTRE PASSAGE
QUITTER RAPIDEMENT CE SITE

Zone de repiquage

DICOM n°S14-19

Soixante propositions pour lutter contre les violences conjugales

Les onze groupes de travail du Grenelle doivent se retrouver mardi pour présenter le fruit de leurs réflexions, comme par exemple faire du suicide forcé une circonstance aggravante.

Par Yann Bouchez et Solène Cordier Publié le 28 octobre 2019 à 19h21 - Mis à jour le 29 octobre 2019 à 13h27

Temps de Lecture 5 min.

Marlène Schiappa lors du lancement du Grenelle des violences conjugales à Matignon à Paris, le 3 septembre. ERIC FEFERBERG / AFP

Le 3 septembre, c'est depuis Matignon qu'Edouard Philippe avait officiellement lancé le Grenelle des violences conjugales. Mardi 29 octobre, c'est cette fois l'hôtel de Cassini, datant du XVIIIe siècle et dont le jardin jouxte celui de Matignon, qui a été choisi comme cadre. Autour de Marlène Schiappa, secrétaire d'Etat à l'égalité entre les femmes et les hommes, les membres des onze groupes de travail doivent se retrouver pour présenter le fruit de leurs réflexions sur la lutte contre les violences conjugales, ces dernières touchant 220 000 femmes chaque année.

Depuis deux mois, des représentants d'associations, de l'Etat et de ses services déconcentrés se sont réunis autour de différentes thématiques : violences intrafamiliales, accueil au commissariat ou en gendarmerie, éducation et prévention, outre-mer, santé, handicap, monde du travail, coopération entre les numéros de téléphone 115 (hébergement d'urgence) et le 3919 (violences sexistes et sexuelles), justice, violences psychologiques et emprise, et violences économiques.

Deux à trois réunions ont été organisées dans chaque groupe de travail, qui rassemblait en moyenne entre vingt et trente personnes – à l'exception notable des 71 membres du groupe justice et des quatre de celui traitant du monde du travail. Après avoir procédé à des auditions, ils ont avancé leurs idées, résumées en une soixantaine de propositions.

« Brevet contre la violence »

Comme attendu, les groupes de travail soulignent la nécessité de poursuivre et d'intensifier la formation

Comme attendu, les groupes de travail soulignent la nécessité de poursuivre et d'intensifier la formation auprès des professionnels de la santé, des forces de l'ordre, mais aussi au sein de l'école – avec la mise en place d'un « brevet contre la violence » – ou des entreprises. Mais des changements dans l'arsenal législatif sont aussi évoqués. Le groupe justice recommande ainsi de permettre *« au médecin et à tout soignant de porter à la connaissance des autorités, sans l'accord de la victime, des faits de violences conjugales en cas de risque sérieux de renouvellement de celles-ci »*. Pour l'instant, le code pénal les autorise à se passer de cet accord seulement si la victime est mineure ou n'est *« pas en mesure de se protéger en raison de son âge ou de son incapacité physique ou psychique »*, selon l'alinéa 2 de l'article 226-14. *« Il faut que le médecin soit très transparent vis-à-vis de la victime pour qu'elle ne subisse pas ce signalement »*, précise Jérôme Bertin, directeur général de France Victimes et participant du groupe justice, qui voit dans les soignants des *« prescripteurs d'aides »*.

Cette proposition revient aussi à mieux prendre en compte le phénomène de l'emprise, qui empêche certaines femmes de dénoncer ce qu'elles subissent. Le groupe sur les violences psychologiques et l'emprise, piloté par l'avocate Yael Mellul, préconise d'ailleurs de définir ces deux notions et d'en *« préciser les éléments constitutifs »*. Si le harcèlement conjugal peut déjà être puni de cinq ans de prison et de 75 000 euros d'amende, il est proposé de faire du suicide forcé de la victime une circonstance aggravante.

La synthèse de ces travaux ne contient pas de préconisation en direction des auteurs de violences conjugales. Seul l'accompagnement des victimes et de leurs familles est évoqué. Dans les cas d'homicide volontaire, le groupe justice souhaite décharger les descendants de leur obligation alimentaire envers le parent meurtrier. Le groupe violences économiques propose, quant à lui, de *« redéfinir la procédure et les critères d'indemnisation des victimes* (…) *en s'inspirant de la procédure de réparation pour les victimes du terrorisme »*.

Bracelet antirapprochement

Alors que le premier ministre a annoncé, le 3 septembre, une réforme législative de l'autorité parentale afin d'en faciliter la suspension ou l'aménagement, le groupe qui traite des violences intrafamiliales enfonce le clou. Dans le cadre de l'ordonnance de protection – un dispositif, entré en vigueur en 2010, visant à protéger les victimes de violences avant même la condamnation du conjoint –, le groupe préconise de « *demander au juge aux affaires familiales* [JAF] *de se prononcer sur les modalités d'exercice de l'autorité parentale par le parent auteur des faits en cas d'interdiction d'entrer en contact avec la victime* ». Il souhaite également « *permettre au JAF de statuer sur les modalités d'exercice de l'autorité parentale en cas de rejet de l'ordonnance de protection* » – le taux de refus était de 40 % pour l'année 2016, selon des données du ministère de la justice.

Au début de septembre, Edouard Philippe avait déjà listé une dizaine de mesures. Parmi elles, la création de « *mille places d'hébergement supplémentaires en 2020, dont 250 d'urgence* », qui s'ajouteront aux quelque 5 000 places existantes. Il s'agit de la seule mesure suivie d'annonces budgétaires, de 5 millions d'euros.

Depuis, en parallèle du Grenelle, a été adoptée en première lecture à la quasi-unanimité, le 15 octobre, une proposition de loi contre les violences faites aux femmes portée par le député Les Républicains du Lot Aurélien Pradié, laquelle prévoit la mise en place d'un bracelet antirapprochement pour les conjoints violents, ainsi que la réduction des délais pour l'attribution des ordonnances de protection par les juges aux affaires familiales.

Réunions interministérielles

Le rendez-vous de mardi est un point d'étape avant la présentation, le 25 novembre, à l'occasion de la Journée internationale de l'élimination des violences à l'égard des femmes, des mesures du gouvernement qui s'inspireront de ces contributions et de celles qui émaneront des Grenelles locaux, qui doivent être restituées le 5 novembre. D'ici là, des réunions interministérielles sont prévues afin de procéder à des arbitrages.

Dans un entretien paru dans *La Croix*, Marlène Schiappa esquisse déjà ses priorités. Elle rappelle « *la nécessité d'un protocole clair en gendarmerie et commissariat* » afin d'éviter que les forces de l'ordre ne se trouvent « *parfois démunies* », ou la réquisition des armes à feu du conjoint mis en cause dès la première plainte. Elle dit aussi retenir « *l'évolution du secret médical* » et estime que les notions de violences psychologiques et d'emprise doivent être « *mieux spécifiées dans la loi, qui n'est pas assez claire* ». La secrétaire d'Etat souligne enfin l'importance de la suppression de l'obligation alimentaire aux parents : « *Devoir subvenir aux besoins d'un père qui a tué votre mère, c'est une violence supplémentaire contre ces enfants, qui perdure y compris une fois* [qu'ils sont] *devenus adultes.* »

Quels coûts représentera la mise en œuvre des propositions qui seront finalement retenues ? La question des moyens, persistante, avait été quelque peu balayée lors du lancement du Grenelle par le premier ministre, qui avait considéré qu'elle n'était pas « *le sujet essentiel* ». Parmi les soixante propositions des groupes de travail, aucun chiffre n'est, pour l'heure, précisé.

Yann Bouchez et Solène Cordier

https://www.lemonde.fr/societe/article/2019/10/28/grenelle-60-propositions-pour-lutter-contre-les-violences-conjugales_6017242_3224.html

Document n° 6

3 septembre 2019 - Actualité

Un Grenelle et des mesures fortes pour lutter contre les violences conjugales

Aujourd'hui, une femme meurt tous les deux jours sous les coups de son conjoint. Cela ne peut plus durer. C'est pourquoi le Gouvernement lance ce 3 septembre 2019 le premier Grenelle contre les violences conjugales.

Le Grenelle contre les violences conjugales s'est ouvert ce mardi 3 septembre 2019, **en écho au 39 19, le numéro d'écoute anonyme et gratuit destiné aux femmes victimes de violence**, à leur entourage, aux témoins ainsi qu'aux professionnels concernés.

Ce grand dispositif se conclura le 25 novembre 2019, journée internationale contre la violence à l'égard des femmes. Durant cette période, **une centaine de Grenelle locaux seront organisés un peu partout sur le territoire national.**

Le Grenelle réunit autour de la table de nombreux acteurs : ministres, parlementaires, élus locaux, administrations, associations, familles et proches de victimes, avocats, médias, professionnels de la santé, du logement, forces de l'ordre…

Avec un objectif : **prendre des engagements concrets et collectifs** visant à lutter toujours plus efficacement contre les violences conjugales.

Cet objectif implique différents ministères, et s'articule autour de trois grands axes :

- Prévenir
- Protéger et prendre en charge
- Punir pour mieux protéger

Dès le 3 septembre, sans attendre la fin du Grenelle, **10 mesures d'urgence ont déjà été annoncées** pour lutter contre ce fléau :

Protéger les femmes victimes de violences en les mettant à l'abri

- **1 000 nouvelles places d'hébergement et de logement temporaires à partir du 1er janvier 2020**

Pour faire face aux situations d'urgence, 250 nouvelles places seront créées en 2020 dans les centres d'hébergement d'urgence pour des mises en sécurité immédiates. La priorité donnée au Logement d'abord est affirmée avec la création de 750 places bénéficiant de l'allocation de logement temporaire (ALT1).

- **Accès des femmes victimes de violences à la garantie Visale (garantie locative)**

Faciliter l'accès à Visale pour que les victimes puissent bénéficier d'une caution locative gratuite et trouver un logement plus facilement.

- **Lancement d'une plateforme de géolocalisation à destination des professionnels afin d'identifier rapidement les places d'hébergement réservé disponibles à proximité**

L'outil sera totalement sécurisé et à destination des plateformes 115. Il ne présentera que des lieux d'hébergement, il ne contiendra pas de données nominatives.

Protéger les femmes victimes de violences en les éloignant réellement de leurs agresseurs

- **Mise en place d'un dispositif électronique anti-rapprochement dans les 48 heures après le prononcé de la mesure dans le cadre d'une ordonnance de protection ou d'un contrôle judiciaire**

Le bracelet électronique est posé sur la personne de l'auteur qui se voit aussi attribuer un appareil de localisation GPS ; la victime est dotée d'un récepteur. En cas de rapprochement de l'auteur trop près de la victime, les forces de l'ordre sont alertées pour intervenir.

Garantir aux femmes victimes de violences une protection tout au long de la chaîne pénale

- **Lancement d'un audit de 400 commissariats et gendarmeries**

Portant sur l'accueil de plus de 500 femmes victimes de violences, il permettra de détecter des dysfonctionnements qui existeraient à certains endroits et d'y remédier, avec un focus particulier sur les difficultés rencontrées par les personnes en situation de handicap.

- **Mise en place d'une grille d'évaluation du danger dans tous les services de police et de gendarmerie**

Cette grille permettra d'éviter les mains courantes et d'encourager au dépôt de plainte. Elle aidera également les forces de l'ordre à mieux identifier les femmes victimes de violences et le danger qu'elles encourent.

- **Généralisation de la possibilité de déposer plainte dans les hôpitaux**

- **Mise en place d'un « retex » au niveau local suite à un féminicide**

Ce retex (pour retour d'expérience), qui permettra de tirer les leçons de ce qui n'a pas fonctionné et d'améliorer les dispositifs en place, associera l'ensemble des professionnels concernés (police ou gendarmerie, justice, travailleurs sociaux, médecins, professionnels de l'Éducation nationale etc.). L'inspection déjà lancée sur les homicides conjugaux permettra d'en préciser la méthode.

Protéger la mère et ses enfants en limitant l'exercice de son autorité parentale par le père violent

- **Possibilité pour le juge pénal de suspendre ou d'aménager l'exercice de l'autorité parentale**

- **Suspension de plein droit de l'autorité parentale en cas de féminicide dès la phase d'enquête ou d'instruction**

Lorsque l'un des deux parents est décédé des suites d'un homicide volontaire, dont les faits font l'objet d'une enquête pénale mettant en cause l'autre parent, ou d'une information judiciaire ouverte à l'encontre de celui-ci, l'exercice de l'autorité parentale sera suspendue de plein droit à l'encontre de ce dernier.

https://www.gouvernement.fr/un-grenelle-et-des-mesures-fortes-pour-lutter-contre-les-violences-conjugales

Document n° 7

Violences conjugales : "Aider les auteurs, c'est aider les victimes"

Par Juliette Hay
Publié le 01/10/2018 à 15:00

Le procureur de la République de Besançon inaugure ce lundi 1er octobre 15 logements destinés à héberger des conjoints violents. Une initiative a priori paradoxale qui se développe de plus en plus dans l'Hexagone.

A première vue, l'initiative paraît paradoxale. Alors qu'une femme meurt tous les trois jours sous les coups de son conjoint en France, le procureur de la République de Besançon (Doubs), Etienne Manteaux, inaugure ce lundi 1er octobre quinze logements destinés non pas à l'hébergement des femmes battues mais à celui de conjoints violents.

En collaboration avec les instances judiciaires, il s'agit à la fois d'éloigner les auteurs de violence du domicile conjugal et de leur apporter une prise en charge thérapeutique. « *L'objectif est de ne pas contraindre la femme, qui était bien souvent obligée de quitter son logement dans l'urgence* », fait valoir le procureur. « *Ça me paraît tout à fait indispensable dans ce type de cas de figure* », abonde pour *Marianne* Alain Legrand, président de la Fédération nationale des associations de prise en charge d'auteurs de violences conjugales (FNACAV). Les dispositifs du genre ne sont pourtant que très peu développés sur le territoire national. La faute à un manque de moyens, mais pas seulement.

"Le fait qu'on dise qu'on prenne soin des auteurs de violences conjugales et familiales est encore mal perçu"

« *Le fait qu'on dise qu'on prenne soin des auteurs de violences conjugales et familiales est encore mal perçu, parce qu'on pense que leur place est en prison est c'est tout* », nous explique Carole Allouchery, psychologue au sein de l'association Le Cheval Bleu. Né en 2008 à Bully-les-Mines (Pas-de-Calais), ce dispositif suit des auteurs allant « *de celui qui a donné une petite claque à des responsables de violences graves qui sont passés par la case prison* », détaille-t-elle. L'an dernier, l'association a ainsi reçu 418 hommes, en attente d'un procès, détenus ou contraints à une obligation de soins.

Hérité d'une expérience menée il y a près de 40 ans à Montréal, le protocole qui fonctionne dans les Hauts-de-France prévoit deux entretiens individuels à l'issue desquels les participants s'engagent pour 21 séances de soin hebdomadaires, au sein de groupes d'une dizaine de personnes. « *Il faut mixer des cas divers et envisager la violence comme un processus*, développe Carole Allouchery. *C'est-à-dire qu'on pense que celui qui a failli tuer sa femme est forcément passé, à un moment donné, par une première claque. Mais les différentes instances, associatives, judiciaires ou policières, ne sont pas intervenues assez tôt pour venir mettre un terme à ce processus de violence. Le but est de comprendre d'où vient cette violence mais les aider, ce n'est en aucun cas les légitimer ; les aider, c'est aider les victimes* », insiste la psychologue.

La prise en charge réduit la récidive

Les premières études sur la prise en charge des conjoints violents plaident en faveur de ce type de dispositifs. Selon Alain Legrand, « *sur 70.000 dossiers de cas de violences conjugales ou familiales étudiés à la FNACAV, on observe qu'il y 50% de récidive lorsqu'il n'y a pas de prise en charge. Ce chiffre retombe à 20% en cas de suivi psychologique ou d'accompagnement* ».

Même constat au sein Cheval Bleu. D 'après une étude réalisée en 2009-2010, 6,5% des hommes ayant participé à 21 séances au sein de l'association ont récidivé, contre un taux national de 15%. Des statistiques à prendre avec précaution, concède néanmoins Carole Allouchery : « *Les chiffres ne sont pas parfaitement exacts car nous manquons de moyens pour rassembler toutes les données. Et puis, il reste difficile d'estimer le nombre de celles qui ne vont pas porter plainte une seconde fois* ».

La difficile entente avec les associations de victimes

Pour autant, force est de constater que les résistances persistent. Alain Legrand le constate chaque jour : « *La prise de conscience reste très peu présente sur l'efficacité de ces mesures et il y a aussi des gens qui luttent contre ça* ». Selon lui, la France représenterait sur ce point un cas particulier en Europe. Paradoxalement, les principales réserves émises à l'encontre de ces nouveaux dispositifs proviennent des milieux associatifs eux-mêmes. « *La collaboration entre les structures de prise en charge des auteurs et celles d'aide aux victimes n'est pas simple* », déplore Carole Alloucherie. En 2018, Le Cheval Bleu a ainsi tenté de mettre en place un partenariat avec une structure d'aide aux victimes, en vain : « *Des réticences persistent… Pourtant, ils y arrivent très bien en Belgique !* ».

Selon Françoise Brié, directrice générale de la Fédération nationale Solidarité femmes, ces résistances naissent d'une volonté de préserver au maximum les victimes. « *Une de nos prérogatives est qu'il existe des structures très différenciées. D'un côté, une prise en charge des conjoints violents par des professionnels et de l'autre, des structures qui accompagnent les victimes* », martèle la responsable de la FNSF. Pour elle, il ne s'agit pas de limiter les collaborations entre les associations mais que le soutien aux victimes reste la priorité : « *Le financement des initiatives de prise en charge des auteurs ne doit pas passer avant celui des associations de victimes* ». En attendant, le Cheval bleu et la FNACAV disent souffrir du manque de moyens qui leurs sont accordés.

https://www.marianne.net/societe/violences-conjugales-aider-les-auteurs-c-est-aider-les-victimes

Document n° 8

LA MISE EN ŒUVRE D'UN STAGE DE RESPONSABILISATION DES AUTEURS DE VIOLENCES CONJUGALES AU SPIP DE MEAUX

Par

Élise METRY, Céline VIGUIÉ, Amélie VILALDACH
Conseillères pénitentiaires d'insertion et de probation
Service pénitentiaire d'insertion et de probation de Seine-et-Marne, Antenne de Meaux

Les Services Pénitentiaire d'Insertion et de Probation (SPIP) assurent le suivi judiciaire des personnes sous main de justice.
Dans le cadre de notre mission de prévention de la récidive nous avons envisagé une nouvelle action éducative de prise en charge des auteurs de violences conjugales, sous une forme collective.

Nous avons mis en œuvre depuis novembre 2013 un stage d'une durée de trois jours destiné aux auteurs de violences conjugales et suivis par notre service. Ces personnes font l'objet de suivis judiciaires divers (sursis avec obligation d'accomplir un travail d'intérêt général, sursis avec mise à l'épreuve, placement sous surveillance électronique, libération conditionnelle, suivi socio-judiciaire, semi-liberté).

Ce stage se décline à raison de trois sessions par an, accueillant chacune une dizaine de personnes au maximum.
Des conseillers pénitentiaires d'insertion et de probation assurent la liaison entre les interventions des différents partenaires.

Nous avons axé la priorité de notre projet sur la pluridisciplinarité (articulation clinique/sociologique, intervention sociale, juridique et culturelle) :

<u>Première journée</u> :
« Rappel du cadre et rapport à la Loi » : introduction par la substitut du procureur en charge de la thématique violences conjugales et intrafamiliales
« Sensibilisation au parcours de la victime » : intervention d'un médecin légiste et d'une psychologue/ intervention d'une association d'aide aux victimes (thématique principale : enfants témoins de violences conjugales)
<u>Deuxième journée</u> :
« Les rapports de genre homme/femme » : intervention d'une sociologue (réflexion et débat ; visionnage d'extraits du film « La domination masculine »)
<u>Troisième journée</u> :
Approche historique « Les femmes dans la société » : visite du Musée de la Grande Guerre de Meaux autour de la thématique du rôle de la femme dans la grande guerre/Débat
Intervention d'un **psychologue clinicien** membre de l'association de lutte contre les violences et animateur de groupe de parole (discussions, adhésion aux soins).

Il ressort des bilans des participants et des intervenants que le stage est propice à la réflexion collective, facilite l'appropriation de la parole et permet la confrontation aux notions de violence, d'altérité et de rapport à l'autre.

Suite à la loi du 4 août 2014 pour l'égalité réelle entre les femmes et les hommes le SPIP de Seine-et-Marne est ainsi devenu site pilote pour la mise en place des stages de responsabilisations pour la prévention et la lutte contre les violences au sein du couple.

S'OUVRIR À

LES JURIDICTIONS RÉSERVÉES AUX VIOLENCES CONJUGALES À L'ENCONTRE DE LA FEMME EN ESPAGNE

Par

Antoni ROTGER CIFRE
Magistrat Juge d'instruction
Formateur École Judiciaire Espagnole

Et

Carmen ORDOÑEZ DELGADO
Ex. juge de violences conjugales à Manacor (Îles Baléares)
Magistrat suppléant - Cour d'appel des îles Baléares

En Espagne, le problème de la violence familiale ou domestique, et plus particulièrement la violence exercée contre la femme par celui qui est ou a été son partenaire masculin, a été objet d'un traitement législatif abondant (dans ce sens, dès 1989 jusqu'à maintenant plus de 11 lois ont été publiées dans cette matière, uniquement dans le domaine pénal et de procédure pénale) qui a débouché sur un traitement pénal différencié et discriminatoire en fonction des relations familiales entre les sujets et aussi selon que l'auteur du délit est l'homme avec lequel la femme entretient ou a entretenu une relation de couple.

Ce traitement pénal différencié a été déclaré constitutionnel et non contraire au principe d'Égalité par le Tribunal Constitutionnel espagnol qui considère que les agressions dans le domaine du couple supposent un plus grand dommage quand l'homme est l'agresseur, en raison du contexte d'inégalité et, par conséquent, doivent recevoir une condamnation supérieure[1].

De la même manière on est parvenu à un traitement procédural pénal aussi différencié (ici spécifiquement en ce qui concerne la violence "de genre" ou de l'homme contre la femme) qui a déterminé la naissance de quelques nouveaux Tribunaux à l'intérieur de la Juridiction Pénale, mais qui ont aussi assumé des compétences civiles en matière de droit familial : les Tribunaux de Violence contre la Femme.

Nous essaierons d'exposer dans cet article d'une manière très succinte et générale quelles sont les lignes maîtresses du système espagnol (I) et l'appréciation qu'en font les opérateurs juridiques (II).

I/ Lignes maîtresses du système espagnol :

Pour une meilleure compréhension du système en vigueur, il faut souligner que l'évolution indiquée du processus législatif espagnol montre trois grandes orientations :

[1] STC 22/07/2010.

A) En premier lieu on observe **un renforcement constant des mécanismes de protection pénale**, non seulement par une augmentation de la gravité des peines, mais aussi par un agrandissement de plus en plus large du cercle des personnes incluses à l'intérieur des relations de violence domestique (art. 173-2 du code pénal : relations de couple, paternelles et filiales, simple intégration dans le noyau de la cohabitation familiale, etc...) et aussi en cherchant la protection immédiate de la victime, en essayant d'éviter ce qu'on nomme la victimisation secondaire et en prenant en compte (spécialement en matière de violence contre la femme) la vulnérabilité spéciale de cette catégorie de victimes.

B) En deuxième lieu on a essayé d'offrir **une réponse intégrale aux victimes**, pour lesquelles basiquement deux mécanismes ont été utilisés : la dénommée "Ordonnance de Protection", applicable non seulement à la violence contre la femme mais aussi à toute la violence familiale, introduite par la Loi 27/2003, et qui permet que dans le délai maximal de soixante-douze heures puissent être adoptées par le Tribunal d'Instruction ou par celui de la Violence contre la Femme (selon le type de relation qui existe entre les parties) des mesures de protection aussi bien pénales (prison préventive, éloignement, prohibition de communication, etc...) que civiles (usage du domicile familial, protection et garde des enfants, pensions alimentaires, etc...) et la Loi de Mesures de Protection Intégrale contre la Violence de Genre (L.O. Un 1/2004) qui aborde le problème (ici uniquement celui de la violence contre la femme) dans une approche globale, recouvrant des aspects pénaux, procéduraux, de travail, sanitaires, éducatifs, dans le domaine de la publicité et des moyens de communication, etc.

C) En troisième lieu, et cela se déduit de ce qui a déjà été dit, en Espagne à partir de la Loi Organique 1/2004, un traitement différencié et spécifique est donné, non seulement sur le plan pénal mais aussi en procédure pénale, à la violence contre la femme (violence de genre), par la création de **Tribunaux spécialisés en matière de Violence contre la Femme commise par son conjoint** et concernant des délits déterminés ; ces juridictions ont des compétences dans la phase de recherche (dans le sens où c'est une espèce de juridictions d'Instruction) mais aussi des compétences civiles en matière de Droit de la Famille (séparations, divorces, établissement de pensions alimentaires pour les enfants...) dans les cas où il y a eu un acte de violence de genre qui a déterminé l'ouverture d'une procédure pénale dont la compétence revient à ces Tribunaux spécialisés.

La création de ces Tribunaux spécialisés, qui constituent une nouveauté en droit comparé, est complétée dans la Loi indiquée par l'attribution de compétences en ce qui concerne la procédure de jugement de la violence "du Genre" ou contre la femme aux Tribunaux correctionnels à juge unique ou en formation collégiale, mais sans créer dans ces cas de nouvelles "structures" mais, simplement, en attribuant la procédure de jugement de cette matière aux organes judiciaires déterminés préexistants.

La matière pénale qui détermine cette compétence spéciale est constituée d'une liste de délits qui vont de l'homicide ou les blessures aux délits contre les droits et les devoirs familiaux et certaines contraventions mineures chaque fois que la victime est une femme et l'auteur l'homme qui est ou a été lié avec elle par une relation conjugale ou analogue d'affectivité, même sans cohabitation (les relations de fiançailles sont comprises donc).
Sont exclues les relations homosexuelles de n'importe quel type, et sont inclus les couples de sexe distinct formés par des transsexuels reconnus légalement si l'agresseur est l'homme et la victime la femme.
Sont inclus, de la même manière, les délits indiqués antérieurement quand les victimes sont des descendants ou certains mineurs ou incapables rattachés à la victime, chaque fois que s'est aussi produit un acte de violence de genre.

II/ Appréciation du système :

La délimitation de la compétence pénale de ces Organes spécialisés a été souvent discutée, avec des décisions contradictoires parfois, quand la violence exercée par l'homme est pleinement distincte de la relation spécifique sentimentale de couple et en conséquence ne procède pas, de la part de l'homme, de sa prétention à une supériorité dans la dite relation ; en effet, le premier article de la Loi indique qu'elle a pour objet d'agir contre la violence exercée sur les femmes dans le cadre d'une relation conjugale ou affective comme une manifestation de la discrimination, de la situation d'inégalité et des relations de pouvoir des hommes.

Une autre question controversée a été l'attribution de compétences civiles aux Tribunaux de Violence contre la Femme, en raison de la "contamination" qui peut résulter de l'attribution au même Juge de la charge de traiter les droits familiaux du couple tout en faisant des recherches pénales, en plus de l'utilisation possible frauduleuse de la part de quelques victimes de ces mécanismes procéduraux qui leur permettent de se placer dans une meilleure position s'il existe aussi une dénonciation pénale.

De même, d'autres problèmes se posent, surtout au début de l'implantation de ce type de tribunaux, quant à leur répartition géographique, puisque le territoire espagnol est très fragmenté dans de petits (parfois) départements judiciaires ou des "ressorts judiciaires" qui compliquent la création de ces juridictions en raison du petit nombre d'affaires relevant de leur compétence.

Malgré les problèmes antérieurs et d'autres nombreux qui se posent concernant ces Tribunaux et la Loi qui les régit, spécialement quant à la distinction de leurs compétences de celles des tribunaux ordinaires dans certaines "zones grises", l'opinion globale en Espagne a accueilli positivement l'introduction de ce système nouveau, puisqu'il permet de donner une réponse intégrale, rapide et spécialisée à la victime d'une violence avec de grandes spécificités (désistements des victimes, mineurs victimes, suicides des agresseurs, retombées sur la cohabitation en vertu du dénommé "cycle de la violence" etc... etc...) et qui génère environ 70-80 décès chaque année dans notre pays, chiffre qui semble heureusement décroître.

Il s'agit sans doute d'une Loi imparfaite, avec des défauts de technique législative importants et qui devraient avoir été déjà résolus, mais elle constitue un grand pas vers la solution, ou au moins vers un traitement correct de ce grave fléau social qu'est la violence contre la femme dans le domaine de la relation de couple.

La Loi est, en elle-même, un instrument puissant de sensibilisation individuelle et sociale, et la solution viendra, comme presque toujours, de la main de l'éducation qui devra elle-même se charger de transmettre les valeurs à ce sujet.

Texte traduit par
Marie-Pierre BAGNÉRIS
Docteur en droit – magistrat chargée de mission au Département recherche et documentation de l'École nationale de la magistrature

Avec l'aimable vérification de
Marina HERNANDEZ
Enseignante d'espagnol à l'École nationale de la magistrature

Un guide de l'ordonnance de protection a été édité par la direction des affaires civiles et du sceau, en septembre 2019. Il convient d'en assurer une large diffusion auprès des barreaux.

Recommandation n° 15. Accompagner le développement de l'ordonnance de protection en confiant éventuellement ce contentieux à la juridiction de proximité et en sensibilisant les barreaux et les écoles de formation des avocats au recours plus systématique à cette procédure.

Enfin, une attention particulière devra être portée par les magistrats du parquet pour initier cette procédure dans tous les cas où elle représente une plus-value par rapport à une saisine par avocat[65].

Une réflexion doit donc être conduite au sein de la juridiction, dans le cadre d'un projet de juridiction, pour déterminer les modalités organisationnelles optimales du traitement des violences conjugales. Selon la taille de la juridiction, un circuit de traitement en urgence ou des audiences dédiées pourront être mis en place.

Recommandation n° 16. Conduire une réflexion organisationnelle du traitement des violences conjugales dans le cadre d'un projet de juridiction

2.2 Mieux prévenir la réitération

2.2.1 Mieux prendre en charge les addictions

L'impact de l'alcoolisation et de la consommation de stupéfiants sur le passage à l'acte et plus particulièrement sur les violences entre conjoints est majeur.

Les addictions doivent être prises en charge avec une particulière célérité et une vigilance accrue. Le suivi doit s'inscrire dans la durée, dans le cadre d'une obligation de soins pouvant découler d'une mesure alternative aux poursuites, d'un contrôle judiciaire ou d'une condamnation assortie d'une mise à l'épreuve et par des professionnels spécialisés dans le traitement des addictions et de la violence[66].

En effet, la prise en charge de l'auteur par un médecin généraliste n'apparaît pas suffisante pour éviter la réitération.

Un nombre significatif d'auteurs d'homicide volontaire ou de tentative d'homicide volontaire présentaient des troubles psychiatriques tangibles au moment des faits et souvent un état dépressif manifeste, sans pour autant avoir bénéficié d'un suivi psychiatrique adapté.

Recommandation n° 17. Favoriser, au titre des obligations de soins du contrôle judiciaire, d'une composition pénale ou d'un sursis avec mise à l'épreuve, le suivi de l'auteur par des médecins addictologues, des psychiatres ou psychologues et des professionnels spécialisés en matière d'addiction et de violence.

---

[65] La saisine du JAF par le parquet peut s'avérer utile en cas de carence du mis en cause aux auditions dans le cadre d'une enquête préliminaire ou encore en cas de sortie de détention sans suivi judiciaire.

[66] Centre de soins, d'accompagnement et de prévention en addictologie et centre médico-psychologique, notamment.

2.2.2 Mieux encadrer l'auteur de violences

Lorsque l'auteur de l'homicide volontaire sur conjoint avait fait l'objet d'une condamnation antérieure pour des faits de violences (30% des cas étudiés), ce dernier n'avait pas toujours bénéficié d'un accompagnement suffisamment contenant tant pendant la détention que pendant la mise à l'épreuve ou durant un éventuel aménagement de peine.

La mise à l'écart du domicile familial de l'auteur est encore peu souvent effective en raison d'une part d'un faible recours à l'ordonnance de protection mais également en raison de l'absence d'interdiction d'entrer en relation avec la victime pendant la détention, à l'occasion d'une permission de sortie, et d'un respect relatif de cette interdiction lors d'un SME ou d'un aménagement de peine.

Afin que le domicile de la victime en danger soit protégé et que celle-ci ne soit plus contrainte de le quitter pour fuir vers des solutions d'hébergement précaires, la mission préconise que l'auteur soit prioritairement écarté du domicile familial dès le début de la procédure pénale. Les interdictions mises en place pour assurer la protection effective des victimes et des enfants mineurs ne doivent faire l'objet d'aucune négociation entre les parties alors que la relation d'emprise au sein du couple est encore trop souvent présente.

Enfin, les interdictions judiciaires prononcées[67] doivent faire l'objet d'une vigilance plus soutenue des SPIP qui s'assureront de leur respect en effectuant des visites inopinées aux domiciles de la victime et de l'auteur. Ils devront signaler systématiquement les violations des interdictions au service de l'application des peines.

Des expériences ont été menées par différents parquets aux fins de mise à l'écart de l'auteur. Deux d'entre elles doivent être retenues comme particulièrement pertinentes : parquet de Saintes et parquet de Clermont Ferrand.

Recommandation n° 18. Elaborer dans chaque ressort de tribunal de grande instance des protocoles de prise en charge des auteurs par le secteur associatif afin de permettre leur mise à l'écart temporaire y compris en hébergement autonome, leur prise en charge psychologique et leur participation à un groupe de paroles.

L'examen des dossiers confirme que les homicides sont majoritairement précédés de violences conjugales dont certaines légères. Ces dernières doivent par conséquent faire l'objet d'une réponse pénale systématique, dans le cadre d'une alternative aux poursuites. Le rappel à la loi par un officier de police judiciaire doit être proscrit.

L'auteur doit être systématiquement entendu quelle que soit l'issue de la procédure afin de ne pas conforter son sentiment d'impunité.

Recommandation n° 19. Inviter les parquets à donner une réponse pénale dès le premier fait, à systématiser les stages de sensibilisation aux violences conjugales, ou à recourir à une mesure d'éviction de courte durée de l'auteur assortie d'une prise en charge psychologique dans le cadre d'un rappel à la loi ou d'une composition pénale.

[67] Interdiction d'entrer en relation avec la victime et interdiction de se rendre au domicile de la victime.

Recommandation n° 20. Faire entendre systématiquement les mis en cause par les services d'enquête.

Le temps de la détention doit être un temps utile pour la prise de conscience de l'auteur et son amendement. Il conviendrait de développer systématiquement dans le cadre du parcours de détention des auteurs des prises en charge collectives sur les violences conjugales (programmes de prévention de la récidive). A cette fin, les réductions de peine supplémentaires seront conditionnées au suivi d'un module spécifique au cours du parcours de détention. Par ailleurs, les contacts en détention, entre l'auteur et la victime doivent faire l'objet d'une particulière prudence et en toute hypothèse, les unités de vie familiale exclues.

Recommandation n° 21. Développer systématiquement dans le cadre du parcours de détention des auteurs des prises en charge collectives sur les violences conjugales (programmes de prévention de la récidive). Dès lors, conditionner l'octroi de réduction de peine supplémentaire pour les auteurs de violences conjugales à leur participation à ce type de module ou à un suivi psychologique régulier pendant la détention.

La législation actuelle suspend l'application des obligations liées à la mise à l'épreuve pendant le temps de la détention[68], de sorte que les interdictions de contact qui ont pu être imposées par la juridiction de jugement n'entrent en vigueur qu'à la libération du condamné. Cette suspension peut mettre en danger la victime dans la mesure où le chef d'établissement pénitentiaire a la liberté d'accorder un parloir ou une unité de vie familiale pendant le temps de détention du condamné, pouvant maintenir ainsi le phénomène d'emprise.

Recommandation n° 22. Etendre l'entrée en application des interdictions prononcées dans le cadre d'une peine mixte dès la période de détention ou, à défaut, inviter les chefs d'établissement pénitentiaire à ne pas accorder de parloirs et a fortiori d'unité de vie familiale aux auteurs pour rencontrer leur conjoint ou ex-conjoint victime.

Le déroulement des mesures de mise à l'épreuve ordonnées pour les auteurs de violences sur conjoint a mis en relief la nécessité de renforcer le suivi de proximité des personnes condamnées qui maintiennent le contact avec la victime, malgré une interdiction par l'intermédiaire de son entourage familial.

Ainsi le recours au placement sous surveillance électronique devrait pouvoir être envisagé en cas de violation des obligations de mise à l'épreuve sans qu'une révocation assortie d'une incarcération préalable soit nécessaire[69]. Les sanctions des violations des interdictions d'entrer en contact seront facilitées si la législation est modifiée en ce sens.

Recommandation n° 23. Systématiser, en cas de violation des interdictions de contact avec la victime, le recours au placement sous surveillance électronique dans le cadre d'un contrôle judiciaire, d'un sursis avec mise à l'épreuve ou d'une mesure d'aménagement de peine.

---

[68] Article 132-43 du code pénal.

[69] Les textes actuels obligent le passage en détention avant un placement sous surveillance électronique dans le cadre d'un aménagement de cette peine. Article 742 du code de procédure pénale.

La mission préconise dans le cadre de la nouvelle méthodologie d'intervention déclinée par l'administration pénitentiaire à destination des SPIP (RPO1[70]) d'amorcer une réflexion sur la mise en place d'items spécifiques pour les auteurs de violences conjugales, dans la mesure où ils diffèrent très sensiblement de ceux relatifs aux auteurs d'autres infractions.

Recommandation n° 24. Introduire dans le référentiel des pratiques opérationnelles 1 un item spécifique sur les auteurs de violences conjugales afin de ne pas éluder la nature de l'infraction du champ de l'évaluation des auteurs et réfléchir au développement sur tout le territoire national de programmes de prévention de la récidive centrés sur les violences conjugales en détention et en milieu ouvert

[70] Référentiel des pratiques opérationnelles 1

Corrigé

Une femme meurt, tous les trois jours, tuée par son conjoint ou ex-conjoint.

Chaque année, environ 150 femmes sont tuées par leur conjoint ou leur ex-conjoint.

Cette tendance macabre est malheureusement d'une stabilité glaçante depuis plus d'une dizaine d'années.

Face à cette situation, le gouvernement s'est, depuis le début du mandat d'Emmanuel Macron, fortement mobilisé dans la lutte contre les violences faites aux femmes, grande cause du quinquennat lancée par le président de la République.

Pour marquer encore plus l'importance de cette cause, un Grenelle des violences conjugales a débuté le 3 septembre 2019 : cette date, choisie pour faire écho au 3919, est le début d'une série de rencontres qui se sont terminées le 25 novembre, Journée internationale pour l'élimination de la violence à l'égard des femmes (documents 5-6).

Après avoir défini ce que sont les violences conjugales **(1)**, nous aborderons les dispositifs mis en œuvre, tant en ce qui concerne l'information et le signalement **(2)**, que la protection et l'accompagnement des victimes **(3)**.

1. Définition des violences conjugales

Toutes les violences conjugales sont interdites par la loi, qu'elles touchent un homme ou une femme, et quand la victime et l'auteur sont dans une relation sentimentale. Ils peuvent être mariés, concubins ou pacsés. Les faits sont également punis, même si le couple est divorcé, séparé ou a rompu son Pacs.

Les violences conjugales peuvent correspondre à des violences :

- psychologiques (harcèlement moral, insultes, menaces) ;
- physiques (coups et blessures) ;
- sexuelles (viol, attouchements, il peut y avoir viol même en cas de mariage ou de Pacs) ;
- ou économiques (privation de ressources financières et maintien dans la dépendance).

2. L'information de la victime et le signalement

Les canaux d'information sont multiples, et plusieurs organismes sont à la disposition des victimes de violences conjugales (documents 2 et 4) :

- 3919, service spécialisé dans les violences faites aux femmes ;
- associations du réseau France Victimes, via le numéro 116 006 ;
- site Internet stop-violences-femmes.gouv.fr ou arretonslesviolences.gouv.fr ;
- Centre d'information sur les droits des femmes et des familles (CIDFF).

Pour saisir la justice, la victime peut être assistée par un avocat, dont les frais peuvent être pris en charge à certaines conditions dans le cadre de l'aide juridictionnelle.

Elle peut contacter le bureau d'aide aux victimes pour obtenir de l'aide dans l'accomplissement des démarches judiciaires.

3. La protection et l'accompagnement des victimes

La victime de violences conjugales qui signale les faits peut bénéficier de nombreuses mesures de protection de la part des institutions publiques et des associations (document 2). Ces mesures peuvent même s'étendre aux enfants.

Conservation du logement familial (documents 1 et 2)

La jouissance du logement familial doit être prioritairement attribuée au conjoint victime des violences, même s'il a bénéficié d'un hébergement d'urgence. Le fait de subir des violences conjugales peut justifier le départ du domicile. La victime, si elle le souhaite, peut donc aussi quitter le domicile.

Néanmoins, le juge peut décider le contraire en prenant une ordonnance dans laquelle il présente les raisons qui justifient ce choix.

L'auteur de violences conjugales peut également être contraint, par les autorités, de quitter le domicile. La loi permet en effet l'éviction du conjoint ou concubin violent.

L'ordonnance de protection

L'ordonnance de protection vise à empêcher l'auteur des violences de s'approcher de la victime et des enfants. La victime peut déposer auprès du juge aux affaires familiales une requête en vue de la délivrance d'une ordonnance de protection, même si elle ne vit pas en cohabitation avec l'auteur des violences et même s'il n'y a pas eu plainte déposée devant la justice pénale.

Si la victime a obtenu une ordonnance de protection, elle peut bénéficier de l'accompagnement d'associations spécialisées pour trouver un logement. Ces associations peuvent sous-louer des logements meublés ou non meublés qu'elles louent auprès des organismes de HLM, avec des facilités pour le paiement de la caution et les premiers mois de loyer.

Bracelet antirapprochement

Le bracelet antirapprochement a été créé pour protéger la victime de violence conjugale en empêchant son conjoint violent d'entrer en contact physique avec elle (document 1).

Le dispositif peut être mis en œuvre dans le cadre d'une procédure pénale ou dans le cadre d'une procédure civile. La décision doit être prise par l'autorité judiciaire.

Lorsqu'il est mis en place, le bracelet permet de géolocaliser le conjoint ou l'ex-conjoint. Un système d'alerte se déclenche lorsqu'il s'approche de la victime. Un avertissement lui est alors adressé, et les forces de l'ordre peuvent intervenir s'il continue de s'approcher du lieu où elle se trouve.

Téléphone grave danger (TGD) (document 3)

Le téléphone grave danger, ou grand danger, est un téléphone spécifique permettant à une victime de violences conjugales de contacter directement une plate-forme spécialisée en cas de danger, mis en place pour une durée de six mois renouvelable.

Ce téléphone est attribué par le procureur en cas d'éloignement du conjoint violent sur décision de justice, ou en cas de danger grave et imminent lorsque l'auteur des violences n'a pas encore été arrêté ou jugé. Le dispositif est destiné aux cas les plus graves de violences conjugales.

C'est cette plate-forme qui alertera la police ou la gendarmerie si nécessaire. La victime pourra être géolocalisée si elle le souhaite.

La victime sera également suivie par une association désignée par le procureur.

L'accompagnement et le soutien aux victimes

Les services de police et de gendarmerie ont été particulièrement sensibilisés au recueil de la parole des victimes de violences conjugales et à la détection des situations de violences lors des interventions à domicile.

La victime de violences conjugales bénéficie également d'un accompagnement dans toutes les phases qui suivent le signalement par des associations spécialisées (aide au logement, pendant la phase judiciaire, après la condamnation de l'auteur...).

La responsabilisation des auteurs de violences conjugales

Ces dispositifs réglementaires se complètent par des expérimentations nationales ou locales (document 7) qui prennent en compte les auteurs de violences conjugales par une prise en charge thérapeutique, associée à un suivi socio-judiciaire. Les SPIP sont parties prenantes de ces initiatives et s'attachent à traiter les auteurs dans le cadre de partenariats locaux (document 9).

La prise en compte des violences conjugales en France s'est considérablement améliorée, mais nous sommes encore loin de l'Espagne, régulièrement citée en exemple (document 8). En effet, il y a quinze ans, à travers la loi de protection intégrale contre les violences de genre, validée par le tribunal constitutionnel espagnol, il a été considéré que les agressions conjugales pouvaient avoir un traitement pénal différencié et discriminatoire quand elles sont commises par l'homme car elles créent un plus grand dommage en raison du contexte d'inégalité, et par conséquent elles doivent recevoir une condamnation supérieure.

SUJET N° 2 : Note de synthèse

Session 2019

DURÉE : 3 HEURES

Énoncé

À l'aide des documents ci-joints, vous rédigerez une note de synthèse sur l'accès à la culture pour les publics empêchés.

Liste des documents

Document n° 1 : Article 27 de la déclaration universelle des droits de l'homme, 10 décembre 1948.

Document n° 2 : Marie Calmet, « *Médiathèque, publics empêchés, publics éloignés : les enjeux d'un projet de service spécifique* », mémoire de fin d'étude de diplôme de conservateur des bibliothèques, École nationale supérieure des sciences de l'information et des bibliothèques (ENSSIB), 2004.

Document n° 3 : « *Une politique de la culture : pour une humanité à partager et une autre mondialisation* », texte adopté lors de l'assemblée générale de la Ligue de l'enseignement, à Graville, le 27 juin 2011.

Document n° 4 : Circulaire du 3 mai 2012 relative à la mise en œuvre des projets culturels destinés aux personnes placées sous main de justice et aux mineurs sous protection judiciaire.

Document n° 5 : « *Les publics empêchés* », site Internet de la Direction des affaires culturelles de Guadeloupe, 2018.

Document n° 6 : Article « *La dame s'invite à l'hôpital* », site Internet du CHU de Nantes, le 20 février 2012.

Document n° 7 : Accueil des publics empêchés (Protection judiciaire de la jeunesse et Administration pénitentiaire) à l'Institut du mon arable (IMA), site Internet de l'IMA, 2018.

Document n° 8 : Philippe Dagien, « *Taule art* », *Le Monde*, 12 octobre 2013.

Document n° 1

Déclaration universelle des droits de l'homme (1948)

Article 27

1. Toute personne a le droit de prendre part librement à la vie culturelle de la communauté, de jouir des arts et de participer au progrès scientifique et aux bienfaits qui en résultent

2. Chacun a droit à la protection des intérêts moraux et matériels découlant de toute production scientifique, littéraire ou artistique dont il est l'auteur.

Document n° 2

Bibliothèques et publics dits « empêchés » : état des lieux

C'est à partir des années 80 que les notions de publics empêchés et d'exclusion culturelle apparaissent dans le domaine des bibliothèques de lecture publique. Ces concepts ont évolué au fil des décennies, ils se sont précisés. Des définitions et des éléments théoriques ont émergé. Travailler sur ce sujet nécessite de faire préalablement un bref état des lieux qui permette de mieux comprendre dans quel contexte nous nous inscrivons aujourd'hui.

1. Rappel historique

Depuis quelques dizaines d'années, il semble que les disparités culturelles et sociales se creusent en France. Nombreux sont ceux qui se trouvent isolés à cause de leur situation personnelle et qui n'accèdent pas aux services institutionnels. L'État et les collectivités locales en ont pris conscience et cherchent à faciliter l'accès pour tous à l'information et au savoir. Celui-ci est en effet une condition essentielle à l'insertion et à la citoyenneté. Les bibliothèques municipales, lieu de connaissance indiscutable, sont concernées. Elles se voient attribuer une mission particulière en participant à la politique culturelle de leur tutelle.

1.1. Un contexte d'exclusions de plus en plus marquées

1.1.1 La reconnaissance de l'illettrisme et de la « fracture numérique »

Les années 70 marquent les débuts d'une période faste dans le domaine des constructions d'établissements culturels et des services qui y sont offerts. Ces derniers se diversifient au sein de locaux modernes et adaptés. Les bibliothécaires peuvent y mettre en application leurs préconisations en matière d'offre de lecture, notamment en prenant en compte le public enfantin, en proposant de nouveaux médias, en mettant en valeur les collections par l'intermédiaire d'animations. La reconnaissance des phénomènes d'illettrisme à cette même époque entraîne pourtant déjà de nombreuses interrogations : alors même que certaines personnes ont été scolarisées, elles ne maîtrisent pas suffisamment l'écrit pour faire face aux exigences minimales requises dans leur vie quotidienne. Cette tendance qui s'intensifie jusque dans les années 80, conduit le gouvernement de l'époque à demander des rapports sur la pauvreté d'abord, puis sur l'illettrisme. Aujourd'hui, en dépit des nombreux établissements culturels existant sur notre territoire et de la scolarisation totale des enfants, on compte entre 10% et 20% de la population adulte concernés à des degrés divers par l'illettrisme. Or, que ce soit dans l'organisation du temps collectif ou dans la vie privée, l'écrit a pris une place prédominante dans notre société, en même temps qu'il devient plus complexe et plus inégalitaire pour certaines personnes. Claudie Tabet souligne qu'il y a vingt ans, les illettrés étaient invisibles car personne ne décelait leur handicap alors qu'ils étaient occupés par des activités manuelles[2]. L'illettrisme entraîne différents problèmes qui concernent des approches sociales (il est facteur d'inégalité et de société « duale »), économiques (cause de perte d'emploi ou d'obstacle à en trouver un), pédagogiques, psychologiques (il se vit en terme d'image de soi négative), politiques (il constitue un obstacle à l'exercice de la citoyenneté). Les compétences liées à l'écrit et à la communication sont en effet essentielles à travers toutes activités personnelles et professionnelles. Sont donc exclus de la reconnaissance que confère la place occupée par l'écrit tous ceux qui ne le maîtrisent pas, et ce tout particulièrement dans le domaine de l'emploi.

De même, l'accès à l'information passe énormément aujourd'hui par l'usage des nouvelles technologies. A l'identification des phénomènes d'illettrisme s'ajoute depuis quelques années la prise en compte de « l'illectronisme ». Ce néologisme désigne l'incapacité à utiliser correctement les ressources électroniques, à maîtriser ces nouveaux supports de l'information et de la communication. Or ces médias jouent un rôle essentiel dans l'accès aux documents (notamment dans le

---

[2] Tabet, Claudie. *Op.cit.*, page 14.

domaine de la recherche d'emploi). Sylvie Teillard et Maryse Oudjaoudi le rappellent : « *L'intrusion des technologies de l'information et de la communication (TIC) touche désormais l'ensemble de la population : retirer de l'argent, acheter un titre de transport, etc., de nombreux actes de la vie quotidienne nous amènent à nous confronter aux écrans. Ce développement explosif de la technologie s'accompagne d'effets très variés. Pour certains, c'est une source de plaisir, et pour d'autre, une source d'exclusion(...) Les usagers exclus prioritairement de l'accès au multimédia sont bien sûr les jeunes ou adultes faiblement qualifiés, les étrangers en cours d'alphabétisation, ou les personnes en situation d'illettrisme* »[3]. Les bibliothèques peuvent participer à la réduction de cette « fracture numérique » qui génère des inégalités culturelles et sociales, notamment en proposant du matériel informatique, des formations à l'utilisation de ces nouvelles technologies.

1.1.2 L'exclusion physique

Parallèlement, des situations d'exclusion touchent également les personnes victimes d'un handicap physique. Il est frappant de noter par exemple que l'illettrisme concerne près de 80% des personnes sourdes profondes. Celles-ci rejettent bien souvent le livre, vecteur de cette langue qu'elles n'entendent pas ou ne parlent pas. Les handicaps visuel, auditif et moteur rendent plus complexe l'accès aux documents pour diverses raisons évidentes. Rares sont les collections de bibliothèques qui proposent des fonds spécialisés. Les plus développés sont ceux en gros caractères. Peu mettent en place des animations à destination de ces publics, qu'il s'agisse d'animations spécialisées (accueil de groupes) ou larges (contes s'adressant à la fois au public entendant et au public sourd). L'accès simplement physique à l'équipement culturel et à ses collections peut être problématique. L'organisation de l'espace n'est pas toujours pensée pour accueillir des personnes à mobilité réduite ; les déplacements à l'intérieur de l'établissement sont limités, notamment en raison de la disposition des mobiliers. La signalisation pour les malvoyants et malentendants est rare. Enfin les documents et les outils de recherche documentaire peuvent être physiquement inaccessibles.

---

[3] Teillard, Sylvie et Oudjaoudi, Maryse. *Les activités de formation et d'insertion à la bibliothèque municipale de Grenoble*. BBF, 2002, t.47, n°3, pages 70-71.

Une médiation accrue est donc nécessaire pour accueillir dans les meilleures conditions ces publics qui, en tant qu'habitants d'une collectivité, doivent bénéficier de ses services au même titre que l'ensemble des autres résidants.
Le vieillissement de la population condamne par ailleurs de plus en plus de personnes âgées à vivre seules, à se déplacer plus difficilement et à rompre tout lien avec la vie culturelle et sociale qui les entoure. Là encore, les situations d'isolement et d'exclusion se multiplient.

1.1.3 Pratiques culturelles et intégration

De manière plus générale, à l'heure où les pratiques culturelles sont le fait d'une minorité de français qui les cumule[4], il est reconnu que ces pratiques, notamment la lecture, favorisent l'intégration. Ceux qui en sont exclus se retrouvent plus rapidement dans des situations globales d'exclusion. La lecture est totalement impliquée dans l'organisation et les conditions sociales. Le rôle de la culture semble donc bien déterminant aujourd'hui dans une logique d'intégration et de cohésion sociale.

1.2. L'engagement des collectivités territoriales et de l'État

1.2.1 Bref historique

Le développement des bibliothèques municipales, à partir des années 70, est lié à une plus grande implication des collectivités et de l'État dans le rôle tenu par l'écrit au sein de notre société. L'enjeu de ces équipements est bien la démocratisation de la culture. Les élus locaux confirment leur intérêt pour ces établissements fréquentés au sein des communes et mettent en pratique des politiques culturelles locales ambitieuses grâce aux lois de décentralisation qui le leur permet dès 1982. L'élection de François Mitterrand à la Présidence de la République en 1981 ouvre une période où l'intervention de l'Etat en matière culturelle revêt une importance symbolique et budgétaire encore jamais vue. A partir de 1984, Jack Lang, alors Ministre de la Culture, attire l'attention des élus, militants et professionnels de la lecture, sur les

---

[4] Donnat, Olivier. *Les pratiques culturelles des français*. Paris : La documentation française, 1997.

publics qui, pour des raisons de langue, de santé, de statuts ou d'âge, ne peuvent être considérés comme desservis par les services de base des bibliothèques. Lors d'une communication au Conseil des ministres en janvier 1984, il affirme sa « volonté d'étendre le territoire du livre (...) en direction de nouveaux lieux et de nouveaux publics ». Ces derniers sont ceux qui pour des raisons physiques ou culturelles ne se rendent pas d'eux-mêmes au sein des lieux culturels. Jack Lang pense alors plus précisément à des catégories de lecteurs que les bibliothécaires ne prennent pas suffisamment en compte, comme les jeunes, les personnes âgées, les retraités, les personnes handicapées. Il s'agit bien d'une démarche militante qui préconise le contact directement sur le terrain.

1.2.2 Rôle de l'État et des collectivités territoriales

Aujourd'hui, le Département du développement de la lecture et des bibliothèques territoriales, qui appartient à la Direction du Livre et de la Lecture, oriente les politiques publiques nationales de la lecture. Son bureau du développement de la Lecture développe plusieurs axes d'intervention dont celui de la lutte contre l'illettrisme et l'exclusion. Il œuvre en faveur des partenariats au sein d'un territoire donné en faveur de la lecture et encourage les projets qui contribuent à son développement. Plus précisément, il soutient la création de services destinés aux personnes handicapées (aveugles et malvoyants notamment) et incite à l'embauche de médiateurs pour mener des actions en direction des publics éloignés du livre et de l'écrit. [5] Du point de vue local, les politiques de la ville ont pour objectif de pallier les dysfonctionnements de certains quartiers dus à des problèmes économiques, d'échec scolaire, de délinquance, d'exclusions culturelles et sociales. La culture, et donc la lecture publique, trouvent leur place dans deux domaines essentiels : l'amélioration du cadre de vie et le domaine transversal de la citoyenneté.

En fait, pour les ministres et les élus locaux, il semble évident que certaines pratiques culturelles appropriées prenant en compte les spécificités de chacun, permettent à tous les publics d'affirmer leur

---

[5] *Bureau du développement de la lecture.* http://www.culture.fr/culture/dll/deplect.htm

dignité et d'accéder à une reconnaissance sociale favorable à la cohésion d'un territoire et à l'engagement citoyen : *« un certain nombre d'expériences originales montrent que les « exclus » de la culture peuvent trouver dans des pratiques culturelles appropriées un mode d'expression qui, tout à la fois, leur permet d'affirmer leur identité (...) tout en apportant à la vie culturelle du pays quelque chose de neuf susceptible de l'enrichir, ne serait-ce que par des questionnements inattendus ou dérangeants. Par là, culture peut devenir facteur d'intégration »*[6]. Les tutelles octroient donc à leurs équipements culturels, et particulièrement à leur bibliothèque, un rôle spécifique dans le travail de démocratisation de la culture.

1.3. Le rôle des bibliothèques de lecture publique

1.3.1 Engagement au sein de nouveaux territoires

Dès cette époque, les bibliothèques orientent donc leurs actions vers de « nouveaux territoires », à la recherche de nouveaux publics. Ces nouveaux territoires habités par ces nouveaux publics sont tous ces espaces hors de l'institution culturelle elle-même. Ce sont des lieux comme les hôpitaux, les prisons, les quartiers d'habitat social, les marchés, les écoles, les comités d'entreprise. L'objectif est de toucher tous ceux qui, on le voit déjà, ne peuvent fréquenter la bibliothèque pour des raisons d'empêchement physique (prisons et hôpitaux par exemple) ou pour des motifs d'éloignement culturel. Ils ne connaissent pas l'existence de cet équipement culturel et s'ils le connaissent, ne le perçoivent pas comme un service les concernant. Les bibliothécaires se donnent pour mission de le leur faire découvrir en se l'appropriant.

1.3.2 Quelques textes fondateurs

Si aucune loi ne régit véritablement le rôle des bibliothèques, plusieurs textes fondateurs rappellent leurs grandes orientations. Ainsi, sept ans après la volonté exprimée par Jack Lang de partir à la rencontre de tous les citoyens, le Conseil supérieur des bibliothèques adopte une *Charte*

[6] Poteau, Gérard et Blaize, Jean-Christophe. *Culture et Intégration : expériences et modes d'emploi.* Paris : La lettre du Cadre territorial, 1998.

des bibliothèques qui précise par écrit, les différents rôles et enjeux des bibliothèques françaises[7]. Là encore, l'idée d'accessibilité pour tous est mentionnée dès le début du texte « *La bibliothèque est un service public nécessaire à l'exercice de la démocratie. Elle doit assurer l'égalité d'accès à la lecture et aux sources documentaires pour permettre l'indépendance intellectuelle de chaque individu (...) aucun citoyen ne doit en être exclu du fait de sa situation personnelle. En conséquence, elles doivent rendre leurs collections accessibles par tous les moyens appropriés, notamment par des locaux d'accès facile (...) des équipements de desserte de proximité* ». Une note précise que la situation personnelle concerne notamment les personnes empêchées ou éloignées. Sans avoir valeur d'obligation, ce texte s'inscrit dans un cadre de préconisations qu'on retrouve à travers le *Manifeste de l'Unesco* ou les principes directeurs de l'IFLA et de l'UNESCO. Ces textes internationaux rappellent fortement la nécessité de servir tous les habitants d'un territoire, sans aucune distinction : « que ces services soient ouverts à tous et non pas réservés à un groupe dans la communauté à l'exclusion des autres est un principe fondamental de la bibliothèque. Des dispositions devraient être prises pour garantir que les services soient également accessibles aux groupes minoritaires qui, pour une raison ou pour une autre, ne sont pas à même d'utiliser les services à la disposition du grand public »[8]. Un peu plus loin, ce texte précise que des services à l'intention des groupes d'usagers spéciaux sont souhaitables. Il propose des orientations pour un égal accès au service et matériels, dont des services à domicile pour ceux qui ne peuvent se déplacer, sur les lieux de travail, dans des institutions comme les prisons et hôpitaux mais également la mise à disposition de matériels spécifiques pour les personnes souffrant de handicaps, de services pour les immigrants et les nouveaux citoyens afin de les aider à trouver leur voie dans une société différente. Toutes ces missions

---

[7] *Charte des bibliothèques, adopté par le Conseil supérieur des bibliothèques le 7 novembre 1991, Rapport du président pour l'année 1991.* Paris : Association du Conseil supérieur des bibliothèques, 1992.

[8] *Les services de la bibliothèques publiques : principes directeurs de l'IFLA / UNESCO.* Paris : Association des bibliothèques de France, 2002, page 17.

inscrivent la bibliothèque au cœur d'un processus volontariste de diffusion du livre et de l'écrit auprès du plus grand nombre. Elle ne peut se contenter d'offrir ses collections et ses services à ceux qui la fréquentent habituellement mais elle doit plutôt mettre en place des actions plus personnalisées afin de desservir tous ses publics potentiels. Elle s'inscrit surtout dans le cadre des services publics et, en tant que telle, elle travaille à partir d'éléments constitutifs du service public dont l'égalité d'accès. Dans cette optique, elle part à la conquête de nouveaux usagers.

2. Différentes actions en direction des publics dits « empêchés »

Plusieurs types de services sont mis à la disposition des publics empêchés. Avant de les décrire, de préciser leurs formes et leurs objectifs, il est essentiel de s'arrêter sur quelques définitions indispensables.

2.1. Quelques notions à clarifier : plusieurs types de publics, un même constat pour les bibliothèques

2.1.1 Publics empêchés et publics éloignés

Avant d'expliquer en quoi consistent les différents services en direction des publics dits empêchés et de réfléchir à ce qu'ils recouvrent, il est indispensable de préciser un certain nombre de définitions afin de mieux comprendre ce dont il s'agit concrètement. C'est la notion d'empêchement qui a été d'abord mise en évidence, dans les années 80, pour désigner toutes les personnes qui n'accèdent pas aux services de la bibliothèque pour des raisons d'abord physiques. Ces personnes peuvent être handicapées par une maladie, un handicap physique, sensoriel, l'âge. Elles peuvent également être dans une situation d'enfermement plus ou moins long, lors d'une condamnation en prison, d'un séjour à l'hôpital ou en maison de retraite. Claudie Tabet distingue plusieurs situations qui éloignent les usagers de l'offre de lecture[9] : les

[9] Tabet, Claudie. *Op.cit.*, page 39.

situations d'empêchement, précédemment explicitées mais également ce qu'elle nomme les situations « de loisirs » qui concernent une part des jeunes « inoccupés » et dont l'inactivité peut être une conséquence de l'absence de formation et d'emploi, de l'ennui, de la morosité, de la révolte, de la misère... Aujourd'hui, on désigne plutôt ces personnes comme « éloignées » dans le sens où il s'agit davantage d'un éloignement socioculturel à la culture et au livre. Ces publics n'ont pas l'habitude de fréquenter la bibliothèque, ils ne la connaissent pas toujours et lorsqu'ils la connaissent, ils ne la considèrent pas comme un équipement qui leur est destiné. Ils ne s'en sentent pas proches, au sens propre parfois, comme au sens figuré.

2.1.2 Une même situation d'exclusion culturelle

On peut dire que les publics empêchés et les publics éloignés ne sont pas concernés par les services culturels pour des raisons très diverses : peu de points communs entre un détenu, une personne handicapée physique, une personne âgée en maison de retraite, un enfant d'un halte-garderie, un habitant d'un quartier sensible... Pourtant, toutes ces personnes partagent une situation d'exclusion par rapport à l'offre de la bibliothèque. Certaines d'entre elles désignent d'ailleurs les publics empêchés et éloignés par le terme plus général « d'exclus ». La notion de publics dits empêchés a été utilisée jusqu'à présent de manière indistincte pour réunir ces différents publics; mais il est plus juste de distinguer « publics empêchés » pour des raisons physiques, « publics éloignés » pour des raisons socioculturelles ou « publics exclus » plus globalement, même si ce terme semble trop large et par ailleurs fortement connoté. Il a pourtant l'avantage de désigner différents types d'usagers qui partagent un *même* point commun : ils ne fréquentent pas la bibliothèque et ne bénéficient pas de son offre culturelle. Il s'agit alors, dans une logique de service public et d'égalité d'accès à la culture, de desservir ces publics par le biais d'actions plus particulières compensant les situations d'exclusion.

2.2. Les différents services offerts à ces publics

2.2.1 Les actions en direction des lecteurs immobilisés

Depuis une vingtaine d'années, les bibliothécaires proposent des services plus précisément destinés à ces publics, afin d'aller à leur rencontre. Le plus souvent, ces actions se déroulent hors des murs de la bibliothèque, directement au sein des lieux dans lesquels vivent les publics visés. Ainsi, des services divers, du simple dépôt de documents à la mise en place d'ateliers d'écriture ou de rencontres avec les auteurs, sont proposés sur les lieux de vie des publics. Les besoins sont notamment nombreux en prison. Selon les chiffres de 1995, la population carcérale comprend presque un quart d'illettrés. Plus de 80% des détenus ne sont pas allés au-delà de la classe de 5e. Les dispositifs de lutte contre l'illettrisme et de développement de la lecture correspondent donc à des besoins évidents, notamment dans l'optique d'une réinsertion sociale à venir qui passe bien souvent par la recherche d'un emploi. En 1996, sur 183 établissements pénitentiaires, 120 possèdent une bibliothèque en accès direct. 84 bibliothèques municipales ou départementales interviennent dans la gestion, l'animation, la formation des détenus. Les actions culturelles les plus fréquentes sont les rencontres avec des écrivains, les ateliers d'écriture, cercles de lecture, interventions de conteurs, etc. Claudie Tabet souligne que, malgré les efforts accomplis, les prisons continuent de vivre sous le régime de la pénurie culturelle[10].

Les interventions de certaines bibliothèques dans les hôpitaux compensent également l'inexistence de structures culturelles en milieu hospitalier. Une enquête menée par la DLL montre qu'il y a dix ans, sur 1860 questionnaires envoyés à des établissements hospitaliers, 320 hôpitaux seulement répondaient qu'ils avaient eu l'occasion de travailler en partenariat avec des bibliothèques de lecture publique. Le reste des propositions d'offre de lecture dépend du bénévolat et donc de l'engagement de quelques-uns.

Dans le domaine de la santé, d'autres services sont offerts par les bibliothèques de lecture publique. Le portage à domicile se développe

---

[10] Tabet, Claudie. *Op.cit.*, page 79.

dans de nombreuses bibliothèques pour les populations peu autonomes. Il concerne bien souvent les personnes handicapées qui ne peuvent se déplacer jusqu'à la bibliothèque ou les personnes âgées qui rencontrent les mêmes difficultés. Des actions auprès des résidents de maisons de retraite se développent parallèlement.

2.2.2 La mise à disposition pour tous des collections

Certains services s'adressent plus spécifiquement aux personnes handicapées pouvant se déplacer jusqu'à la bibliothèque mais ne pouvant disposer des collections et des services de la même façon que les autres lecteurs. C'est le cas des personnes aveugles, sourdes, malentendantes ou handicapées mentales. Des accueils plus spécifiques leur sont proposés, des appareils techniques permettent la lecture des documents. Aucune obligation ne contraint les bibliothèques à proposer ce genre de service, hormis bien entendu la nécessaire accessibilité au bâtiment. Les services s'organisent selon les besoins repérés sur le territoire de la commune. Quelques exemples seront concrètement développés un peu plus loin, lors de la description d'expériences en cours.

2.2.3 La sensibilisation des publics éloignés

Dans le champ social, les bibliothèques tentent d'intervenir au coeur des structures accueillant les tout-petits qui ne bénéficient pas tous d'un éveil, d'une sensibilisation aux livres ou à la musique. Des actions de médiation dans les crèches, les haltes-garderies qui voient souvent défiler beaucoup d'enfants, les PMI (Protection Maternelle Infantile), sont proposées aux enfants mais également parfois à leurs parents. Les partenariats autour du livre peuvent se créer également avec des associations d'alphabétisation, des groupes de soutien scolaire. L'objectif est de mettre en contact ces publics avec une proposition de lecture qui ne leur est pas familière. Il faut déjà noter ici toute l'importance du partenariat qui permet de déployer les services de la bibliothèque au-delà de ses propres murs. Nous y reviendrons plus tard mais, dès cette présentation générale des services en direction des publics empêchés et éloignés, il convient de souligner l'importance de personnes relais hors de l'institution culturelle. Toutes ces actions, qu'elles concernent les prisons, les hôpitaux, les crèches, les associations, découlent d'un même constat : pour toucher les publics non familiers des bibliothèques, il faut se rapprocher d'eux et intégrer une offre de service au cœur de « leur espace ».

2.3. Une nécessaire proximité

2.3.1 Les objectifs des services hors les murs

2.3.1.1 Proposer un accès au document en tout lieu

Quel que soit le type d'actions menées par les bibliothèques, l'essentiel est de sortir des murs de la bibliothèque puisque les publics visés ne s'y rendent pas naturellement. Il s'agit donc de déployer les services offerts sur un territoire donné. Ainsi, la bibliothèque hors les murs est un des moyens indispensables à la médiation culturelle. Il est évident que la bibliothèque qui cherche à s'adresser aux publics empêchés doit se rendre sur le lieu dans lequel ils résident ou, tout au moins, leur permettre d'accéder à distance à ses services puisque ces publics, par définition, ne peuvent se déplacer. C'est le cas des bibliothèques qui laissent des dépôts d'ouvrages, qui animent des ateliers ou des cercles de lecture dans les prisons, les hôpitaux, les maisons de retraite. Il s'agit alors de proposer une offre de lecture sur place afin de compenser l'empêchement lié à la situation d'immobilité et d'enfermement. Pour les bibliothécaires, l'objectif est « simplement» de desservir tous ses usagers, sans discrimination liée à leur situation particulière. Il n'est pas évident que ces lecteurs se rendront pàr la suite à la médiathèque. Leur venue éventuelle dépend de la durée de leur situation d'empêchement qui peut être variable. On peut envisager que certaines personnes ayant bénéficié des services d'une bibliothèque lors d'un séjour à l'hôpital se rendront dans cette bibliothèque (ou dans une autre), une fois leur hospitalisation terminée. Mais ce n'est pas seulement cette venue ultérieure à la bibliothèque qui est importante, c'est le profit tiré de l'accès aux ouvrages, du travail autour du texte, de l'écriture, des discussions autour d'une lecture...

2.3.1.2 Provoquer la découverte et la venue à la médiathèque

Pour les publics éloignés, il s'agit de se rapprocher des lecteurs potentiels, non pour leur permettre une accessibilité physique aux documents, mais pour « désacraliser » l'institution que représente bien souvent à leurs yeux la bibliothèque municipale. C'est ce que préconisent plusieurs associations qui font référence dans le domaine des actions hors les murs. La philosophie du mouvement ATD-Quart Monde se caractérise depuis plus de trente ans par une démarche de rencontre avec les populations défavorisées les plus éloignées du livre, grâce à la constitution de bibliothèques de rue. Environ deux tiers des bibliothèques de rue animées par ATD coopèrent avec les bibliothèques municipales ou d'autres structures culturelles. Selon les disponibilités et les lieux, la coopération varie, allant du simple dépôt à l'accueil en bibliothèques autour d'animations et, beaucoup plus rarement, jusqu'à l'animation conjointe. La Joie par les livres, dont la mission est la promotion de la lecture enfantine au niveau national, est à l'origine d'une des expériences les plus anciennes en matière de bibliothèque de rue. Sortir les livres et aller à la rencontre des enfants, en s'inspirant des méthodes d'ATD, est une préoccupation essentielle pour cette bibliothèque. De même, l'association ACCES (Actions Culturelles Contre les Exclusions et les Ségrégations), pionnière en matière d'action culturelle en direction de la petite enfance, cherche à favoriser la rencontre du livre et du public par le biais d'actions innovantes. Dominique Layat explique le travail qui a été mené à Besançon dans le cadre d'un projet d'extension de la bibliothèque de rue à plusieurs quartiers de la commune. Il souligne que La Joie par les livres, à Clamart, et la bibliothèque des Clairs-Soleils, à Besançon, semblent être les seules bibliothèques à organiser régulièrement et à assumer entièrement l'activité de lecture de rue à partir de leur propre structure[11]. La bibliothèque de rue est une des réponses possibles à l'éloignement des publics. Relativement souple, elle peut s'adapter à

---

[11] Layat, Dominique, *Le livre contre l'exclusion : lecture et bibliothèque de rue à Besançon. Mémoire détude*. Villeurbanne : Ecole nationale supérieure des sciences de l'information et des bibliothèques, 1995, page 13.

différents contextes et son efficacité est fonction de cette simplicité. Néanmoins, descendre dans la rue avec des livres suppose que l'on prenne des risques comme celui de s'exposer au chahut des enfants et des jeunes, à l'incompréhension. Une parfaite connaissance du territoire, des habitants du quartier, des partenaires potentiels s'impose. Une bibliothèque de rue ne s'improvise pas.

Pour ces publics éloignés, la découverte des livres est une première étape. L'objectif des bibliothécaires est bien de faire venir si possible ces lecteurs initiés jusqu'à l'établissement. La bibliothèque de rue est ainsi un moyen d'aller à la rencontre de ces publics accompagné de livres, mais elle n'est pas une finalité en soi. Elle permet de parler de la bibliothèque municipale aux publics concernés, de la présenter et de les y conduire autant que possible. Il n'est pas question dans ce cadre d'apporter un service particulier qui conforte les usagers dans une situation d'exclusion mais bien de leur permettre de s'ouvrir à de nouvelles pratiques de lecture, notamment en venant jusqu'à la bibliothèque. Cette rencontre avec l'équipement en tant qu'institution peut se faire sous différentes formes. Elle peut avoir lieu dans un premier temps lors des heures de fermeture de l'établissement au grand public, alors que ces usagers seront seuls pour découvrir et s'approprier l'espace. Leur venue ultérieure, aux heures d'ouverture traditionnelles, peut nécessiter une médiation particulière.

2.3.2 La médiation au sein de l'établissement

Lorsque les publics éloignés ou certains de ceux que nous avons précédemment décrits comme empêchés se rendent à la médiathèque, ils ont parfois besoin d'une médiation adaptée de la part des bibliothécaires. En effet, peu familiarisés avec l'équipement, son fonctionnement, ses locaux, ses règles, ces publics sont davantage demandeurs. C'est afin de répondre à leurs attentes que certains médiateurs du livre, au sens statutaire, ont été engagés. Ils ont pour mission de relayer l'action des bibliothécaires, au plus près des habitants (c'est le cas de ceux qui organisent des bibliothèques de rue) mais également au sein de la médiathèque, en proposant un accompagnement à l'intérieur de l'équipement. Les médiateurs sont alors des médiateurs internes qui travaillent à la prise en charge personnalisée de certains usagers afin de « transmettre à ceux qui ne les maîtrisent pas les points de repères et les savoirs de base »[12] dans le cadre du fonctionnement de la médiathèque. Certains médiateurs sont médiateurs du livre, d'autres des bibliothèques, d'autres des nouvelles technologies. Rappelons que les nouvelles technologies sont un facteur attractif pour toute une partie du public qui ne fréquente pas habituellement la médiathèque.

Les formations à l'utilisation de ces nouveaux supports de l'information et de la communication sont essentielles et vont dans le sens d'une réduction des situations d'exclusion dans le domaine des nouvelles technologies. Sylvie Teillard et Maryse Oudjaoudi le signalent : «*Quand nous proposons l'accès au multimédia indistinctement de la même manière à tous nos usagers, nous ne faisons que renforcer les exclusions. L'approche du numérique par les publics en insertion ou en cours d'alphabétisation ne peut se construire par une politique de l'offre, mais à travers des partenariats avec des organismes de formation, et elle suppose une forte mobilisation des bibliothécaires* ».

Les notions de formation et de médiation sont ici indispensables afin de rendre autonomes les publics concernés. L'intégration des personnes empêchées et éloignées à l'ensemble du public de l'établissement, par son accès au lieu, son usage des collections « papiers » et électroniques, son respect des règles, est un objectif essentiel pour les bibliothécaires.

---

12 Leturcq, Sandrine. *Médiateurs en bibliothèque : une fonction ou un métier ? exemple de la bibliothèque municipale de Lyon. Mémoire d'étude.* Villeurbanne : Enssib, 1998, page 20.

Document n° 3

Quand la Ligue de l'enseignement décide de questionner en 2011 la place de la culture dans son action, elle sait qu'elle touche au cœur même de son projet politique et éducatif. Car en effet, qu'on en retienne le périmètre le plus large, celui que revendique la Ligue, que lui donne le philosophe Jean Lacroix, « un Homme cultivé est un homme qui se situe », ou bien chacune de ses dimensions – les sciences, les savoirs, les arts, les techniques, les pratiques sociales, les traditions, les langues, les droits, les croyances et les convictions... –, la culture est constitutive du projet d'éducation permanente au suffrage universel de la Ligue. Elle apparaît comme un puissant ingrédient de son action émancipatrice pour la construction de personnes autonomes et solidaires, source de la République démocratique, laïque, indivisible et sociale.

La culture comme injonction démocratique

Mais bien au-delà de la Ligue, c'est notre société qui a fait une telle place à la culture. Ainsi la Constitution de la France précise-t-elle que « *la Nation garantit l'égal accès de l'enfant et de l'adulte à l'instruction, à la formation professionnelle et à la culture* ». Les textes internationaux nous y engagent aussi, par exemple la charte constitutive de l'Unesco ratifiée par notre pays et la quasi totalité des Etats de la planète : « *la dignité de l'Homme exigeant la diffusion de la culture et l'éducation de tous en vue de la justice, de la liberté et de la paix, il y a là pour toutes les nations des devoirs sacrés à remplir dans un esprit de mutuelle assistance* ».

A l'évidence une telle charge oblige à ne pas identifier la culture comme le seul domaine des arts auquel nous aurions rajouté le patrimoine ou encore l'information et la communication. Or c'est là un des premiers éléments du questionnement qu'implique cette réflexion. En France, en matière d'action publique notamment, quand on parle de culture c'est de fait des arts, des artistes et de leurs œuvres et de certains éléments du patrimoine... bâti et visible si possible ! C'est un peu comme pour l'éducation qui ne serait faite que de l'école.

Le parallèle n'est pas anodin. Culture et éducation ont une dimension institutionnelle forte qui tout à la fois les légitime et les expose à la

2

disqualification quand les institutions sont fragilisées. Les trois termes culture, éducation et démocratie sont d'ailleurs souvent associés comme dans une dialectique vertueuse, car autant il est vain de faire vivre la démocratie sans culture et sans éducation, autant il semble impossible de concevoir une éducation sans culture ou une culture qui ne se fonderait pas aussi sur des systèmes éducatifs. Vertueuse, mais trompeuse aussi, car nous connaissons pourtant des Etats totalitaires aux politiques éducatives très élaborées. Et quant à la culture, le XXe siècle, en Europe particulièrement, ne manque pas de tragédies, de barbaries, de négation même de l'humanité, fomentées par des pays de haute et ancienne culture, allant même jusqu'à fonder ces négations sur des arguments culturels. Admettons donc, comme y invitait Jean Vilar, « *que la culture ne vaut que par ce que valent les mains qui la tiennent* ».

En conséquence, la question posée par la Ligue n'est-elle pas d'abord celle-ci : la culture héritée, créée, produite, échangée, diffusée, mobilisée par les politiques publiques et des acteurs multiples, dont les mouvements d'éducation populaire ; la culture dans ses pratiques individuelles et collectives ; cette culture-là est-elle à la hauteur des enjeux démocratiques de la France, dans l'Europe et la mondialisation ? Par exemple, une démocratie peut-elle se contenter comme c'est le cas dans notre pays, d'une école faite pour la moitié de ses élèves, d'autres institutions culturelles publiques pour 20% de la population [1] et d'industries culturelles conçues en majorité pour « fabriquer du temps de cerveau disponible pour les publicitaires » ?

La culture prend ici tout son sens, celui que lui donnait Jean-Marie Tjibaou, le leader kanak : « *La culture est bien l'ensemble des solutions qu'une communauté humaine hérite, adopte et invente pour trouver des issues aux crises qui la traversent.* » Il entendait les crises comme les choix nécessaires qui jalonnent toute l'histoire de l'humanité et des civilisations.

© Benoît Debuisser

1. Pratiques culturelles des Français à l'ère numérique, Enquête 2008, ministère de la Culture et de la Communication.

3

Le travail de la culture pour la démocratie

Car c'est bien ici que se situe l'enjeu de la culture et du travail qui la mobilise. Il n'est nul besoin de détailler l'époque qui est la nôtre pour y déceler les nombreux choix, en partie inédits, que nous devons faire pour continuer à être les acteurs de notre histoire, pour éviter notamment « la sortie de route » de l'humanité. Car le risque de déshumanisation affleure alors que dans le même temps les clefs d'un humanisme renouvelé sont à notre portée dans un monde qui doit faire face à de nombreux défis. Ces défis pourraient être enthousiasmants s'ils sont relevés collectivement, alors qu'ils menacent de faire naître peurs, replis et régressions démocratiques. C'est ce qui faisait déjà dire à Jean Rostand en 1955 que *« tous les espoirs sont permis à l'Homme... même celui de disparaître »*. L'actualité technique, scientifique et environnementale en témoigne périodiquement avec vigueur, mais nulle fatalité n'y conduit. Seuls les comportements, les choix et les décisions humaines les précipitent.

Cinq défis principaux appellent une mobilisation à la fois différente et plus ample de la culture pour que notre démocratie nous permette de les relever : l'indispensable transition écologique, le renouvellement des formes de la démocratie, la réduction des inégalités, l'expression des identités dans la recherche du commun, et l'investissement dans les usages créatifs, collaboratifs et démocratiques de la société numérique.

Nous vivons sans doute un de ces moments rares qui mettent les civilisations devant des choix d'importance exceptionnelle, qu'il faut éclairer, préparer, discuter, faire et accompagner. La culture dans ces moments exceptionnels doit être la source de la politique, de la fabrique de « l'en commun », pour entretenir, renouveler et inventer un futur désirable pour tous, pour donner le goût de l'avenir. Une culture largement ouverte à toutes ses composantes qui permette à chacun et à tous de se situer dans son environnement proche et lointain, dans son histoire et celle des autres, dans ses relations, dans ses connaissances et ses compétences, et dans ses capacités à s'insérer socialement et à transformer la société pour l'améliorer. Vaste programme... mais y en a-t-il un autre qui vaille pour la culture ?

Nous sommes nombreux à être chaque jour un peu plus indignés par les inégalités croissantes, le règne de la finance et de la corruption, la dégradation de la démocratie et de l'esprit public, le cynisme des puissants. Nous sommes également conscients des limites de notre patrimoine naturel et des dangers du consumérisme compulsif.

4

Qu'avons-nous alors à opposer au capitalisme de la démesure, au matérialisme insensé, aux frustrations et aux désespoirs qu'ils nourrissent, à la misère sociale et symbolique qu'ils fabriquent ? Comment conforter ou relancer la dynamique de l'estime de soi et des autres, des cadres collectifs qui permettent de tenir ensemble, des capacités créatrices, de l'innovation sociale ? Comment finalement construire et entretenir du sens à nos vies humaines qui nous permette de faire société ?

5

Des politiques publiques pour la démocratie culturelle

Dans un tel contexte et devant de tels enjeux, il est primordial de faire de la culture un bien commun. Un bien qui doit être constitutif d'une démocratie reconnaissant chaque personne en égale dignité ; un bien qui lui donne les moyens de conduire sa vie, de s'émanciper de ses héritages sans les renier, ou de les revendiquer, de se libérer des dominations ; un bien qui lui permette de prendre sa place dans la collectivité, de participer à la vie commune, de déterminer la nature du gouvernement de la cité et d'en déléguer l'exercice, d'être actrice d'un destin commun partagé.

La culture est une puissante fabrique des représentations, de l'idée que chacun se fait de lui-même, des autres et des cadres dans lesquels il vit. Elle est aussi à la fois un des contenus et un des moteurs de la production de richesses, de biens symboliques ou immatériels, de biens matériels et de services. En cela, son usage doit faire l'objet de régulations : c'est une des fonctions de l'action publique et des politiques qui la traduisent. De telles politiques publiques doivent relever d'un large débat de société embrassant tous les domaines de la culture, dont les arts. Elles doivent occuper toute leur place au Parlement, au Conseil économique, social et environnemental, dans les assemblées des collectivités territoriales, dans les CESER [1] et dans les CCEE [2]. Elles doivent être mises en œuvre à la fois par l'Etat, les collectivités territoriales, leurs institutions culturelles, la société civile – notamment les mouvements associatifs, les métiers concernés et les acteurs économiques et sociaux. Il s'agit de construire une véritable et ambitieuse « politique de l'esprit et de l'imaginaire », pour faire prévaloir les affaires de l'esprit sur l'esprit des affaires, pour affirmer la primauté de l'humain, de l'indispensable unité de la condition humaine sur toute autre considération, pour construire une alternative à une époque qui donne la redoutable impression de fixer le prix de tout et de ne connaître la valeur de pas grand-chose.

1. Conseil économique, social et environnemental régional.

2. Conseils de la culture, de l'éducation et de l'environnement, Instances existant en plus des CESER dans les collectivités d'outremer.

6

Document n° 4

RÉPUBLIQUE FRANÇAISE

Ministère de la Culture et de la Communication

Secrétariat général

Ministère de la Justice et des Libertés

Direction de l'administration pénitentiaire

Direction de la protection judiciaire de la jeunesse

Circulaire du - 3 MAI 2012

relative à la mise en œuvre des projets culturels destinés aux personnes placées sous main de justice et aux mineurs sous protection judiciaire

NOR : MCCB1114516C

Le ministre de la Justice et des Libertés et le ministre de la Culture et de la Communication,

à

Messieurs les Préfets de région
Mesdames et Messieurs les directeurs régionaux des affaires culturelles
Mesdames et Messieurs les directeurs interrégionaux des services pénitentiaires
Mesdames et Messieurs les directeurs interrégionaux de la protection judiciaire de la jeunesse,

et pour information à

Mesdames et Messieurs les premiers présidents de cour d'appel
Mesdames et Messieurs les procureurs généraux près les dites cours
Mesdames et Messieurs les présidents des tribunaux de grande instance
Mesdames et Messieurs les procureurs de la République
Mesdames et Messieurs les vice-présidents chargés de l'application des peines et chargés des fonctions de juge des enfants
Mesdames et Messieurs les juges d'application des peines
Mesdames et Messieurs les juges des enfants

Textes de références:
Convention de l'Unesco du 18 décembre 2006 ;
Loi n° 98-657 du 29 juillet 1998 d'orientation relative à la lutte contre les exclusions ;
Loi n° 2009-1436 du 24 novembre 2009 pénitentiaire ;
Règles pénitentiaires européennes 27.1 à 27.7, 28.5 et 28.6 ;
Articles R. 57-6-17, D.277, D.428, D.440 à D449-1 et D.518 du code de procédure pénale;
Articles L.111 à L.123.11 du code de la propriété intellectuelle;
Protocole culture justice du 25 janvier 1986 ;
Protocole culture justice du 15 janvier 1990 ;
Protocole culture justice du 30 mars 2009 ;
Circulaire du 30 Juin 1990 relative au développement de la lecture pour les mineurs sous protection judiciaire ;
Circulaire du 14 décembre 1992 relative au fonctionnement des bibliothèques et développement des pratiques de lecture dans les établissements pénitentiaires ;

Texte abrogé :
Circulaire du 30 mars 1995 relative à la mise en œuvre des programmes culturels pour les personnes placées sous main de justice.

PRÉAMBULE

Le protocole d'accord du 30 mars 2009 renforce le partenariat entre le ministère de la Justice et des Libertés et le ministère de la Culture et de la Communication. Il offre pour la première fois un cadre commun aux personnes majeures placées sous main de justice et aux mineurs sous protection judiciaire.

Sa mise en œuvre a d'ores et déjà permis des avancées significatives en région, qu'il convient toutefois d'étendre à des territoires encore insuffisamment couverts, et de conforter. Tel est l'objet de la présente circulaire, complétée d'annexes opérationnelles qui faciliteront la diffusion des bonnes pratiques. Un comité de pilotage national du protocole est mis en place et suivra avec attention la mise en œuvre des présentes instructions, sur la base des remontées d'information des instances de pilotage régionales.

Le protocole rappelle que l'accès à la culture est un droit fondamental, au même titre que l'éducation et la santé. Or les personnes concernées font partie des publics les plus éloignés de l'offre culturelle. C'est pourquoi il affirme l'action volontariste des services du ministère de la Justice et des Libertés et du ministère de la Culture et de la Communication, qui contribue ainsi à l'insertion et à la prévention de la délinquance et de la récidive. En effet, la culture est un vecteur d'ouverture et d'échange. Elle a une vertu éducative et citoyenne qui contribue à la revalorisation de l'estime de soi, à la maîtrise des fondamentaux, à l'approfondissement des savoirs de base, et à l'acquisition des compétences professionnelles.

L'accès à la culture des personnes placées sous main de justice et des mineurs sous protection judiciaire s'inscrit pleinement dans les politiques et les missions des ministères signataires soit :

- pour le ministère de la Culture et de la Communication, de ses établissements publics et des structures culturelles subventionnées, la garantie de l'accès à la culture du plus grand nombre ;

- pour le service public pénitentiaire, l'insertion ou la réinsertion des personnes qui lui sont confiées par l'autorité judiciaire, qu'elles soient placées en milieu ouvert ou en milieu fermé ;
- pour les services publics et associatifs de la protection judiciaire de la jeunesse, la prise en charge éducative assurée principalement dans le cadre pénal, en milieu ouvert, dans les établissements de placement ou en détention.

Dans ce cadre, les services déconcentrés du ministère de la Culture et de la Communication et ceux du ministère de la Justice et des Libertés mettent en place, développent et formalisent des partenariats, dans le but de garantir une offre de qualité, diversifiée et pérenne, à destination des majeurs placés sous main de justice, et des mineurs sous protection judiciaire.

Ils font de l'accès à la culture des personnes placées sous main de justice et des mineurs sous protection judiciaire une priorité partagée et s'assurent que cette offre réponde aux besoins des bénéficiaires.

1. Une offre culturelle à destination des personnes placées sous main de justice et des mineurs sous protection judiciaire

1.1. Le droit à la culture

La culture est un droit et un vecteur d'insertion. Vous favoriserez l'accès des mineurs sous protection judiciaire et des majeurs placés sous main de justice aux dispositifs culturels ouverts à tous, en concevant, en cas de besoin, une médiation adaptée. Tous les dispositifs de droit commun relevant du ministère de la Culture et de la Communication pourront être déclinés à leur intention : résidences d'artistes, jumelages, festivals nationaux et régionaux, manifestations culturelles, offre de lecture publique, accès à la presse…

La réalisation d'une programmation ou d'un projet destiné aux majeurs placés sous main de justice et aux mineurs sous protection judiciaire doit s'inscrire dans la politique culturelle locale, départementale ou régionale en collaboration avec les institutions culturelles de proximité, les pôles ressources, les festivals et les bibliothèques territoriales.

La programmation culturelle élaborée par les services intègre tous les champs culturels, et repose sur un équilibre entre des actions de diffusion qui permettent de toucher le plus grand nombre (concerts, spectacles, projections de films, expositions, utilisation locale du canal vidéo interne, diffusion de la presse...) et des ateliers de pratiques artistiques et culturelles qui inscrivent leurs destinataires dans une logique de projet et s'adressent à des groupes plus restreints. Ces ateliers aboutissent, dans la mesure du possible, à une restitution publique ou à une production culturelle. Les espaces destinés à accueillir des activités culturelles répondent à des normes professionnelles précises et disposent du matériel nécessaire pour l'organisation d'ateliers ou de spectacles : salles dédiées aux activités, salle de spectacle, espace de création audiovisuelle…
Par ailleurs, une médiathèque est prévue au sein de chaque établissement pénitentiaire et de chaque établissement de placement de la protection judiciaire de la jeunesse. Elle est en accès direct et permet une consultation sur place.

Dans les établissements pénitentiaires pour mineurs (EPM) et les quartiers pour mineurs (QM), les services du secteur public de la protection judiciaire de la jeunesse assurent la mise en œuvre des activités socio-éducatives pour lesquelles les actions culturelles sont des supports fréquemment utilisés.

Le fonctionnement de la médiathèque fait partie de la compétence « action culturelle » ; il implique la recherche de partenariats conventionnés avec des bibliothèques de lecture publique, notamment les bibliothèques territoriales. Cette compétence relève du service pénitentiaire d'insertion et de probation pour l'offre destinée aux majeurs détenus et des services du secteur public de la protection judiciaire de la jeunesse pour l'offre destinée aux mineurs sous protection judiciaire. Il est ainsi recommandé de formaliser des conventions communes.

Les services ou établissements peuvent participer aux appels à projet du Centre National du Livre (CNL).

Afin de favoriser l'accès au droit commun, le ministère de la Justice et des Libertés prend en compte les besoins en équipements culturels destinés aux publics dès la phase de définition des programmes immobiliers de construction ou de rénovation des établissements pénitentiaires et services de la protection judiciaire de la jeunesse. Ces programmes immobiliers sont éligibles au 1% artistique quand ils sont propriétés de l'État (cf. article 71 du code des marchés publics).

1.2. La culture vecteur d'insertion

Les activités culturelles sont un vecteur de lutte contre l'illettrisme et permettent la maîtrise de la lecture et de la langue française, enjeu déterminant de l'insertion. Cet objectif est particulièrement développé.

La programmation culturelle est intégrée au projet d'établissement ou de service. A ce titre, il est souhaitable de développer des synergies entre les actions culturelles et les actions de formation scolaire et professionnelle, les actions d'éducation à la santé, à la préservation de l'environnement et celles liées au maintien du lien familial.

Vous développerez, dans les propositions culturelles à destination des personnes placées sous main de justice et des mineurs sous protection judiciaire, des sessions d'information, de sensibilisation et de formation aux métiers de la culture et à leurs techniques. Dans le cadre du travail pénitentiaire pour les majeurs et de l'activité de jour pour les mineurs, les métiers du patrimoine, les métiers d'art, et les métiers de la numérisation et de l'informatique sont à encourager.

Vous vous efforcerez tout particulièrement d'associer les familles aux actions culturelles proposées aux majeurs sous main de justice et aux mineurs sous protection judiciaire, sous réserve de la décision judiciaire et de l'appréciation des professionnels impliqués. Des actions qui donnent lieu à une restitution dans un lieu culturel extérieur y contribuent particulièrement.

Les institutions culturelles sont incitées à offrir un cadre au développement des aménagements de peine et des alternatives à l'incarcération : l'accueil de travaux d'intérêt général, les stages de citoyenneté et le placement à l'extérieur.

2. La mise en œuvre d'une politique commune

2.1. La déclinaison sur les territoires du protocole culture/justice

La mise en œuvre du protocole d'accord du 30 mars 2009 est enracinée dans les territoires.

Dans les services déconcentrés du ministère de la Culture et de la Communication, le directeur régional des affaires culturelles désigne un référent.
Dans les directions interrégionales des services pénitentiaires, le service référent est le département des politiques d'insertion, de probation et de prévention de la récidive.
Les directions interrégionales de la protection judiciaire de la jeunesse délèguent la compétence au directeur territorial siège de la région administrative.

L'accord cadre est décliné à l'échelon territorial et formalisé par des conventions tripartites entre :
- les directions régionales des affaires culturelles (DRAC) ;
- les directions interrégionales des services pénitentiaires (DISP) ;
- les directions interrégionales de la protection judiciaire (DIRPJJ) ;

Le cas échéant, ces conventions peuvent être bilatérales (DISP/DRAC et DIRPJJ/ DRAC).

Les conventions entre les services déconcentrés pourront s'ouvrir dans la mesure du possible aux collectivités territoriales.

Les actions culturelles destinées aux majeurs et aux mineurs seront cofinancées sur des crédits déconcentrés des deux administrations concernées.
Par ailleurs, vous mobiliserez d'autres financements (État, Europe, collectivités territoriales, mécénat).

Pour l'administration pénitentiaire, les départements des politiques d'insertion, de probation et de prévention de la récidive (DPIPPR) des directions interrégionales des services pénitentiaires coordonnent la politique culturelle mise en œuvre à l'échelon interrégional.
Les services pénitentiaires d'insertion et de probation (SPIP) pilotent au niveau départemental la politique culturelle.

Pour la protection judiciaire de la jeunesse, les directeurs des politiques éducatives et de l'audit des DIRPJJ conduisent et assurent, à l'échelle régionale, le suivi des politiques éducatives, incluant la culture. Les directions interrégionales délèguent aux directions territoriales sièges des régions administratives la mise en œuvre de cette politique et les relations avec les DRAC. Les directions territoriales, à l'échelle départementale ou interdépartementale, inscrivent le volet culturel dans leurs politiques et assurent le montage opérationnel des projets.

Pour l'application de cette circulaire, les professionnels du secteur public et associatif de la protection judiciaire de la jeunesse se réfèrent au guide *Des aventures culturelles* édité en 2010.

2.2. La définition du projet culturel à destination des personnes placées sous main de justice et des mineurs sous protection judiciaire

Pour les majeurs placés sous main de justice, le projet culturel est de la responsabilité du directeur du service pénitentiaire d'insertion et de probation. Il désigne un référent qui peut être le coordonnateur culturel.

Dans les services de la protection judiciaire de la jeunesse, le projet culturel est piloté par le directeur du service de la protection judiciaire de la jeunesse qui désigne un référent.

Pour les projets destinés aux personnes incarcérées, majeures ou mineures, le chef d'établissement pénitentiaire désigne un référent comme interlocuteur du SPIP ou du service de la protection judiciaire de la jeunesse porteur du projet culturel.

Le projet culturel constitue la déclinaison locale du protocole, adapté aux ressources d'un territoire. Il répond à des objectifs explicitement définis, en fonction du public auquel il s'adresse et du type d'établissement ou du dispositif de prise en charge. Il décrit les actions mises en œuvre pour atteindre ces objectifs, en distinguant notamment les actions de diffusion des ateliers de pratique artistique et du fonctionnement de la médiathèque.

Il est constitué de l'ensemble des actions culturelles programmées et mises en œuvre, annuellement ou pluriannuellement, dans le cadre de partenariats développés avec des institutions culturelles ou des professionnels de la culture.

Les intervenants culturels professionnels peuvent être accompagnés de bénévoles ayant la formation et les compétences requises.

Les actions culturelles font l'objet de conventions avec les partenaires engagés afin de définir le rôle et les engagements de chacun en termes de ressources humaines, techniques et financières, et d'assurer la pérennité de l'action.

Il est fortement recommandé d'élargir ce conventionnement aux collectivités territoriales impliquées dans l'action locale.

Les partenaires culturels et les professionnels du ministère de la Justice et des Libertés respectent le contexte réglementaire : droit d'auteur, droit à l'image, procédures d'entrée et de sortie des œuvres et du matériel en détention, règlement intérieur du service ou de l'établissement.

Le bilan du projet culturel est dressé annuellement. Il consiste en l'évaluation des actions menées au regard de leur pertinence et de leur qualité et fonde la décision de reconduire ou non les partenariats.

3. La formation des partenaires impliqués

Pour que l'accès à la culture réponde véritablement aux besoins des personnes sous main de justice et des mineurs sous protection judiciaire, il est essentiel que les intervenants culturels et les personnels du ministère de la Justice et des Libertés développent une culture et une méthodologie de projets communes.

A cette fin, le rôle de la culture dans les parcours d'insertion des personnes placées sous main de justice et des mineurs sous protection judiciaire, fait l'objet d'actions de sensibilisation en formation initiale et en formation continue de tous les professionnels, à l'École nationale d'administration pénitentiaire (ENAP) et à l'École nationale de protection judiciaire de la jeunesse (ENPJJ).
Ainsi, une convention a été signée entre le ministère de la Culture et de la Communication et l'ENAP le 15 décembre 2006 et renouvelée par une nouvelle convention pluriannuelle d'objectifs (2011-2014).

Le programme et le contenu pédagogique seront définis pluriannuellement et évalués annuellement.

Sur les territoires, vous développerez des rencontres entre les professionnels afin de favoriser une meilleure connaissance et une sensibilisation aux missions respectives de chaque institution.

4. L'évaluation des actions réalisées dans le cadre du protocole

Au niveau régional, un comité de pilotage constitué respectivement de représentants de la DISP, de la DIRPJJ, de la DRAC et des acteurs institutionnels concernés se réunira régulièrement pour suivre et évaluer le partenariat culture/justice à l'échelle de leur territoire.

Le comité de pilotage régional s'assurera que l'ensemble des personnes placées sous main de justice et des mineurs sous protection judiciaire d'une même région bénéficie d'un accès à la culture dans des conditions équitables et cohérentes. Il accompagnera la mise en œuvre du partenariat.

Vous transmettrez un bilan annuel aux services centraux du ministère de la Justice et des Libertés et au secrétariat général du ministère de la Culture et de la Communication.

Au niveau national, un comité de pilotage constitué de représentants des deux ministères se réunira annuellement pour suivre et évaluer le partenariat culture/justice à l'échelle des territoires.

Fait le - 3 MAI 2012

Pour le Ministre de la Justice et des Libertés,

Le Préfet,
Directeur de l'administration pénitentiaire

Henri MASSE

Pour le Ministre de la Culture et de la Communication,

Le Secrétaire général,

Guillaume BOUDY

Le Directeur de la protection judiciaire de la jeunesse,

Jean-Louis DAUMAS

Document n° 5

Les publics empêchés

Trois conventions nationales encadrent l'action culturelle en faveur des publics spécifiques : la convention « culture-santé », la convention « culture justice » et la convention « culture et handicap ».

LA CONVENTION « CULTURE-SANTÉ ».

Signée entre la DAC et l'Agence régionale de sante (ARS) en contrats pluriannuels, elle développe l'action culturelle essentiellement dans les établissements hospitaliers et les centres médico-sociaux.

Le chargé de mission ARS et le conseiller action culturelle et territorial de la DAC co-pilote le dispositif et proposent un programme d'actions.

Un référent par établissement a pour mission la mise en place d'un volet culture du projet d'établissement.

LA CONVENTION « CULTURE-JUSTICE ».

Signée entre la DAC, les établissements pénitentiaires, la direction de la protection judiciaire de la jeunesse (PJJ) et le service pénitentiaire d'insertion et de probation (SPIP), elle participe, de par la culture, au parcours d'insertion ou de réinsertion des personnes placées sous main de justice.

Les projets sont présentés par les institutions pénitentiaires en tenant compte de leur projet d'établissement.

CULTURE ET HANDICAP.

La Direction des affaires culturelles participe au programme culture et handicap destiné à :

- améliorer l'accessibilité aux lieux culturels ;
- accompagner les projets favorisant le développement de l'offre culturelle pour les personnes en situation de handicap ;
- encourager les pratiques artistiques et soutenir les initiatives artistiques autour du handicap.

En 2018, l'accent sera porté sur le développement de l'handidanse.

culture.gouv.fr | Le site Internet du Ministère de la Culture

Document n° 6

La danse s'invite à l'hôpital

CHU Nantes - lundi 20 février 2012

https://www.reseau-chu.org/

5 minutes de pure émotion et de partage avec Geneviève Pernin

Danse en chambres et sur ordonnance. Geneviève Pernin, danseuse contemporaine se produit dans les chambres des patients à qui elle offre une rencontre artistique inédite. Le CHU prescrit aussi des ateliers de danse à certains de ses patients qui se rendent au théâtre ou en studio...

En chambres...

Geneviève Pernin, danseuse contemporaine, s'est déplacée à l'hôpital Nord Laennec le 17 novembre dernier. Le temps d'un après-midi elle a dansé dans les chambres des patients, au pied de leur lit. Un moment d'intimité partagé entre la danseuse et le patient, suivi d'un échange amical.

C'est à l'occasion d'une programmation à Onyx/La Carrière que Geneviève Pernin, artiste chorégraphe, est venue danser dans les chambres de ceux dont le corps est en souffrance. Un moment privilégié, un duo, un corps-à-corps, rien que pour eux, une petite danse, ou plusieurs, en musique ou en silence, exubérante ou minimaliste en fonction de l'état et de l'envie du patient.

Depuis 2005, Geneviève Pernin poursuit tout un travail de recherche artistique sur le thème de l'intime. Elle propose avec « Si vous avez juste 5 mn, je viens danser rien que pour vous », d'amener le spectacle à l'hôpital et de danser dans les chambres des patients hospitalisés.

La danseuse s'est produite dans deux services de l'hôpital Nord Laennec : l'endocrinologie et la chirurgie thoracique et cardio vasculaire, une quarantaine de lits à visiter. Plutôt déconcerté au début, le patient participe volontiers. Il dispose d'une liste de thèmes musicaux et y pioche son morceau favori. Dès que Geneviève Pernin entre dans la chambre et après les présentations d'usage, elle se lance en s'adaptant à la configuration exiguë de la chambre.

Les cinq minutes sont vite passées et le dialogue s'installe. Le patient évoque souvent avec elle l'émotion ressentie comme une bulle de poésie impromptue dans l'univers hospitalier.

...et « sur ordonnance »

Ils ont entre 15 et 21 ans et, tous les quinze jours, ils ont rendez-vous avec la danse. Des ateliers « thérapeutiques », menés par Loïc Touzé et Fabienne Compet, pour des jeunes en souffrance soignés à l'hôpital mère-enfant.

Le mal-être de certains adolescents se traduit par une souffrance psychologique mais aussi physique. Une prise en charge médicamenteuse est souvent nécessaire mais Claire Jolly, ergothérapeute en pédopsychiatrie de liaison, a pu mesurer aussi tout le bénéfice apporté par des ateliers de relaxation. C'est ce qui lui donne l'idée d'aller plus loin en organisant des ateliers de danse. Le Dr Georges Picherot soutient le projet qui prend rapidement forme avec la rencontre, début 2011, de Loïc Touzé, danseur et chorégraphe qui enseigne régulièrement dans des structures de formation professionnelle en Europe ainsi qu'au CNDC d'Angers, au Théâtre national de Bretagne, dans des universités (Rennes II, Paris VIII)... Il est immédiatement partant pour animer avec Fabienne Compet, chorégraphe et praticienne Feldenkrais, les ateliers qui débutent en mai 2011.

Les jeunes sont adressés par les pédiatres et notamment par un médecin de la douleur, le Dr Marie-Hélène Drouineau, qui connaît bien la question de la souffrance des adolescents.

Un groupe d'une dizaine de jeunes gens vient deux fois par mois au théâtre universitaire ou au studio de répétition des deux danseurs pour travailler le mouvement et, visiblement, cela leur fait du bien.

À tel point qu'ils ont souhaité en faire profiter leurs parents en se produisant sur scène à leur intention le 3 décembre dernier. Un moment de fierté partagée.

Document n° 7

Public empêché à l'Institut du monde arabe (IMA)
Protection judiciaire de la jeunesse
Administration pénitentiaire

Informations & réservations

Afin de contribuer à une meilleure diffusion de l'Histoire et des diversités du monde arabe au sein des lieux de privation de liberté, l'IMA élabore depuis 2009 des projets en direction des adultes et adolescents placés sous-main de justice.

Ces actions peuvent prendre la forme de visites et d'ateliers à l'IMA ou en milieu fermé ainsi que de conférences ou formations à l'attention des personnels de l'administration pénitentiaire et de la protection judiciaire de la jeunesse.

Protection judiciaire de la jeunesse

Visites et ateliers à l'Institut du monde arabe

L'Institut du monde arabe propose des visites guidées et des ateliers pédagogiques pour des petits groupes de mineurs placés dans des structures de la protection judiciaire de la jeunesse.

Inspirés de l'offre scolaire, les activités sont organisées en amont, en concertation avec l'équipe éducative.

Sensibilisation des agents

Élaborées sur demande, ces formations ont pour objectifs de communiquer des outils des historiques et sociologiques afin de mieux connaître l'histoire du monde arabe, ses arts, ses traditions et ses relations avec l'Europe.

Proposées à la journée, ces sensibilisations peuvent s'organiser à l'IMA ou sur site.

Expositions itinérantes

Les expositions itinérantes présentent les pays arabes et leur culture dans leur globalité ou en mettant l'accent sur un aspect particulier de leur art, de leur histoire, de leurs traditions, de leur vie quotidienne…

Proposées à la location, les expositions itinérantes prennent la forme de panneaux, de bannières et parfois de modules interactifs.

Médiation / atelier sur site de la PJJ

Des ateliers ou conférences de médiation peuvent venir compléter la location d'une exposition itinérante dans un établissement de la protection judiciaire de la jeunesse.

Tarifs :

- À l'Institut du monde arabe

Atelier (2h) pour un groupe avec encadrants : 130 €

Conférence/visite (1h30) pour un groupe de mineurs avec deux encadrants : 130 €

Journée de sensibilisation (deux conférences et une visite guidée) pour 25 agents maximum : 720 €

- Sur site PJJ

Location d'exposition itinérante (hors transport et assurance) : 350 € par semaine

Médiation / atelier sur site PJJ (2h de médiation, hors frais de déplacement pris en charge par la PJJ)

Avec un intervenant : 200 €

Avec deux intervenants : 400 €

Dans le cadre d'un conventionnement avec la DIR Grand-Centre de la Protection judiciaire de la jeunesse et la DT Aube / Haute-Marne, la prise en charge financière de projets peut être facilitée.

Administration pénitentiaire

Visites et ateliers

L'Institut du monde arabe propose des visites guidées et des ateliers pouvant s'adresser aux personnes placées sous-main de justice en milieu ouvert ou dans le cadre de permissions de sortir. Compte tenu des difficultés d'organisation inhérentes à la privation de liberté, une visite de l'Institut du monde arabe s'envisage plus facilement en continuité d'un partenariat initié en milieu fermé.

Sensibilisation des agents

Élaborées sur demande, ces formations ont pour objectifs de communiquer des outils des historiques et sociologiques afin de mieux connaître l'histoire du monde arabe, ses arts, ses traditions et ses relations avec l'Europe.

Proposées à la journée, ces sensibilisations peuvent s'organiser à l'IMA ou sur site.

Expositions itinérantes

Les expositions itinérantes présentent les pays arabes et leur civilisation dans leur globalité ou en mettant l'accent sur un aspect particulier de leur art, de leur histoire, de leurs traditions, de leur vie quotidienne... Proposées à la location, les expositions itinérantes prennent la forme de panneaux, de bannières et parfois de modules interactifs. Cinq expositions, acquises par la Direction de l'administration pénitentiaire, sont en circulation sur le territoire.

Médiation / atelier en établissement

Des ateliers ou conférences de médiation peuvent venir compléter la location d'une exposition itinérante dans un établissement pénitentiaire.

Tarifs :

- À l'Institut du monde arabe

Atelier (2h) pour un groupe avec encadrants : 130 €

Conférence/visite (1h30) pour un groupe de mineurs avec deux encadrants : 130 €

Journée de sensibilisation (deux conférences et une visite guidée) pour 25 agents maximum : 720 €

- Au sein d'un établissement pénitentiaire

Location d'exposition itinérante (hors transport et assurance) : 350 € par semaine

Médiation / atelier sur site PJJ (2h de médiation, hors frais de déplacement pris en charge par la PJJ)

Avec un intervenant : 200 €

Avec deux intervenants : 400 €

Dans le cadre d'une convention de partenariat avec la Direction de l'administration pénitentiaire, la prise en charge financière de projets peut être facilitée. Pour toute information, merci de prendre contact avec le Chargé de mission culturelle de votre Direction interrégionale.

Taule art

Sensibilisés à l'art en prison, des détenus se révèlent créateurs. Quelques-uns s'exposent désormais dans les musées.

LE MONDE CULTURE ET IDEES | 10.10.2013 à 15h24 • Mis à jour le 12.10.2013 à 17h45 | Par Philippe Dagen

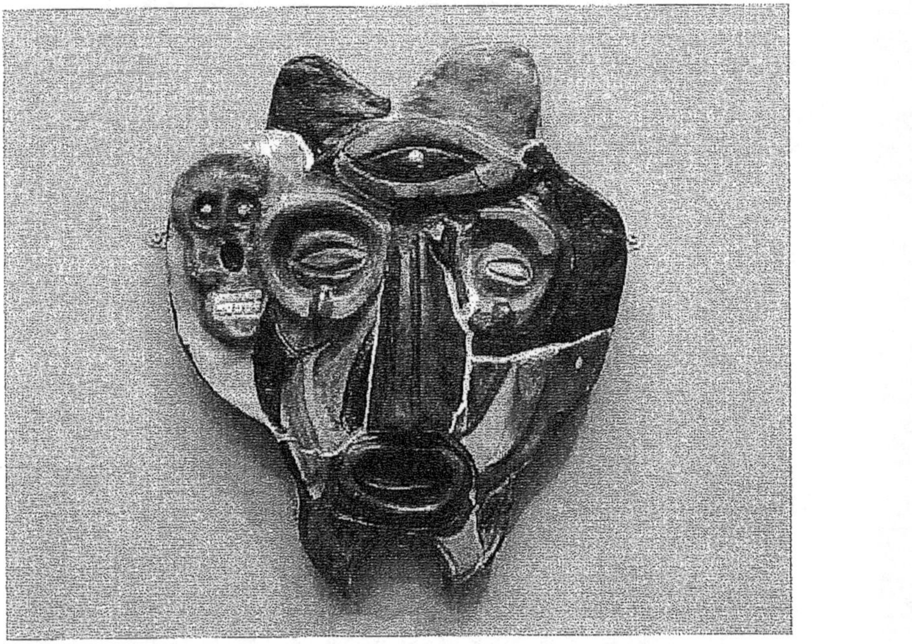

"Masque". Terre cuite émaillée, 42 cm × 35 cm × 4,5 cm. Cette œuvre de Jean Claude Pautot a été choisie par ses codétenus pour l'exposition "Le voyage", au Centre pénitentiaire de Réau (Seine-et-Marne). COLLECTION DE L'AUTEUR

Carceri de Piranèse, *Le Tasse en prison* de Delacroix, *La Ronde des prisonniers* de Van Gogh : la prison est de longue date un sujet pour les artistes comme pour les écrivains et, depuis l'invention du cinéma, pour d'innombrables réalisateurs, racoleurs ou attentifs. L'enfermement, la cellule, les souffrances, les architectures effrayantes et l'évasion - évidemment - sont leurs motifs.

Cela, c'est l'art à propos de la prison. L'art dans la prison est une autre question. Elle est traitée, de deux façons distinctes, par l'exposition "Le voyage", organisée cet automne au Centre pénitentiaire du Sud francilien, prison "Bouygues" située à Réau (Seine-et-Marne), ouverte en 2011 : 798 places, dont 28 pour les longues peines. L'opérateur de l'exposition est la Réunion des musées nationaux (RMN). Le conservateur Vincent Gille, de la Maison de Victor Hugo - l'auteur du *Dernier Jour d'un condamné* -, a été pendant plus d'un an l'interlocuteur des onze détenus qui ont, avec lui, construit un projet et choisi des oeuvres. C'est le premier des deux rapports entre ces mondes que l'on pourrait croire si éloignés l'un de l'autre : l'art entre dans les cellules et des spécialistes l'expliquent à des détenus peu familiers des musées et des galeries. Plutôt que s'en tenir à une forme classique d'initiation, il est plus efficace de les impliquer dans un projet : leur donner les moyens d'agir et non seulement d'apprendre.

QUALITÉ DE LA MUSÉOGRAPHIE

Avant Réau, ces dernières années, il y a eu Poissy et Fresnes. En 2011, le Louvre a confié à dix détenus de la maison centrale de Poissy le soin de choisir dix tableaux dans ses collections. Conduite par Henri Loyrette, alors directeur du musée, suivie par l'écrivain Luc Lang pour le catalogue et l'architecte Philippe Maffre pour la présentation, l'opération avait abouti à l'accrochage, dans l'une des cours de la prison, des dix oeuvres, sous forme de reproduction en très haute résolution. Leurs choix faits, les détenus ont aussi participé au catalogue et à la présentation.

A la maison d'arrêt de Fresnes, en 2012, l'initiative est venue de l'Association des visiteurs de Fresnes : six grands cadres ont été placés dans les couloirs afin d'y montrer à ceux qui passent, personnel de surveillance et prisonniers, des oeuvres d'artistes actuels. Mamadou Cissé a été le premier, avec ses panoramas de villes aux architectures et aux couleurs fantastiques. Le choix, dans ce cas, n'appartient pas aux détenus mais à un "directeur artistique", Marcel Lubac, venu de la Maison d'art contemporain Chaillioux de Fresnes, toute proche. Mais, à la différence de Poissy, il ne s'agit plus de reproductions.

A Réau, les oeuvres exposées sont authentiques et les détenus sont les commissaires. Qu'ils aient choisi le thème du voyage ne surprend pas : voyager, c'est franchir les murs qui les retiennent. Ce qui étonne, c'est la générosité avec laquelle des musées, du Havre, de Rennes, ou le Musée du Quai Branly à Paris, ont prêté des pièces de leurs collections. Ce qui prend autant au dépourvu est la qualité de la muséographie, conçue par le scénographe Pascal Rodriguez.

Après avoir satisfait aux contrôles réglementaires, passé quelques portails automatisés de plusieurs mètres de haut et suivi des couloirs peu attrayants, on pénètre dans une exposition qui pourrait se situer dans n'importe quel lieu muséal public, et non dans une centrale : des objets de qualité dans de vraies vitrines, un éclairage habile, des cartels et un parcours articulé : Asie, Océanie, Amérique latine, Afrique. Explorateurs, ethnographes et artistes sont les acteurs de l'histoire, qui est présentée de façon claire et juste.

"INITIATION À L'HISTOIRE DE L'ART"

Pour avoir assisté, au mois de mai, à l'une des séances préparatoires entre Vincent Gille, Pascal Rodriguez et les détenus commissaires, on peut en témoigner : les exigences scientifiques n'ont pas été sacrifiées. On se souvient ainsi d'une longue discussion sur le tatouage en Océanie et ses procédés. Les détenus souhaitant qu'il soit évoqué, Vincent Gille était venu avec des photocopies de catalogues. Dans l'exposition, ce travail se retrouve : plusieurs outils en bois et dents de requin venus du Muséum d'histoire naturelle de Lille. *"J'ai aimé l'initiation à l'histoire de l'art"*, dit Hadrien, un des détenus, dans le *Petit journal* imprimé pour l'occasion. *"C'est évidemment beaucoup plus difficile d'éduquer à l'art que d'apprendre le français"*, fait remarquer Jean-Paul Cluzel, président de la RMN, qui a soutenu le projet et l'a inauguré le 24 septembre - en l'absence de Christiane Taubira, la garde des sceaux s'étant décommandée le matin même.

Mais "Le voyage" a une autre singularité. La première oeuvre à laquelle le regard se heurte porte la signature de l'un des prisonniers, le seul qui accepte que son nom soit connu. Jean Claude Pautot a été interpellé en Allemagne en 2009, quinze ans après l'attaque d'un transport de fonds à Clichy-sous-Bois pour lequel il avait été condamné par contumace en 2005. L'oeuvre n'a pas été placée là à sa demande, précise-t-il, mais à l'initiative des autres membres du groupe.

A juste titre, car son masque humain de terre cuite émaillée est d'une rare puissance. Après l'avoir modelé, Pautot a obtenu qu'il soit cuit en dehors de la prison. Quand il lui a été rapporté, il l'a cassé, puis remonté de telle sorte que fissures et éclats se voient. Il explique le sens de ce geste : ce visage devait être brisé comme sa propre vie l'a été, mais aussi comme l'ont été celles des gens sur lesquels il avait tiré lors du braquage. Le troisième oeil ouvert est, pour lui, le symbole de la surveillance dont il est l'objet. Ignorerait-on ces explications et la personnalité de l'auteur, on n'en serait pas moins marqué par la force expressive de l'oeuvre, qui a quelque parenté avec le travail de Gaston Chaissac (1910-1964). Depuis une première incarcération à la centrale de Saint-Maur, dans les années 1990, Pautot développe une activité picturale pour laquelle un site a été créé - jcpautot.com (http://jcpautot.com/) - et qui a été exposée plusieurs fois.

DES DÉTENUS TRÈS INVENTIFS

Voici donc l'autre question, celle qui surgit quand l'art naît en prison, quand des détenus s'engagent dans la création artistique, soit dans le cadre d'ateliers collectifs, soit de façon plus individuelle. Dans la plupart des cas, il s'agit d'autodidactes, dont la culture dépend de la présence - ou de l'absence - de livres d'art dans les bibliothèques de leurs lieux de détention. Pour moitié, les détenus de Poissy qui ont participé à l'initiative du Louvre étaient des habitués des ateliers de peinture et de sculpture de la centrale. Ils ont réalisé des dessins ou des toiles d'après le chef-d'oeuvre qu'ils avaient choisi. Les résultats étaient peu convaincants, comme si la confrontation avec Mantegna, Caravage ou Friedrich était trop lourde et finissait en inhibition.

Dans le cas de Pautot, aucune référence culturelle ne s'interpose, semble-t-il : expression libre, autobiographique. "Art brut", aurait dit Dubuffet. Comment se fait-il que des hommes, le plus souvent dénués de formation artistique et vivant dans des conditions a priori peu propices, se hissent à un tel degré d'invention ?

L'interrogation n'est pas neuve. On la trouve au début du XXe siècle dans l'ouvrage d'un médecin aliéniste, Marcel Réja. Dans son *Art chez les fous* (1907), l'auteur cite les prisonniers, les enfants, les *"sauvages"* et les *"fous"* comme autant d'artistes inattendus et inexplicables. Si le processus créateur qui se déploie dans de telles situations n'est pas mieux expliqué, il est aujourd'hui mieux observé et conservé. A tel point que ces créations, devenues presque classiques, rejoignent dans les expositions d'art actuel celles des "professionnels".

La Biennale de Venise 2013 consacre ainsi une longue vitrine aux *paños*, ces mouchoirs blancs sur lesquels, depuis le milieu du XXe siècle, les détenus des prisons du Texas, du Nouveau-Mexique et de Californie dessinent à la plume leurs histoires, leurs regrets et, plus souvent, leurs fantasmes. Cet art carcéral s'est peu à peu répandu aux Etats-Unis et au Mexique. A Venise, c'est la photographe Cindy Sherman qui a souhaité les montrer. En France, on en avait vu auparavant à la Halle Saint-Pierre, à Paris, au Musée des arts modestes, à Sète, et dans des galeries. Pendant que l'art des musées entre dans les prisons, celui qui se fait dans les prisons entre dans les musées.

Corrigé

L'accès à la culture est un des éléments d'un parcours d'insertion ou de réinsertion d'une personne placée sous main de justice.

En lien avec les structures culturelles des villes et des départements et avec le soutien des services déconcentrés du ministère de la Culture et de la Communication, les services pénitentiaires d'insertion et de probation (SPIP) pilotent une programmation d'activités adaptées à un public pris en charge en détention : arts plastiques, musique, atelier d'écriture, théâtre...

Ces actions sont prévues par nombre de conventions et de textes réglementaires qui rappellent que l'accès à la culture est un droit fondamental, au même titre que l'éducation et la santé.

L'idée de « culture en prison » est née avec l'idée d'accès à la culture pour tous. Développée par les ministères de la Justice et de la Culture, elle s'inscrit au cœur d'une politique de démocratisation culturelle et d'intérêt croissant pour les publics dits « empêchés », publics en situation d'exclusion.

Le ministère de la Culture, représenté au niveau régional par la DRAC, a consacré cette notion et cette idée de développement culturel en milieu carcéral d'une part, en aidant à financer certains projets lancés par l'administration pénitentiaire, d'autre part en proposant des intervenants professionnels dans leur domaine culturel (musiciens, artistes-peintres, metteurs en scène ou comédiens, etc.).

La notion de « culture » ouvre donc un vaste champ lexical qui soulève des questions d'ordre philosophique, esthétique et politique. Les connotations que chacun associe à ce mot sont intimement liées à son contexte social et creusent parfois un écart conséquent entre les attentes des personnes détenues et celles de l'artiste qui intervient en prison. Il doit y avoir adaptation des deux côtés. Pour prendre un exemple, la pétanque ou encore les jeux de société sont deux activités inscrites comme « socioculturelles » et considérées comme telles par les détenus. La barrière entre culture, loisir et occupation en détention est donc très mince, à peine visible ; même s'il paraît impossible d'accorder aux activités artistiques et culturelles en prison le même sens que celui donné à l'extérieur. En prison, une activité artistique et/ou culturelle se définit comme un moyen pour la personne incarcérée d'échanger, de rencontrer des personnes internes et/ou externes à la détention, mais aussi de passer le temps, de s'occuper l'esprit et les mains, de réfléchir, de comprendre.

1. La culture pour pallier l'enfermement

L'image de l'activité culturelle comme moyen d'évasion est devenue cliché, mais elle est réellement nécessaire pour supporter l'enfermement. Les personnes détenues ont besoin, encore plus que les personnes libres, de rêver, de croire, d'espérer. Elles ont besoin de cette image pour vivre en prison ; pour se convaincre qu'elles sont encore des hommes, libres dans leur tête. Pour les personnes incarcérées, les activités socioculturelles les aident dans leur quotidien, à surmonter leur peine et surtout, à supporter l'enfermement. Elles prennent alors une valeur « réparatrice ». Pour des individus, souvent démunis de liens familiaux ou amicaux, les activités peuvent permettre de combler ce vide.

D'autres détenus choisissent au contraire de couper tout contact avec l'extérieur, souvent source de problèmes et de confrontations avec leur vie passée, la vie qui les a fait « tomber en prison ». Ils cherchent à se reconstruire, et cela même en mettant à profit leur temps de détention pour apprendre, découvrir, s'instruire, échanger, se sentir utiles et occupés. Justement, l'art ou la culture ne doivent pas être vécus comme une échappatoire, comme un moyen de s'évader ou de se libérer de sa faute.

Les activités peuvent avoir un rôle thérapeutique dans le parcours d'un individu condamné à l'enfermement. La culture en prison peut donc être considérée, dans certains cas, comme un moyen participant à l'enrichissement de l'exécution des peines, car la culture humanise. Elle permet à la personne condamnée de se sentir exister, de s'exprimer.

Et même vécue comme occupationnelle et occasionnelle, l'activité culturelle reste une manière positive d'occuper le temps et l'esprit des détenus. L'activité en elle-même donne des repères de temps et d'espace. Elle favorise les rencontres et permet à certains de mieux surmonter l'incarcération et l'enfermement, à supporter le temps qui passe. Ce temps utilisé à créer, à s'exprimer, à se « vider la tête » n'est pas un temps à ne rien faire, un temps inutile.

L'activité permet également, entre autres choses, d'atténuer les tensions.

2. Les « valeurs ajoutées » de la culture en prison

Les activités socioculturelles favorisent la rencontre humaine, la rencontre artistique et culturelle, l'échange avec l'autre, la valorisation de la personne. Elles attisent la curiosité, suscitent le regard et la parole, encouragent la discussion, bref, mettent en éveil les sens.

Cette approche permet au secteur culturel de ne pas se limiter seulement à la diffusion et à la réception des formes artistiques légitimées, mais d'intégrer l'ensemble de ces pratiques dites sensibles (liées aux sens) et/ou intelligibles. La pratique d'une activité culturelle et sociale permettrait donc à l'individu isolé de se reconstruire dans son rapport à l'autre et donc au monde.

a. La notion de médiation esthétique dans le cadre de la prison

Parler de médiation esthétique nous amène inévitablement à évoquer le registre du sensible. Pour se rendre compte de cette médiation esthétique, il faut être confronté à une expérience esthétique, une expérience vécue. C'est ce que tente de proposer certains services d'insertion et de probation, dans le cadre de leur politique de démocratisation culturelle, en offrant aux détenus la possibilité de se confronter à l'art lors d'une exposition temporaire et itinérante par exemple.

L'effet produit est l'émergence de la parole en détention et la confrontation des visions. Cela permet d'atténuer l'indifférence entre les détenus et permet également de modifier le regard que certains pouvaient avoir sur l'art.

Venant du dehors, l'œuvre d'art est ici considérée par les détenus comme un moyen de se rapprocher du monde extérieur.

La personne incarcérée se sent exister par la pratique d'une activité. Cette dernière devient pour elle un moyen d'expression ; une façon de se découvrir autrement, de prouver à elle-même et aux autres qu'elle est capable de « faire quelque chose », dans un lieu où il est difficile de parler d'humanité et où le sentiment de culpabilité règne en maître. La pratique d'activité contribue à la construction de cette image positive. Le détenu doit se sentir « acteur » du projet artistique et/ou culturel à mener, il doit se sentir personnellement et individuellement impliqué.

b. La notion d'art-thérapie : quel sens prend-elle en milieu carcéral ?

L'art-thérapie rencontre un intérêt grandissant dans les milieux hospitaliers et artistiques. Elle permet d'explorer à travers l'expression artistique ses questionnements personnels et développe des facultés d'expression, de communication et de relation. Elle utilise le processus artistique comme élément thérapeutique pour concilier les conflits internes à l'individu ou entre l'individu et la société et permet aussi de gérer sa sensibilité.

En milieu carcéral, parler d'art-thérapie revient souvent à parler d'activités socioculturelles permettant aux personnes incarcérées de vivre mieux leur temps de détention, de trouver un certain équilibre par la pratique d'activités artistiques et/ou culturelles. En lui accordant des vertus thérapeutiques, on fait de la culture un moyen de pallier l'enfermement et un moyen pour la personne incarcérée de se sentir « utile » et occupée, un moyen aussi peut-être, pour des personnes amenées à « (ré)intégrer » la société, de se comprendre et de comprendre pourquoi elles sont là. L'art-thérapie utilise les activités de création artistique comme moyen d'expression, pour une meilleure connaissance de soi.

c. La culture comme moyen d'insertion ou de réinsertion

Beaucoup des individus incarcérés entrent en prison en situation d'échec social, professionnel, scolaire et/ou familial. La culture apporte aux personnes détenues les outils nécessaires à une meilleure réinsertion. Entre les murs, les moyens d'expression et le matériau culturel sont multiples, à commencer par l'enseignement qui permet à un public, souvent en échec scolaire, de se resituer dans la perspective d'un itinéraire d'insertion. L'écriture, les arts plastiques, le théâtre, la musique, la vidéo sont autant de moyens d'expression mis à disposition des personnes détenues pour se reconstruire. Cela passe aussi par les lieux que sont la bibliothèque, les ateliers vidéo, peinture, etc.

La culture comme moyen de socialisation est également l'une des missions premières des services pénitentiaires d'insertion et de probation : favoriser la réinsertion sociale des personnes condamnées et notamment par la pratique d'une activité appelée activité socioculturelle. En cela, la culture prend un caractère social. Elle permet aux personnes incarcérées, privées de liberté physique, de ne pas se couper totalement du monde extérieur et de la société dans laquelle ces personnes sont appelées à vivre à nouveau.

L'offre de lecture en prison, et plus largement de la culture en prison, pose la question plus générale de l'échange culturel, de son utilité dans la construction d'un individu, et dans l'établissement ou le rétablissement des liens sociaux.

Cas pratique (concours interne)

DURÉE

3 HEURES

COEFFICIENT

2

Planning de révisions

À titre indicatif, nous vous indiquons un planning de préparation à l'épreuve de cas pratiques :

PÉRIODES	NOTIONS À ABORDER
Période 1	Connaître les modalités de l'épreuve
Période 2	Comprendre les attentes du jury
Période 3	Comprendre la méthodologie de l'épreuve
Période 4	Maîtriser chaque étape de l'épreuve
Période 5	S'entraîner dans les conditions de l'épreuve

Cette épreuve consiste en une mise en situation professionnelle, à l'écrit, et s'appuie sur un dossier de documents. Ces documents traitent généralement d'une politique publique. Vous devrez donc répondre à plusieurs questions ou rédiger une fiche, une note, ou encore écrire un courriel.

En vous plaçant dans des situations de travail concrètes, proches de l'activité réelle des conseillers pénitentiaires d'insertion et de probation, l'épreuve a des objectifs précis : évaluer vos capacités d'analyse et de synthèse, et votre aptitude à proposer des solutions opérationnelles adaptées à une situation. Elle exige donc un savoir-faire spécifique et un bon entraînement.

L'objectif de l'épreuve est d'aboutir à des réponses opérationnelles insérées dans un contexte professionnel identique à celui que les CPIP connaissent dans leur quotidien. Cet objectif se démarque nettement de celui d'une note (note de synthèse, note administrative, etc.).

L'objectif consiste bien à apporter des solutions en produisant les documents qui seront adaptés à la situation décrite dans la commande. L'une des dimensions de l'épreuve est ainsi de vérifier chez les candidats la capacité à rechercher les solutions appropriées au regard du contexte proposé.

Vous serez évalué sur :

– votre aptitude à comprendre le sujet, donc ce qu'on attend du devoir ;

– votre capacité à bien appréhender son contexte, à analyser la situation professionnelle proposée ;

– votre propension à hiérarchiser et synthétiser les informations contenues dans le dossier ;

– votre capacité à faire preuve d'initiative en facilitant la prise de décision de votre hiérarchie et en structurant les informations qui vous sont communiquées ;

– votre habilité à restituer une information claire, intelligible, et surtout adaptée à son destinataire ;

– votre bon sens et votre efficacité pour résoudre un problème, et tout particulièrement dans un temps limité.

Le cas pratique n'a rien d'une épreuve académique : sa vocation est d'apporter des réponses très concrètes à une situation donnée. Cela suppose une capacité à prendre des initiatives et à formuler des propositions pratiques, opératoires et opérationnelles en argumentant votre propos (en expliquant, par exemple, pourquoi telle solution pourrait être privilégiée plutôt que telle autre, soit parce qu'elle sera moins coûteuse ou plus facile à mettre en œuvre, soit parce qu'elle améliorera la qualité du service rendu à l'usager).

Cette épreuve est toutefois difficile à saisir, au sens où il est impossible d'en dresser les contours précis : tout dépend du sujet, c'est-à-dire de l'intitulé et de la commande qu'il renferme. Ainsi tel sujet vous sollicitera-t-il aux fins d'élaboration d'une note administrative, tel autre d'une réponse à la demande d'un agent, d'une personne détenue ou de sa famille, tel autre encore à préparer des éléments de réponse pour votre hiérarchie...

Ce peut être aussi une succession de questions ou un sujet qui vous demandera des « éléments de réponse » à une question, ou une « synthèse » sur une problématique, ou même de « préparer un brouillon de réponse à... ».

La forme que doit prendre la réponse n'est donc pas forcément donnée par le sujet. Vous serez donc aussi évalué sur le choix que vous ferez et la manière dont vous allez apporter votre réponse.

Le correcteur reconnaîtra immédiatement les candidats qui s'en tiennent à la lettre du sujet et ceux qui ont la faculté de le creuser. Certes, les indications doivent être respectées, mais les relier conduit parfois à retenir un plan distinct de celui qui semblait être suggéré par le sujet.

Vous devrez donc choisir l'écrit administratif le plus adapté à la situation décrite et à la résolution des questions posées. Rien ne vous interdit de compiler les questions, de les traiter sous forme de note, voire de lettre administrative, d'établir un rapport... Vous devez simplement apprécier et opter pour le mode opératoire le plus adapté, à défaut d'instructions précises contenues dans le sujet.

Ce qui doit prévaloir c'est davantage la forme que prendra le devoir que le fond. Cela ne signifie que le fond soit sans incidence, mais les candidats sont placés de ce point de vue sur un pied d'égalité, tandis que chacun aura la capacité de choisir telle ou telle façon de procéder, tel ou tel plan, telle ou telle formulation, toujours dans le respect de l'intitulé et de ce qu'il impose.

Pour cette raison, la méthodologie de la note administrative, épreuve mettant en œuvre synthèse et analyse, demeure la règle.

La phase initiale d'analyse du sujet prend toute sa dimension dans cette épreuve. Prenez donc le temps nécessaire pour bien lire le sujet et les documents.

Partir à la recherche des solutions appropriées n'est alors plus qu'une formalité pour qui sait lire. Ne soyez donc pas surpris si des sujets peuvent présenter de grandes similitudes avec une épreuve de note administrative ou de lettre administrative. Ces épreuves de concours nécessitent de comprendre la commande avant d'y apporter une réponse la plus opérationnelle possible.

Lors de la phase de lecture et de prise de notes sur les documents, vous devrez plus particulièrement organiser vos brouillons en fonction de la commande et faire en sorte de faciliter la rédaction directe, toujours, de votre devoir. Vous n'aurez jamais le temps de rédiger l'intégralité de votre devoir au brouillon et de le recopier sur la copie d'examen.

Annale corrigée

SUJET : Cas pratique

Session 2020

DURÉE : 3 HEURES

Résolution d'un cas pratique à partir d'un dossier portant sur des problématiques liées à la justice. Cette épreuve vise à vérifier les qualités rédactionnelles des candidats, leur capacité d'analyse et de synthèse, ainsi que leur aptitude à proposer des solutions de manière argumentée et organisée.

ÉNONCÉ

Vous êtes conseiller pénitentiaire d'insertion et de probation intervenant dans une antenne mixte (milieu ouvert et milieu fermé) ; votre directeur fonctionnel des services pénitentiaires d'insertion et de probation vous demande de rédiger une note concernant les différentes pratiques d'évaluation des personnes sous main de justice et de formuler des propositions d'instance permettant le partage d'informations entre les professionnels des services.

Liste des documents

Document 1 : circulaire du 18 juin 2012 relative aux modalités de fonctionnement de la commission pluridisciplinaire unique – direction de l'administration pénitentiaire (10 pages).

Document 2 : la commission pluridisciplinaire interne – référentiel des pratiques opérationnelles – direction de l'administration pénitentiaire – 2018 (4 pages).

Document 3 : circulaire du 8 novembre 2011 relative au diagnostic à visée criminologique (DAVC) – direction de l'administration pénitentiaire (7 pages).

Document 4 : la pratique de l'évaluation au sein des services pénitentiaires d'insertion et de probation – Hans Lefebvre et Anthony Garcia – AJ P pénal 2018 (5 pages).

Document 5 : article 717-1 du Code de procédure pénal (1 page).

Document 6 : terrorisme : les « quartiers d'évaluation de la radicalisation » en prison, nouvelle approche pour gérer les détenus djihadistes – Mathilde Lemaire – Radio France – 5 janvier 2018 (3 pages).

Document 7 : note de la direction de l'administration pénitentiaire du 7 décembre 2008 relative à l'évaluation de la dangerosité et de la vulnérabilité des personnes détenues (3 pages).

Document 8 : prison de Sequedin : comment se décide la libération des détenus les plus dangereux ? – M. Mas, P. Wursthorn, A. Martin et M. Bitton – 16 septembre 2017 – France 3 Région (2 pages).

Document n° 1

Liberté • Égalité • Fraternité
RÉPUBLIQUE FRANÇAISE

MINISTÈRE DE LA JUSTICE

18 JUIN 2012

LE PRÉFET,
DIRECTEUR DE L'ADMINISTRATION PÉNITENTIAIRE

PARIS, le

date d'application : immédiate

Numéro messager : 201210036807

CIRCULAIRE

pour attribution à

Mesdames les directrices et Messieurs les directeurs interrégionaux des services pénitentiaires

Monsieur le directeur interrégional chef de la mission des services pénitentiaires de l'Outre-mer

Mesdames et Messieurs les chefs et directeurs d'établissements pénitentiaires

Mesdames les directrices et Messieurs les directeurs fonctionnels des services pénitentiaires d'insertion et de probation

Monsieur le directeur de l'Ecole nationale d'administration pénitentiaire

NOR : JUSK1140048C

Objet : Circulaire relative aux modalités de fonctionnement de la commission pluridisciplinaire unique

Classement : F02

Mots-clefs : Commission pluridisciplinaire unique – Etablissements pénitentiaires – Prévention du suicide – Procédure d'accueil des personnes détenues arrivantes

Valeur juridique de l'information : Instruction

Textes sources :

Article 717-1 du code de procédure pénale dans sa rédaction issue de l'article 89 de la loi n° 2009-1436 du 24 novembre 2009 pénitentiaire

DAP
Adresse postale : 13, place Vendôme - 75042 PARIS Cedex 01
Bureaux situés : 8 - 10, rue du renard - 75004 PARIS
Tél. 01 44 77 60 60 - Fax. 01 49 96 26 69

RIEP-100473F

Articles D. 88 à D. 92 du code de procédure pénale dans leur rédaction issue du décret n° 2010-1635 du 23 décembre 2010 portant application de la loi pénitentiaire

Décret n° 2006-672 du 8 juin 2006 modifié relatif à la création, à la composition et au fonctionnement de commissions administratives à caractère consultatif

Circulaire JUSE0040058C du 21 juillet 2000 relative à la généralisation du projet d'exécution de peine aux établissements pour peines

Circulaire JUSK0840015C du 14 janvier 2009 relative à la mise en œuvre des règles pénitentiaires européennes

Note du garde des sceaux du 15 juin 2009 relative au plan d'actions 2009 sur la prévention du suicide des personnes détenues

Note n° 633 du 30 juillet 2010 relative à l'actualisation du référentiel qualité RPE, partie « prise en charge et accompagnement de la personne détenue durant la phase d'accueil » (version 2)

Note n° 71 du 22 mars 2011 relative à l'actualisation du référentiel qualité RPE, partie « prise en charge et accompagnement de la personne détenue durant la phase d'accueil » (version 3)

<u>Publication</u> : oui ☒ non ☐ J.O. ☐ B.O. ☒

PLAN

2

INTRODUCTION

Le dialogue pluridisciplinaire entre les différents professionnels intervenant au sein des établissements pénitentiaires conditionne l'efficacité des actions menées auprès des personnes détenues.

Forte de cette conviction, l'administration pénitentiaire a encouragé depuis plus de vingt ans la création au sein de chaque établissement d'une commission pluridisciplinaire, définie comme le lieu central d'échange institutionnel et de partage d'informations.

Ainsi, dès le 22 octobre 1990, la circulaire JUSE9040078C, portant sur le régime de détention des établissements du programme 13 000, prévoyait d'adapter les régimes de vie au profil des condamnés et préconisait à cette fin de réunir une commission d'affectation pluridisciplinaire que consulterait le chef d'établissement avant toute décision.

La circulaire JUSE0040058C du 21 juillet 2000, portant généralisation du projet d'exécution de peine aux établissements pour peine, a renouvelé cette préconisation et insisté sur l'utilité d'instances pérennes d'échanges pluridisciplinaires destinées à améliorer la communication et à définir des objectifs de travail communs, adaptés à la situation de chaque condamné. De même, la circulaire JUSE0140057C du 20 juillet 2001, relative à la lutte contre l'indigence, a généralisé la mise en place de commissions pluridisciplinaires, ouvertes aux partenaires extérieurs, destinées à garantir le suivi des actions menées en faveur des personnes détenues indigentes ainsi que la transparence des choix de l'administration.

Par la suite, la circulaire interministérielle n° 2005-27 du 10 janvier 2005, portant actualisation du guide méthodologique relatif à la prise en charge sanitaire des personnes détenues, a recommandé de faire de la commission pluridisciplinaire un lieu d'échanges entre les personnels pénitentiaires et les services de santé en matière de prévention du risque suicidaire.

Ces orientations ont été confortées par l'adoption des règles pénitentiaires européennes (RPE) le 11 janvier 2006 par le comité des ministres du Conseil de l'Europe. La règle 83.b invite notamment les autorités pénitentiaires à promouvoir des « *méthodes d'organisation et des systèmes de gestion propres [...] à faciliter la bonne coordination de tous les services – internes et externes à la prison – qui assurent des prestations destinées aux détenus* ».

Le référentiel d'application des RPE dans le système pénitentiaire français, élaboré par l'administration pénitentiaire, comprend ainsi une règle 1.3.1. qui indique : « *le chef d'établissement s'engage à favoriser une prise en charge pluridisciplinaire des personnes détenues, concrétisée notamment par la mise en place d'une commission pluridisciplinaire unique regroupant l'ensemble des acteurs concernés* ». La règle 2.1.2. du référentiel prévoit pour sa part de « *faciliter et améliorer les conditions d'intervention des partenaires institutionnels ou bénévoles, dans le souci d'optimiser leur action dans leur secteur de compétences* ».

La loi n° 2009-1436 du 24 novembre 2009 pénitentiaire est venue consacrer ces évolutions, en introduisant à l'article 717-1 du code de procédure pénale (CPP) une référence à la « *période d'observation pluridisciplinaire* » préalable au bilan de personnalité établi au profit de tout nouvel arrivant dans l'établissement.

Sur ce fondement, l'article D. 90 du CPP, issu du décret n° 2010-1635 du 23 décembre 2010, a institué auprès du chef de chaque établissement pénitentiaire, pour une durée de cinq ans, une commission pluridisciplinaire unique (CPU). Cette disposition portant création des CPU permet de rendre pérennes, dans un cadre réglementaire commun, les différentes commissions qui se réunissaient jusqu'alors sur des thèmes spécifiques.

Elle opère ainsi une clarification des dispositifs existants et garantit aux personnes détenues une prise en charge globale qui prend en compte l'ensemble de leur situation.

L'objectif de la présente circulaire est de présenter les modalités générales de fonctionnement de la CPU, quel que soit le thème de sa réunion. Des circulaires spécifiques préciseront, en fonction de leur objet (travail, affectation, aide aux personnes détenues dépourvues de ressources suffisantes, etc.) les conditions particulières de consultation de la CPU.

1. Compétence de la CPU

La CPU, instituée auprès de chaque établissement pénitentiaire, est une commission administrative à caractère consultatif présidée par le chef d'établissement. A ce titre, elle entre dans le champ d'application du décret n° 2006-672 du 8 juin 2006 visé en référence.

La consultation de la CPU est obligatoire pour l'examen des parcours d'exécution de peine (PEP) des personnes condamnées (article D. 89 du CPP). Une circulaire spécifique viendra préciser le contenu et les modalités de mise en œuvre du PEP.

En application de l'article 2 du décret précité, la durée d'existence de la CPU a été limitée à cinq ans par l'article D. 90 du CPP. A l'issue de cette période (soit au 29 décembre 2015), et sur la base d'un rapport établissant la nécessité de son maintien, la CPU pourra être renouvelée par décret simple pour une nouvelle période de cinq ans.

Bien que l'article D. 90 du CPP instituant la CPU s'insère dans une section relative aux modalités de prise en charge des personnes détenues *condamnées*, son champ d'intervention couvre l'ensemble des *personnes détenues majeures*.

En revanche, la CPU n'est pas compétente pour examiner la situation des personnes détenues mineures.

A l'égard de ces dernières en effet, les prérogatives de la CPU sont exercées par l'équipe pluridisciplinaire, définie à l'article D. 514 du CPP et instituée au sein de chaque établissement pénitentiaire recevant des mineurs (EPM et QM). Les modalités de fonctionnement de l'équipe pluridisciplinaire sont détaillées dans la circulaire JUSK0740097C du 8 juin 2007 relative au régime de détention des mineurs.

S'agissant des majeurs, la CPU fusionne l'ensemble des commissions existantes appelées à émettre un avis sur les décisions prises à l'égard des personnes incarcérées, qu'elles soient prévenues ou condamnées.

A ce titre, la CPU remplace les diverses commissions qui intervenaient jusqu'alors au sein des établissements pénitentiaires.

4

Ainsi, la CPU est compétente s'agissant :
- de l'examen de la situation des personnes détenues arrivantes à l'issue de la phase d'accueil, notamment de l'évaluation de leur dangerosité et de leur vulnérabilité, au sens pénitentiaire de ces termes ; cet examen précède l'affectation de chaque personne détenue arrivante dans le secteur d'hébergement qui lui semble adapté ;
- du suivi de l'évaluation de la dangerosité et de la vulnérabilité des personnes incarcérées ;
- de l'examen de la situation des personnes détenues préalable aux décisions de classement au travail ou à la formation ainsi que, le cas échéant, d'accès aux activités ;
- de la prévention du suicide ;
- de l'identification des personnes détenues dépourvues de ressources suffisantes susceptibles de bénéficier d'aides en nature ou en numéraire ;
- de l'examen de la situation des personnes condamnées préalable aux décisions de réaffectation dans un nouveau régime de détention (leur affectation initiale étant examinée à l'occasion du volet arrivant de la CPU) ;
- de l'examen des parcours d'exécution de peine des personnes détenues condamnées.

Dans tous ces domaines, le chef d'établissement ou son délégataire demeurent au final seuls décisionnaires.

Pour autant, la consultation de la CPU est nécessaire pour éclairer leurs choix. C'est la raison pour laquelle il importe, dans chaque établissement, que la commission se réunisse sur chacune des thématiques ci-dessus énumérées pour exprimer son avis, étant précisé qu'à l'avenir, en fonction de l'évolution des pratiques, d'autres thèmes pourront y être évoqués.

2. Composition de la CPU

La grande diversité des thèmes sur lesquels la CPU est amenée à se prononcer implique que ses participants puissent varier d'une réunion à une autre, en fonction de leur domaine de compétence et de leur connaissance des situations individuelles inscrites à l'ordre du jour.

De manière schématique, la CPU est constituée de trois groupes distincts : un « noyau dur » de membres dont la présence est obligatoire ou fortement souhaitée, un deuxième groupe de membres systématiquement convoqués mais pas nécessairement présents, puis un troisième, composé de membres susceptibles d'être convoqués pour assister à ses réunions (article D. 90 du CPP).

Enfin, un dernier groupe, très large, inclut tous les intervenants en détention susceptibles d'être entendus par la commission pour éclairer ses débats (moniteurs de sport, coordinateurs culturels, aumôniers, visiteurs de prison, partenaires associatifs…). Toutefois, ces intervenants ne sont pas membres de la CPU. Ils interviennent en tant que « personnalités qualifiées », extérieures à la commission. Afin d'enrichir les échanges de la commission, il convient de faire un large usage de cette faculté d'audition en invitant de manière très régulière les partenaires associatifs à participer à ses réunions lorsque l'ordre du jour le justifie.

Le premier groupe des membres présents est composé du chef d'établissement (en sa qualité de président de la CPU), du directeur fonctionnel des services pénitentiaires d'insertion et de probation (DFSPIP) et du responsable du secteur de détention de la personne détenue dont la situation est examinée.

S'agissant de la « CPU PEP », dès lors que ces trois personnes sont présentes ou représentées (*cf. infra* s'agissant des possibilités de suppléance), le quorum est atteint et la commission peut se tenir valablement. Leur participation est donc absolument nécessaire.

Dans tous les autres cas, leur participation doit être fortement encouragée car elle garantit la légitimité de la commission et la cohérence de ses travaux. En cas d'empêchement, il est recommandé que la personne qui ne peut être ni présente ni représentée en CPU rédige un avis dans le cahier électronique de liaison (CEL), préalablement à la tenue de la commission.

Sauf nécessité de service, le responsable du secteur de détention se rend à la CPU accompagné du personnel de surveillance qui connaît la situation de la personne détenue. De même, le DFSPIP peut se faire accompagner par un ou plusieurs membres de son service pour porter une appréciation sur les personnes dont la situation est examinée.

Les membres du deuxième groupe systématiquement convoqués aux réunions de la CPU sont les représentants du service du travail, du service de la formation professionnelle (lesquels peuvent être des personnels du secteur privé dans les établissements à gestion déléguée) ainsi que le représentant du service d'enseignement (et notamment le responsable local de l'enseignement). Ils apprécient, en fonction de l'ordre du jour, si leur présence à la réunion de la commission est nécessaire.

Le troisième groupe, constitué des personnes conviées à assister aux réunions de la CPU en fonction de l'ordre du jour établi par le chef d'établissement, comprend :
- le psychologue chargé du parcours d'exécution de la peine ;
- un membre du service de la protection judiciaire de la jeunesse (PJJ) ;
- un représentant des équipes soignantes (dispositif de soins somatiques ou psychiatriques) de l'unité de consultations et de soins ambulatoires ou du service médico-psychologique régional désigné par le (ou les) établissement(s) de santé de rattachement.

Il appartient au chef d'établissement d'arrêter par écrit la liste des membres de la CPU.

Ce document, qui prend la forme d'une note de service, n'est pas une liste *nominative* de toutes les personnes appelées à participer aux réunions de la CPU mais une liste *fonctionnelle*.

En effet, les membres de la CPU n'interviennent pas en leur qualité personnelle mais au titre des fonctions qu'ils exercent ou du service qu'ils représentent. L'objet de la note fixant la composition de la CPU est simplement de définir et d'adapter, en fonction de la situation locale, l'énumération de l'article D. 90 du CPP.

A titre d'exemple, tous les établissements pénitentiaires ne comprennent pas de psychologue en charge du PEP. Dans ce cas, cette personnalité, pourtant mentionnée à l'article D. 90 du CPP, n'a pas à figurer sur la liste des membres de la CPU arrêtée par le chef d'établissement.

De même, en fonction du nombre de secteurs de détention que comporte l'établissement, la liste fera état d'un nombre variable de responsables appelés à participer aux CPU (responsable du secteur 1, 2, 3 ou responsable du bâtiment A, B…).

De la sorte, le départ d'un membre et son remplacement n'imposent pas au chef d'établissement d'actualiser la liste portant composition de la CPU.

Il convient donc de distinguer très nettement la liste fonctionnelle arrêtée par le chef d'établissement compte tenu des particularités de l'établissement qu'il dirige et le choix des personnes convoquées, nominativement, qu'il effectue avant chaque réunion de la CPU (*cf. infra* 3.1).

Tous les membres de la CPU, y compris son président, peuvent s'y faire représenter (article 3 du décret n° 2006-672 du 8 juin 2006).

Le chef d'établissement peut ainsi être suppléé, de préférence par un directeur des services pénitentiaires ou un membre du corps de commandement placé sous son autorité. Toutefois, pour tenir compte des contraintes existantes dans les maisons d'arrêt à faible capacité d'accueil, il est possible de confier la présidence de la CPU à un membre du corps d'encadrement. Dans ce cas, le major ou le premier surveillant n'auront pas compétence pour prendre de décisions à l'issue des débats de la CPU. Il appartiendra au chef d'établissement de formaliser ses décisions postérieurement à la réunion de la commission.

La note du chef d'établissement portant composition de la CPU n'a pas à mentionner l'identité de toutes les personnes susceptibles de suppléer les membres titulaires. Il suffit que ces suppléants appartiennent au service, ou soient placés sous l'autorité de la personne qu'ils représentent, pour être habilités à participer aux réunions de la CPU.

3. Fonctionnement de la CPU

Il importe, selon la taille de l'établissement, qu'un personnel administratif soit affecté à l'organisation et au suivi administratif de la CPU. Ce personnel se charge de la préparation des dossiers, de l'envoi des convocations, du secrétariat de réunion, de la rédaction du procès-verbal et de la formalisation des avis de la commission. Un recours systématique au cahier électronique de liaison (CEL) doit être adopté dans le cadre des travaux de la CPU, afin d'en garantir la traçabilité.

3.1. La convocation de la CPU

C'est au stade de la convocation que le chef d'établissement doit arrêter la liste nominative des membres qu'il souhaite voir participer à la CPU.

Sont systématiquement convoqués :

- le DFSPIP (lequel pourra se faire suppléer et être accompagné le cas échéant de membres de son service ainsi qu'il a été indiqué *supra*),
- les responsables des secteurs de détention dans lesquels sont hébergées les personnes détenues dont la situation est inscrite à l'ordre du jour,
- les représentants des services du travail, de la formation professionnelle et de l'enseignement.

Les autres membres de la CPU sont convoqués en fonction de l'objet de sa réunion et des situations individuelles examinées.

D'une manière générale, il importe que le chef d'établissement prenne attache avec le (ou les) référent(s) de l'équipe soignante afin de définir conjointement les cas dans lesquels l'invitation de ces derniers intervient. Celle-ci doit notamment être systématisée pour les CPU « Prévention du suicide ». Il peut également être convenu que les représentants des équipes soignantes soient systématiquement conviés lorsque la CPU examine la situation d'une personne détenue dont l'état de santé nécessite un partage d'information pour une décision concertée.

Quoi qu'il en soit, le chef d'établissement ne peut jamais solliciter la présence des membres de l'équipe soignante dans le but d'obtenir des renseignements couverts par le secret médical (*cf. infra*).

S'agissant du psychologue PEP, sa convocation se justifie à toutes les CPU chargées d'examiner les parcours d'exécution de la peine, ainsi qu'à celles relatives aux « arrivants » et à l'affectation des condamnés dans un régime de détention.

La convocation du représentant de la PJJ ne s'impose que dans les cas exceptionnels où la CPU (quel que soit l'objet de sa réunion) doit examiner la situation d'un jeune majeur à l'égard duquel le juge des enfants n'a pas dessaisi la PJJ au profit du SPIP.

Une fois déterminée la liste nominative des membres de la CPU à convoquer, le chef d'établissement doit décider si l'audition de personnalités qualifiées se justifie.

A titre d'exemple, les représentants des associations impliquées localement dans l'aide aux personnes détenues dépourvues de ressources suffisantes peuvent être invités aux réunions de la CPU chargée d'examiner les situations d'indigence.

La convocation adressée aux membres de la CPU et aux personnalités qualifiées mentionne l'objet de la réunion et la liste des personnes détenues dont la situation sera examinée. Cette convocation vaut ordre du jour.

Elle leur est adressée par tout moyen, y compris par courrier électronique, accompagnée le cas échéant des documents nécessaires à la préparation de la réunion.

Lorsque la CPU examine les parcours d'exécution de peine, la convocation doit être adressée cinq jours au moins (samedi et dimanche inclus) avant la date de la réunion. Dans les autres cas, il convient de respecter un délai minimum de prévenance de trois jours pour permettre aux membres convoqués et aux personnalités qualifiées entendues de préparer dans de bonnes conditions la réunion.

En cas d'urgence, le chef d'établissement peut toujours ajouter l'examen de la situation d'une personne détenue à l'ordre du jour de la CPU, y compris le jour même de sa réunion.

3.2. La tenue des réunions

Si, sur le principe, aucun rythme n'est imposé (les nécessités locales devant guider les choix du chef d'établissement), il arrive toutefois qu'un rythme minimum de réunion soit prescrit en fonction du thème de la réunion.

Ainsi :
- la CPU compétente pour examiner les parcours d'exécution de la peine des personnes condamnées doit être réunie au moins une fois par mois (article D. 91 du CPP) ;
- la CPU compétente pour examiner la situation des arrivants se réunit obligatoirement à l'issue de la phase d'accueil (référentiel RPE, règle I.3.2.) ;

- la CPU « prévention du suicide » se réunit à un rythme au minimum bimensuel (préconisation de la note du garde des sceaux du 15 juin 2009 visée en référence).

Le chef d'établissement, ou son représentant, préside les réunions. Il examine successivement les situations individuelles des personnes détenues inscrites à l'ordre du jour. Il veille à ce que chaque membre de la CPU puisse exprimer son avis.

En aucun cas les propos échangés en CPU ne peuvent porter sur des informations couvertes par le secret médical.

Par ailleurs, les informations échangées en CPU au sujet des personnes détenues sont confidentielles et ne peuvent être divulguées à l'extérieur des réunions.

A cet égard, l'article D. 90 du CPP impose aux participants une obligation de discrétion qui leur interdit de dévoiler la teneur de leurs échanges. Cette obligation de discrétion s'impose aussi bien aux membres de la CPU qu'aux personnalités qualifiées entendues par elle (partenaires associatifs, aumôniers, visiteurs de prison, coordinateurs culturels, etc).

3.3. La formalisation des avis de la CPU

Les différents avis émis par les membres de la CPU peuvent être retranscrits par le secrétaire de séance qui rédige sur support informatique, pour chaque personne détenue dont la situation a été examinée, un **relevé des avis** de chacun des participants à la commission.

A cette fin, le chef d'établissement s'efforce de mettre à la disposition de la commission un ordinateur, de sorte que le personnel administratif affecté au secrétariat ait accès au dossier de chaque personne détenue sous GIDE, où il pourra directement enregistrer les différents avis des membres de la commission dans le module « audiences/commissions » du CEL (ou de l'application informatique appelée à lui succéder).

Ce relevé des avis est diffusé au représentant des équipes soignantes qui a, le cas échéant, participé à la réunion, lequel peut formuler, par écrit, toute remarque versée au dossier de la personne détenue.

Lorsque la CPU examine les PEP, un vote à main levée est organisé. Les personnalités qualifiées entendues par la commission ne participent pas au vote. Le sens du vote de chaque membre (« Vote pour » ou « Vote contre ») est retranscrit dans le relevé des avis précité.

Par ailleurs, le secrétaire de séance peut rédiger une **synthèse individuelle à l'attention de la personne détenue**, versée à son dossier. Cette synthèse pluridisciplinaire ne fait pas état des positions individuelles de chacun des membres de la CPU et peut se limiter à la simple mention de l'avis, favorable ou défavorable, rendu par la commission. Il est possible de porter cette synthèse à la connaissance de la personne détenue en même temps que la décision du chef d'établissement.

Enfin, le secrétaire de séance prépare un **procès-verbal de réunion** édité, le cas échéant, directement à partir du logiciel informatique. Ce procès-verbal indique l'objet de la réunion (ex. : « Prévention du suicide », « Affectation », « Arrivant »), le nom et la qualité fonctionnelle des membres présents ainsi que l'identité des personnes détenues dont la situation a été examinée.

Le procès-verbal mentionne également, lorsqu'un vote est intervenu en commission, le sens de ce vote (« Vote favorable » ou « Vote défavorable »), étant précisé qu'en cas de partage des voix entre les membres présents, celle du président est prépondérante.

Ce procès-verbal est signé par le président de la CPU (le chef d'établissement ou son suppléant). Il n'est pas obligatoire en revanche de le faire signer par l'ensemble des membres présents.

S'agissant enfin des décisions prises par le chef d'établissement ou son représentant à l'issue de la CPU, il convient de se reporter aux circulaires spécifiques qui, thème par thème, en détaillent le formalisme en fonction de leur régime juridique. Elles sont systématiquement portées à la connaissance de la personne détenue et classées à son dossier individuel.

***

Je vous serai obligé de bien vouloir veiller à la diffusion de la présente circulaire et de m'informer des éventuelles difficultés liées à sa mise en œuvre.

La Garde des Sceaux
ministre de la justice

Par délégation,
Le préfet, directeur de l'administration pénitentiaire

Henri MASSE

Sommaire

2.5 Si besoin, partager l'analyse de la situation en Commission Pluridisciplinaire Interne (CPI)

2.5.1 Eléments de contexte sur la création de la CPI

La note de cadrage du 26 septembre 2014 relative à la contrainte pénale préconise la création d'une nouvelle instance pluridisciplinaire instituée au sein du SPIP : la Commission Pluridisciplinaire Interne (CPI).

Cette instance collégiale doit permettre d'accompagner l'action des CPIP auprès des personnes condamnées à une contrainte pénale.

Les modalités de fonctionnement de cette commission doivent être de nature à associer la personne à la définition, à la mise en œuvre et à l'évaluation des modalités de sa prise en charge.

Cette instance doit également permettre à chaque service de développer une organisation, une méthodologie et une déontologie communes consacrées à la prise en charge de l'ensemble des PPSMJ en milieu ouvert. Sa création n'est pas exclusive du maintien et du développement d'instances d'analyse des pratiques et/ou de supervision.

2.5.2 Compétence de la CPI

La CPI est instituée au sein de chaque SPIP ; sa consultation est obligatoire :

- pour déterminer le PACEP d'une personne condamnée à une contrainte pénale ainsi que pour procéder à sa réévaluation annuelle,
- pour décider, à l'issue de la phase initiale et tout au long du suivi, la mise en place (étant donné le niveau de risque élevé et/ou la multiplicité de besoins) ou l'abandon d'un accompagnement intensif **(niveau 1),**
- pour procéder à la réévaluation annuelle des personnes faisant l'objet d'un accompagnement intensif.

La consultation de la CPI est facultative **concernant l'examen initial ou le réexamen annuel et continu de la situation des personnes prises en charge par le SPIP dans un autre cadre que celui de la contrainte pénale.** Il est néanmoins préconisée d'accompagner les CPIP dans la définition d'un plan d'exécution pour la mise en œuvre de la peine, l'examen de la pertinence de ce plan ou son ajustement, notamment lorsqu'on constate :

- une très faible réceptivité de la personne aux interventions proposées (la stratégie d'accompagnement peut alors être revue et adaptée),
- une évolution particulièrement négative de la personne est constatée et caractérisée notamment par l'émergence ou le renforcement de facteurs de risque aigus de récidive qui peuvent laisser craindre un nouveau passage à l'acte,
- une difficulté à répondre aux besoins identifiés et/ou exprimés par la personne prise en charge (de nouvelles pistes méthodologiques et de coopérations partenariales idoines peuvent alors être envisagées).

2.5.3 Composition de la CPI

La CPI est présidée par le Directeur Fonctionnel du Service Pénitentiaire d'Insertion et de Probation (DFSPIP) ou son représentant. Son animation peut être confiée à tout personnel d'encadrement.

En outre, elle comprend a minima :

- le CPIP référent du dossier présenté,
- un CPIP volontaire désigné par le DFSPIP ou le cadre animateur de la CPI,
- le psychologue de l'équipe si le service en dispose.

La nature pluridisciplinaire de cette commission autorise des comités plus élargis et ainsi la présence :

- de plusieurs CPIP,
- d'un cadre de proximité,
- d'un personnel de surveillance,
- d'un assistant de service social si le poste pourvu en dispose.

La présence de la personne accompagnée peut également être prévue afin de favoriser au mieux l'association de celle-ci à la définition ou au réajustement de ses modalités d'accompagnement. Cette faculté doit être laissée à l'appréciation du service, une participation ne saurait être systématique. Une prochaine évaluation nous renseignera sur les effets constatés de ce choix.

2.5.4 Fonctionnement de la CPI

Si les ressources humaines le permettent, il importe, selon la taille de l'antenne, qu'un personnel administratif soit affecté à l'organisation et au suivi administratif de la CPI.

2.5.5 Organisation des réunions

Il appartient au DFSPIP de déterminer la fréquence des instances de la CPI dans chacune de ses antennes, en fonction du nombre de contraintes pénales suivies, du flux des prises en charge et des besoins des CPIP et du personnel d'encadrement. Un calendrier des CPI est déterminé et actualisé régulièrement ; il est consultable par l'ensemble des membres du service (ex. : version numérique de ce planning enregistrée sur le serveur commun).

La durée de chaque instance est également laissée à la libre appréciation de l'encadrement des SPIP. Elle dépend du nombre de situations étudiées. Le nombre de dossiers étudiés doit permettre un examen approfondi et réel des propositions formulées par les CPIP.

L'examen initial en CPI est déterminé par le cadre au moment de l'affectation nominative de manière, notamment, à assurer la présence de la personne si celle-ci est souhaitée :

- si sa présence n'est pas souhaitée, la personne accompagnée doit avoir a minima connaissance du jour et de l'heure de son passage ;
- si sa présence est souhaitée, il lui est transmis un « avis à participer » (il ne peut s'agir d'une convocation).

Le CPIP référent veille à communiquer en amont, aux membres de la commission, un document dans lequel figurera l'évaluation de la PPSMJ, ses préconisations quant au plan d'accompagnement de la personne et aux obligations et interdictions prononcées.

2.5.6 Tenue des réunions

Le DFSPIP ou son représentant préside les commissions au cours desquelles sont examinées successivement les situations individuelles des personnes inscrites à l'ordre du jour.

A l'ouverture de la réunion, le DFSPIP ou son représentant rappelle que les échanges en CPI au sujet des personnes dont la situation est examinée sont confidentiels et ne peuvent être divulgués à l'extérieur de cette commission.

Le CPIP référent présente :

- une synthèse de l'évaluation initiale (ou de la réévaluation) de la situation de l'intéressé(e) ;
- le plan d'accompagnement proposé (objectifs, ressources, calendrier) ;
- son avis quant aux obligations et interdictions à proposer, supprimer ou modifier ;
- en son absence, l'avis de la personne accompagnée sur les conclusions de l'évaluation et le PACEP.

Le cadre animateur sollicite les avis des membres de la commission et celui de la personne (quand elle est présente).

Le psychologue et l'assistant de service social présentent respectivement, le cas échéant, leurs avis et le bilan social qu'ils ont réalisé.

Le cadre synthétise les propositions du CPIP référent et les avis de la commission dans la perspective de la mise en place d'un suivi pertinent et efficient au regard de l'évaluation.

2.5.7 Les suites de la CPI

Le cadre animateur rédige sa synthèse et la retranscrit dans une note SPIP (non partagée). Elle n'est pas transmise à l'autorité judiciaire et n'est pas intégrée dans le rapport d'évaluation transmis au juge de l'application des peines.

Le CPIP modifie, comme il l'estime nécessaire, son rapport d'évaluation en fonction des éléments partagés en CPI. Il transmet pour validation son rapport à son cadre référent qui, dans le même temps, s'il ne présidait pas cette commission, prend connaissance de la synthèse de la CPI.

Le rapport transmis, le CPIP référent réalise un entretien bilan ou de rétrocession avec la personne accompagnée pendant lequel il présente les éléments de son rapport et la synthèse de la CPI. Cet entretien ouvre la phase de mise en œuvre du PACEP.

2.6 Rédiger le rapport d'évaluation à destination du juge de l'application des peines

A l'issue de l'évaluation le CPIP rédige un rapport.

Lorsque la situation de la personne fait l'objet d'un examen en CPI, ce rapport est rédigé en vue de la commission. A l'issue :

- le DPIP rédige la synthèse de la CPI et la retranscrit dans APPI dans une note SPIP (non partagée). Cette note n'est pas transmise à l'autorité judiciaire et n'est pas intégrée dans le rapport d'évaluation transmis au juge de l'application des peines.
- le CPIP modifie, comme il l'estime nécessaire, son rapport d'évaluation en fonction des éléments partagés en CPI. Ce rapport est rédigé et enregistré sur APPI (Fiche diagnostic). Il fait l'objet d'une validation par le DPIP qui, s'il ne présidait pas cette commission, prend également connaissance de la synthèse de la CPI.

En pratique

Eléments juridiques

En milieu ouvert, le rapport d'évaluation initiale est transmis 3 mois après la saisine du service.

En milieu fermé, un rapport d'évaluation doit être transmis 1 mois après la saisine du service.

Si ce délai d'un mois est strictement respecté pour les plus courtes peines (condamnation à une peine d'emprisonnement de 6 mois), il peut être de 3 mois pour l'évaluation des personnes condamnées à des peines plus importantes. Il s'agit de respecter un principe de proportionnalité entre le temps consacré à l'évaluation et le temps de mise en œuvre du PACEP afin que la prise en charge soit surtout consacrée au travail sur les problématiques identifiées.

Eléments méthodologiques

Le rapport présente de façon synthétique :

- une présentation de la situation familiale, sociale et pénale de la personne ;
- l'analyse des facteurs de risques statiques, des besoins d'intervention (facteurs de risques dynamiques), des facteurs de protection et de sa réceptivité ;
- les besoins exprimés par la personne ;
- le PACEP déterminé, comprenant le niveau d'intervention requis, les axes de travail ciblés, les modalités déterminées et la planification (priorités/échéances) ;
- l'avis de la personne sur le PACEP présenté.

BULLETIN OFFICIEL DU MINISTÈRE DE LA JUSTICE ET DES LIBERTÉS

Circulaire du 8 novembre 2011 relative au diagnostic à visée criminologique (DAVC)
NOR : JUSK1140051C

Le garde des sceaux, ministre de la justice et des libertés,

à

Pour attribution

Madame la directrice et messieurs les directeurs interrégionaux des services pénitentiaires
Monsieur le directeur interrégional chef de la mission des services pénitentiaires de l'Outre-mer
Mesdames et messieurs les chefs d'établissements pénitentiaires
Mesdames les directrices et messieurs les directeurs fonctionnels des services pénitentiaires d'insertion et de probation
Monsieur le directeur de l'Ecole nationale d'administration pénitentiaire

Pour information

Mesdames et messieurs les premiers présidents des cours d'appel
Mesdames et messieurs les procureurs généraux près les cours d'appel
Mesdames et messieurs les présidents des tribunaux de grande instance
Mesdames et messieurs les procureurs de la République près les tribunaux de grande instance
Monsieur le directeur de l'Ecole nationale de la magistrature

Date d'application : immédiate

Textes sources

- Articles R. 57-4-1 à R. 57-4-10, R. 15-33-66-12 et R. 61-20 du code de procédure pénale, issus du décret du 7 novembre 2011, portant création d'un traitement automatisé de données à caractère personnel dénommé « application des peines, probation et insertion » (APPI)
- Décret n° 2010-1639 du 23 décembre 2010 portant statut particulier des conseillers pénitentiaires d'insertion et de probation
- Délibération n° 2011-232 de la commission nationale de l'informatique et des libertés (CNIL) du 21 juillet 2011, portant avis sur le projet de décret en Conseil d'Etat portant création du traitement APPI
- Circulaire JUSK0840001C du 19 mars 2008 relative aux missions et méthodes d'intervention des services pénitentiaires d'insertion et probation (SPIP)
- Dépêche de la direction des affaires criminelles et des grâces (DACG) du 16 février 2011
- Note DAP n° 000258 du 31 mars 2011

Introduction

Dans chaque département, les services pénitentiaires d'insertion et de probation (SPIP) concourent à la mise en œuvre des missions du service public pénitentiaire telles que définies par la loi n° 2009-1436 du 24 novembre 2009 pénitentiaire.

Ainsi, ils participent à l'exécution, l'individualisation et l'aménagement des peines et des mesures prononcées par l'autorité judiciaire, contrôlent et font respecter les obligations imposées aux personnes placées sous main de justice (PPSMJ), favorisent leur insertion ou réinsertion.

Par ces actions conjuguées, les SPIP agissent en faveur de la prévention de la récidive, assurant la prise en charge de près de 250 000 PPSMJ, en milieu ouvert ou fermé, qu'elles soient prévenues ou condamnées.

Dès leur saisine par l'autorité judiciaire, aux fins de mettre à exécution une mesure ou une peine, les SPIP engagent, après affectation nominative de la procédure, une phase d'évaluation et d'analyse de la situation pénale, personnelle, familiale et sociale de la PPSMJ concernée. Cette évaluation doit aboutir à la détermination par le SPIP des modalités de prise en charge les mieux adaptées au profil de celle-ci.

L'évaluation et la détermination des modalités de suivi constituent des actes professionnels, propres aux personnels pénitentiaires d'insertion et de probation, accomplis dans le cadre du mandat judiciaire qui leur est confié.

Depuis plusieurs années, la direction de l'administration pénitentiaire (DAP) a engagé une réflexion et des expérimentations afin de mieux définir les méthodes d'action et d'intervention des SPIP.

Ces travaux engagés en 2008 ont tout particulièrement porté sur la détermination d'un cadre d'intervention harmonisé, au profit de l'ensemble des personnels pénitentiaires d'insertion et de probation, s'agissant d'une part de la procédure d'évaluation des PPSMJ, objet de la présente circulaire, et d'autre part des modalités de prise en charge de ces personnes, qui feront ultérieurement l'objet d'une circulaire spécifique.

C'est dans ce contexte qu'a progressivement été élaboré un outil d'évaluation, le diagnostic à visée criminologique (DAVC). Le cadre général a été défini par un groupe de travail composé de conseillers pénitentiaires d'insertion et de probation (CPIP), de cadres de la filière insertion et probation ainsi que de représentants de la direction de l'administration pénitentiaire. Il a ensuite fait l'objet d'une expérimentation au sein de plusieurs services, avant d'être déployé, à partir de 2010, dans onze sites pilotes, les autres SPIP pouvant, s'ils le souhaitent, y avoir également recours .

L'administration pénitentiaire a mis à profit cette phase d'expérimentation pour prendre en compte les avis et observations qui ont été portés à sa connaissance afin de rendre le DAVC plus opérationnel et fonctionnel.

Concomitamment, l'objectif recherché consistait à intégrer le DAVC au sein de l'application informatique APPI.

A la faveur de la parution au Journal Officiel le 8 novembre 2011 du décret en Conseil d'Etat en date du 7 novembre 2011, portant création d'un traitement automatisé de données à caractère personnel dénommé « application des peines, probation et insertion » (APPI), l'article R. 57-4-1 du code de procédure pénale (CPP) dispose désormais que l'application APPI a notamment pour finalité « l'évaluation de la situation des personnes placées sous main de justice, prévenues ou condamnées, pour la détermination ou l'exécution des décisions de l'autorité judiciaire ».

Le DAVC constitue une procédure d'évaluation commune à tous les SPIP, à laquelle doivent recourir progressivement puis, à compter du 1er mars 2012, systématiquement, les personnels pénitentiaires d'insertion et de probation, permettant d'évaluer les personnes qui leur sont confiées par l'autorité judiciaire, afin de déterminer le mode de prise en charge le plus adapté.

La CNIL, saisie pour avis du projet de décret, a validé, par sa délibération du 21 juillet 2011, les dispositions qu'il contient.

Il est apparu important que les services s'approprient dans un premier temps ce nouvel outil d'évaluation avant que ne soit engagée l'harmonisation des modes de prise en charge différenciée des PPSMJ.

Le DAVC permet aux SPIP pilotes, participant actuellement à l'expérimentation relative aux méthodes de prise en charge différenciée des PPSMJ, de recourir à la « segmentation ». Jusqu'à parution de la circulaire d'harmonisation, les autres SPIP continueront à mettre en œuvre les modalités de prise en charge différenciée qu'ils ont définies conformément à la circulaire du 19 mars 2008.

La mise en œuvre et l'appropriation de ce nouvel outil d'évaluation, qui constitue une avancée significative, répond à plusieurs finalités :

- Les SPIP sont dotés d'une méthode d'évaluation commune à tous les personnels pénitentiaires d'insertion et de probation. Le DAVC pourra faire l'objet d'évolutions à la faveur des observations et avis que susciteront sa mise en œuvre, afin de renforcer son caractère opérationnel.
- Cette harmonisation est le gage d'une égalité de traitement des personnes placées sous main de justice dans le cadre de leur évaluation. Le DAVC recense tous les champs apparaissant pertinents pour une approche aussi complète que possible de la situation des PPSMJ, afin de faciliter l'analyse et la proposition de mode de prise en charge.
- Le DAVC est accessible sur tout le territoire national à tous les SPIP. Il s'agit donc d'un outil déterminant pour garantir la continuité de la prise en charge des PPSMJ en cas de mobilité géographique de ces dernières ou encore en cas de passage entre le milieu ouvert et fermé. Il s'agit d'une évolution particulièrement positive mettant un terme au cloisonnement que l'application APPI instaurait jusqu'à présent.
- Parce que l'évaluation est constitutive d'un acte professionnel propre au SPIP s'inscrivant dans le cadre de la mise en œuvre d'un mandat confié par l'autorité judiciaire, le DAVC, sera, après validation par le

directeur fonctionnel des services pénitentiaires d'insertion et de probation (DFSPIP) ou le personnel d'encadrement désigné, transmis automatiquement, via APPI, à l'autorité judiciaire mandante. Il devient ainsi une donnée transversale facilitant tant le suivi par le SPIP compétent que l'information du magistrat mandant, quelle que soit par ailleurs la mobilité géographique de la PPMSJ.

- Parce que le DAVC s'inscrit dans le cadre de la mise en œuvre par les SPIP du mandat que leur confie l'autorité judiciaire, il n'est accessible qu'aux SPIP et à l'autorité judiciaire.

Le DAVC, par ses fondements et ses finalités est un outil se conformant aux règles européennes de probation (REP), recommandations adoptées le 20 janvier 2010 par le Comité des ministres du Conseil de l'Europe[1]. Si ces règles ne présentent aucune force contraignante pour les Etats, elles constituent cependant un outil de référence dont l'administration pénitentiaire entend s'inspirer pour mener son action s'agissant de la prise en charge des personnes qui lui sont confiées en milieu ouvert.

Entre mai et juin 2011, le DAVC a fait l'objet d'une présentation au sein de toutes les directions interrégionales ainsi qu'à l'Ecole nationale de l'administration pénitentiaire (ENAP).

Il sera désormais intégré à la formation initiale des métiers de la filière insertion et probation. Des actions de formation continue seront également proposées en lien avec l'ENAP et les directions interrégionales des services pénitentiaires.

Dans le cadre du déploiement du DAVC, afin d'accompagner les services et de répondre à toute question relative à ces nouvelles dispositions, une boîte structurelle dap/pmj1/cyberjustice (à l'instar de celle établie pour la surveillance électronique de fin de peine et la procédure simplifiée d'aménagement de peine) est mise à disposition des personnels d'encadrement des SPIP qui devront systématiquement veiller à rendre le département des politiques d'insertion, de probation et de prévention de la récidive dont ils relèvent, destinataire en copie des messages électroniques transmis ainsi à l'administration centrale.

Par ailleurs, vous veillerez à ce que les DFSPIP et leurs équipes prennent l'initiative de présenter ce nouvel outil aux juridictions afin que les magistrats soient parfaitement informés, au-delà de la présente circulaire, du mode de fonctionnement du DAVC et de ses finalités.

L'objectif de la présente circulaire est de présenter les principes généraux de mise en œuvre (I) puis le contenu du DAVC (II).

I. Principes généraux de mise en œuvre du DAVC

1.1 Une évaluation systématique réalisée par les CPIP

La circulaire DAP du 19 mars 2008, relative aux missions et aux méthodes d'intervention des SPIP, précise que « dans les cadre des suivis, il revient aux personnels d'insertion et de probation d'évaluer et d'analyser les situations individuelles ».

Les règles européennes de probation recommandent, dès avant la mise en place du suivi de l'auteur d'une infraction, que ce dernier fasse l'objet de la part des services de probation « d'une appréciation qui analyse de façon systématique et approfondie sa situation particulière, y compris les risques, les facteurs positifs et les besoins (…) »[2].

La procédure d'évaluation doit concerner toute personne dont le SPIP est saisi par l'autorité judiciaire, aux fins de mettre en œuvre une mesure ou une peine.

A réception des dossiers, le suivi de chaque mesure est affecté sous le contrôle d'un personnel d'encadrement à un personnel du SPIP.

L'évaluation est nécessairement réalisée par un CPIP à la faveur du ou des entretiens individuels et à partir des pièces judiciaires transmises par le magistrat mandant.

---

1 Recommandation CM/Rec(2010)1 du Comité des Ministres aux Etats membres sur les règles du Conseil de l'Europe relatives à la probation

2 Règle 66 des règles européennes de probation

Afin de permettre au service public pénitentiaire de disposer de l'ensemble des pièces indispensables à l'établissement du diagnostic, la dépêche de la DACG du 16 février 2011 a rappelé aux autorités judiciaires la nécessité de communiquer de manière systématique aux SPIP le jugement ou la note d'audience, le bulletin n° 1 du casier judiciaire et, le cas échéant, les expertises et enquêtes de personnalité relatives aux personnes condamnées à une mesure s'exécutant en milieu ouvert ou à une peine d'emprisonnement ferme aménageable par le juge de l'application des peines.

L'accès direct du service public pénitentiaire au bulletin n° 1 du casier judiciaire a d'ailleurs été facilité par la nouvelle rédaction de l'article 774 du CPP.

L'évaluation de la PPSMJ doit être engagée par le CPIP dès le premier entretien. La carence de tout ou partie des pièces judiciaires ne saurait, en dépit de la difficulté majeure qu'elle constitue, faire obstacle à l'engagement de la procédure d'évaluation, ainsi qu'il résulte de la note DAP du 31 mars 2011 visée en référence.

L'évaluation est systématique, aussi bien en milieu ouvert qu'en milieu fermé.

Cette évaluation doit intervenir dans un délai maximal de trois mois à compter de la saisine du SPIP s'il s'agit d'une mesure de milieu ouvert, et dans un délai maximal d'un mois, s'il s'agit d'une mesure de milieu fermé.

L'évaluation permet de définir le niveau d'intervention du SPIP et de dégager des axes de travail.

1.2 Une évaluation obligatoirement validée par un cadre du service

Une fois l'évaluation réalisée, l'encadrement apprécie la pertinence du mode de suivi proposé par le CPIP au terme du DAVC (cf. note DAP du 31 mars 2011) et le valide ou non.

A la faveur d'une évolution d'APPI devant intervenir dans les toutes prochaines semaines, les échanges entre les CPIP et les personnels d'encadrement, à l'occasion de l'élaboration de l'évaluation et avant transmission du DAVC, demeureront internes et ne seront pas accessibles à l'autorité judiciaire.

La validation du cadre permet d'adopter une position de service, tant à l'égard des modalités de prise en charge que de leur mise en œuvre, définies initialement par un CPIP. Elle permet ainsi une harmonisation au sein du SPIP entre les différentes prises en charge des PPSMJ.

Saisi de l'évaluation du CPIP, le cadre peut soit la valider, soit solliciter un complément d'information, soit demander au CPIP d'envisager une autre modalité de prise en charge.

Il peut aussi décider lui-même de définir la modalité de prise en charge qui lui paraît la plus adaptée.

La validation du cadre permet de générer sur le logiciel APPI une transmission immédiate pour information de l'évaluation à l'autorité judiciaire par le biais d'une alerte informatique.

La transmission du DAVC constitue un rapport adressé à magistrat mandant au sens de l'article D. 575 du CPP.

Le magistrat mandant peut alors faire toutes observations utiles et notamment un commentaire partagé sur la modalité de prise en charge arrêtée par le SPIP.

1.3 Une évaluation évolutive

Le DAVC ne constitue pas une analyse figée et peut être actualisé ponctuellement tout au long du parcours d'exécution de peine ou de la mesure. Processus dynamique, il doit, pour rester pertinent, prendre en considération les évolutions de la personne suivie, tant s'agissant de sa situation pénale, que sociale et personnelle, dès lors que ces éléments sont de nature à avoir un intérêt ou une influence sur les modalités et la qualité de la prise en charge.

L'objectif est ainsi d'affiner au fur et à mesure l'évaluation initiale, d'approfondir l'analyse des données, d'aborder les autres problématiques et le passage à l'acte de la PPSMJ.

Dans la mesure du possible, afin de renforcer l'efficacité des mesures, la personne suivie doit être étroitement associée à l'élaboration du DAVC.

En effet, la recherche d'un diagnostic accepté est de nature à susciter l'adhésion de la personne au suivi, gage supplémentaire du bon déroulement de la mesure. La règle 6 des REP relève en effet que « dans toute la mesure du possible, les services de probation recherchent le consentement éclairé et la coopération d'auteurs d'infraction pour toutes les interventions qui les concernent ».

Si un CPIP constate, au cours du suivi, une évolution dans la situation ou le comportement de la PPSMJ, nécessitant, selon lui, une réévaluation substantielle des modalités de prise en charge, il doit soumettre la nouvelle analyse à sa hiérarchie, afin de la faire valider.

Toute évolution significative de la situation de la PPSMJ ayant une incidence sur les conditions et les modalités de sa prise en charge doit en conséquence donner lieu une actualisation du DAVC qui, après validation du personnel d'encadrement du SPIP, est automatiquement communiquée à l'autorité judiciaire mandante.

En application de la règle 69 des REP, « l'appréciation est un processus continu dont l'exactitude et la pertinence doivent être examinées périodiquement ».

II. Le contenu des champs du DAVC

Le DAVC se décompose en cinq champs distincts relatifs à :

- la situation pénale et le respect de la mesure ou de la peine et de ses obligations,
- l'appropriation de la condamnation et la reconnaissance de l'acte commis,
- l'inscription dans l'environnement social et familial et les capacités au changement,
- la situation médicale et sa compatibilité avec le projet d'insertion,
- la conclusion du diagnostic.

Dans le logiciel APPI, ces étapes se déclinent successivement. Pour chacune d'elles, un onglet « Aide » apparaît à l'écran et précise le contenu des rubriques à renseigner. Ces étapes aboutissent à la définition des objectifs, des moyens et des modalités d'intervention du SPIP ainsi qu'à une proposition de modalité de suivi.

Le DAVC reprend pour l'essentiel des critères d'analyse déjà existants, mais ces derniers s'inscrivent désormais dans le cadre d'une méthodologie harmonisée et partagée par tous les SPIP sur le territoire national. Le DAVC sécurise ainsi la méthode d'évaluation en recensant tous les champs devant, selon la situation de la personne confiée, être appréhendés par le personnel pénitentiaire d'insertion et de probation.

2.1. La situation pénale et le respect des obligations

Devront être renseignés dans ce champ la situation pénale de la PPSMJ, son parcours judiciaire et pénitentiaire, le contenu de ses obligations, ainsi que le déroulement de son suivi. Certains de ces éléments peuvent être importés directement des autres onglets d'APPI.

Il s'agit, à ce stade de l'évaluation, d'apporter des éléments de connaissance factuels et descriptifs.

A titre d'exemples, seront utilement recherchés et renseignés :

- les antécédents judicaires, les peines en cours, les affaires pendantes devant les juridictions ;
- les antécédents pénitentiaires : les affectations en établissement (nombre et types), les éventuels aménagements de peines et mesures d'individualisation de la peine, les types d'activités effectuées en détention ;
- la nature des obligations et le comportement de la PPSMJ à leur égard : fourniture des justificatifs, date d'envoi, présence aux entretiens (SPIP ou partenaires extérieurs).

2.2 Le rapport à la condamnation / Les actes

L'objectif est ici de déterminer le degré de compréhension et d'appropriation de sa peine par la personne suivie.

A cette fin, une analyse minutieuse de la condamnation et des obligations fixées (nature, objet, durée) apparaît dans un premier temps indispensable. Il convient en effet d'en comprendre les enchaînements, de mettre en exergue des comportements de répétitions, de repérer les « moments clés » du parcours.

Il convient, dans un second temps, de confronter cette analyse au propre discours de la PPSMJ ainsi qu'aux éventuels efforts concrets qu'elle aura manifestés dans le cadre de l'exécution de sa condamnation.

2.3 La situation personnelle et familiale

Le passage à l'acte et les perspectives de réinsertion étant souvent conditionnés par l'environnement familial et socioprofessionnel, l'examen de ce dernier constitue une autre étape incontournable de la réalisation du DAVC.

Aussi, il convient d'identifier les causes de ruptures, d'échecs mais aussi de réussites de la PPSMJ, notamment au travers de son histoire familiale, de son parcours scolaire et de ses conditions de vie (hébergement, ressources, etc).

2.4 La situation médicale et la compatibilité du projet d'insertion

Il s'agit ici d'identifier, sur information délivrée par la PPSMJ, ses éventuelles prises en charge médicales (actuelles ou passées) et d'en déterminer la nature (somatiques, psychologiques ou psychiatriques) ainsi que les modalités (hospitalisations, suivi régulier…). Dans la mesure du possible, il est également utile de disposer d'informations circonstanciées sur le déroulement des démarches de soins effectuées (réticence aux soins, démarches engagées pour lutter contre l'addiction...).

Tous les éléments médicaux à disposition du SPIP sont fournis par la personne elle-même ou résultent de pièces judiciaires dont le SPIP est destinataire.

Au vu de ces éléments, le CPIP est ainsi en mesure de déterminer si l'intervention seule du SPIP suffit, ou si un lien étroit avec les partenaires de santé, notamment par le biais d'orientations adaptées, conditionne le bon déroulement de la mesure.

2.5 La conclusion du diagnostic

La dernière phase du diagnostic doit, en toute logique, être le fruit du travail d'analyse et d'évaluation effectué par les CPIP tout au long des étapes précédentes.

Ainsi, cette dernière phase permet de mettre en exergue :

- les éléments pouvant constituer des freins ou au contraire des atouts au travail avec la PPSMJ, qu'ils soient liés à sa personne même (degré d'investissement ou d'autonomie, inquiétudes face aux changements…) ou à son environnement (réseau social, environnement familial…) ;
- une hiérarchisation et une articulation des différents axes de travail identifiés par le CPIP tout au long de son travail d'évaluation.

Une fois ce travail effectué, le CPIP est en mesure de proposer des modalités de suivi adaptées au profil criminologique de la personne suivie.

2.6 Le droit d'accès des PPSMJ aux données

Le logiciel APPI, relatif aux condamnations et mesures d'application des peines prononcées à l'encontre des PPSMJ, contient des données personnelles.

Outil particulièrement précis et complet, le DAVC permet, par le renseignement des champs susmentionnés, la compilation d'éléments d'information nombreux et de nature très variée.

Dès lors, son contenu est soumis aux dispositions de l'article 39 de la loi n° 78-17 informatique et liberté du 6 janvier 1978, qui définit et organise le droit à communication. A ce titre, la PPSMJ dispose d'un droit d'accès et de rectification aux données personnelles, qu'elle peut exercer en saisissant le procureur de la République territorialement compétent (article R. 57-4-7 du CPP).

Aussi, à l'initiative du DFSPIP, chaque SPIP doit afficher, dans un lieu facile d'accès, une note informant les PPSMJ de leurs droits en la matière. En outre, une notice explicative lors du premier entretien sera remise par le CPIP afin de garantir l'effectivité de cette information.

***

Je vous serai obligé de bien vouloir veiller à la diffusion de la présente circulaire, de prendre toutes les dispositions pour en assurer la mise en œuvre et de m'informer des éventuelles difficultés liées à son application.

Le garde des sceaux, ministre de la justice et des libertés
Par délégation,
Le préfet, directeur de l'administration pénitentiaire

Henri MASSE

AJ Pénal

La pratique de l'évaluation au sein des SPIP – Hans Lefebvre – Anthony Garcia – AJ pénal 2018. 22

AJ Pénal 2018 p.22

La pratique de l'évaluation au sein des SPIP

Hans Lefebvre, Conseiller pénitentiaire d'insertion et de probation au SPIP des Landes, formateur-relais
Anthony Garcia, Directeur pénitentiaire d'insertion et de probation, adjoint au directeur de projet chargé des SPIP près le directeur de l'administration pénitentiaire, formateur-relais

Une définition nécessaire. À l'ultime maillon de la chaîne pénale française, les services pénitentiaires d'insertion et de probation (SPIP) sont chargés, depuis 1999, d'assurer la prise en charge des personnes majeures placées sous main de justice au-dedans comme au- dehors des prisons. Socle de l'action des SPIP, les règles européennes relatives à la probation (REP) définissent ainsi les quatre étapes fondamentales structurant le processus de suivi de ces usagers du service public pénitentiaire vers la réhabilitation : l'évaluation initiale (1) doit aboutir à l'élaboration collaborative d'un plan de suivi individualisé (2) pour intervenir en faveur d'une sortie durable de la délinquance (3) au moyen d'une stratégie d'accompagnement régulièrement réévaluée (4). Or, si l'évaluation constitue le fil d'Ariane de l'action des SPIP, sa définition n'en demeure pas moins délicate. Évaluer, est-ce contrôler, apprécier, mesurer, diagnostiquer, juger, expertiser ? Ce qui importe, c'est surtout de connaître son objet (situation sociale, dangerosité ou risques ?), sa finalité (insertion ou prévention de la récidive ?) et les moyens employés pour y parvenir (outils et méthodes).

Une filiation historique progressiste. L'évaluation n'est pas chose nouvelle, elle fait partie intégrante de la culture pénitentiaire française. À la fin du XIXe siècle, face au monopole historique du système pénal rétributif, Raymond Saleilles proposa de rompre avec une exécution mécanique de la peine réglée par des lois abstraites. L'objectif de la peine devait être atteint au moyen de politiques adaptées aux circonstances et à la diversité des cas présentés. En France, les lois « Bérenger » créant respectivement la libération conditionnelle (1885) et le sursis simple (1891) furent les premiers signes de ce mouvement naissant, bien qu'aucun dispositif n'existât encore pour identifier les causes de la criminalité afin d'agir de façon individualisée. C'est à partir de 1945, avec la réforme dite « Amor-Cannat », que la probation s'est installée définitivement dans le paysage pénal français pour faire de la peine un temps utile de réhabilitation. La primauté de l'amendement et du reclassement social et la progressivité du régime d'exécution de la peine comptaient alors parmi les 14 principes fondateurs de cette réforme. Surtout, la création d'un service social et médico-psychologique, au sein de chaque établissement pénitentiaire et le développement des comités postpénaux en milieu ouvert allaient inaugurer les premiers pas de cette évaluation pénitentiaire naissante. Formés aux sciences humaines et au fait éducatif, à la criminologie et au droit pénal, les premiers acteurs de l'évaluation seront les assistants de service social et les éducateurs pénitentiaires. Malgré l'inconstance des formations délivrées à ces agents de probation, des supports apparurent dès 1950 pour développer et guider la culture de l'observation, prémices de l'évaluation. Dans ses fameuses leçons pénitentiaires, Pierre Cannat enseignait ainsi *l'observation du détenu* à l'aide de ses premières *grilles de questionnement*, déjà dans l'objectif affiché de prévenir la récidive. Ce schéma d'enquête explorait différentes sphères dynamiques (famille, conduite, caractère, attitude, avenir...) pour guider la rédaction des rapports d'orientation. Incarnation dans les murs de cette observation pluridisciplinaire, le centre national d'orientation (CNO) de Fresnes, ouvert dès 1951, fait usage de tels outils pour consolider le jugement professionnel. L'histoire du CNO témoigne au demeurant des différentes rationalités évaluatives qui ont traversé les époques. D'abord centre national d'orientation pour répartir les détenus par profil dans les prisons, requalifié ensuite en 1985 centre national d'observation chargé d'élaborer les projets d'exécution des peines, rebaptisé enfin en 2010 centre national d'évaluation pour évaluer officiellement les multiples formes de la dangerosité.

Évaluer pour prévenir la récidive

Si la circulaire du 21 novembre 2000 relative aux méthodes d'intervention des travailleurs sociaux des SPIP cantonnait l'évaluation au domaine du travail social (situation personnelle, familiale, sociale et pénale), la donne a changé depuis la fin des années 2000. En 2011, un rapport d'inspection soulignait ainsi que huit lois avaient remodelé les contours des missions et des activités du SPIP depuis 1999. De plus, l'apparition de la notion de *dangerosité* dans la loi du 25 février 2008 sur la rétention de sûreté n'a pas été sans attiser le foyer des méfiances. L'évaluation doit-elle cibler la dangerosité dans un objectif sécuritaire de neutralisation des délinquants ? Cela ne fait pas consensus même si l'on peut régulièrement le lire ou l'entendre. Nous tendons aujourd'hui à nous extraire de ce débat et d'un paradigme bâti dans l'empirisme et l'ignorance des données issues de la recherche, source d'hétérogénéité des pratiques professionnelles. La circulaire du 19 mars 2008 relative aux missions et aux méthodes d'intervention des SPIP fait de la prévention de la récidive la finalité de leur action et conforte le caractère fondamental des écrits évaluatifs. Ces derniers sont principalement destinés aux autorités judiciaires mandantes. Dans ce contexte d'intensification des écrits, l'adoption de la loi pénitentiaire du 24 novembre 2009 va imposer l'absolue nécessité de doter les SPIP d'un outil national d'évaluation à l'appui de la démarche de structuration et d'harmonisation des pratiques. Certes déconnectée de la recherche, l'expérimentation du diagnostic à visée criminologique (DAVC), menée de 2008 à 2013, fut un premier essai. Intégré à l'applicatif APPI, le DAVC se matérialisait sous la forme d'un guide d'entretien structuré constitué de 17 rubriques (situation pénale, personnelle, médicale et familiale ; rapport à la condamnation) comprenant 71 items au total (capacité de la personne à agir ; degré d'autonomie ; les leviers et les freins...). Animé par une logique gestionnaire, il reposait sur l'organisation d'un suivi différencié des usagers, lesquels devaient être répartis par *segment* d'intensité de suivi (suivi intensif, de contrôle). Néanmoins, comme l'a relevé Sarah Dindo dans son étude publiée en 2011, si le DAVC proposait une grille d'entretien plus élaborée que celle des fiches d'accueil antérieures, il ne pouvait être considéré comme un véritable instrument d'évaluation car aucun résultat ni élément d'appréciation n'en résultait. L'échec du DAVC fut toutefois concomitant avec l'organisation d'une conférence de consensus dont l'ambition était de repenser la prévention de la récidive en s'inspirant de méthodes et d'outils ayant fait la preuve scientifique d'une certaine efficacité en la matière.

Une conférence de consensus pour questionner les moyens d'une prévention efficace de la récidive. Au rang des événements qui ont marqué l'histoire de la probation française, figure la conférence de consensus sur la prévention de la récidive organisée en 2012 par Christiane Taubira, alors garde des Sceaux. Parmi les conclusions du rapport final rendu en février 2013, la recommandation n° 11 pose en ces termes le principe d'une « évaluation raisonnée » : « Ce processus doit s'appuyer sur une meilleure connaissance des populations concernées et des objectifs poursuivis. Il doit reposer sur des études fiables et non contestées, validées en France. Enfin, il doit observer des règles éthiques et rechercher un équilibre entre la protection de la société et le respect des droits de l'homme ».

Cette recommandation a été suivie dans les faits. Une campagne de diffusion des « nouveaux » savoirs ayant trait à la méthodologie de l'évaluation, pilotée par la Direction de l'administration pénitentiaire (DAP) et déclinée par l'École nationale d'administration pénitentiaire, a ainsi été portée par des formateurs-relais (des pairs professionnels de terrain) depuis octobre 2016. À ce jour, l'ensemble des personnels qui composent les SPIP a bénéficié de cette sensibilisation méthodologique qui se décline désormais sous le signe des REP, et s'adosse notamment au modèle Risque-Besoins-Réceptivité (RBR).

Méthodologie et pratique de l'évaluation

Le changement c'est (encore) maintenant. L'administration pénitentiaire se doit, en matière de probation, de relever le défi d'une méthodologie de l'évaluation plus homogène, mieux structurée, mais aussi augmentée des connaissances validées par la communauté scientifique qui, même si elle n'est pas unanime, admet la nécessité de travailler à l'aune des données probantes. Dès lors, c'est avec le regard du praticien que nous tenterons de répondre aux questions que soulèvent les évolutions en cours au sein des SPIP. Si la REP n° 66 permet aux professionnels des SPIP d'appréhender la notion de l'évaluation dans un processus continu, ils peuvent désormais la décliner en s'appuyant sur le manuel de la contrainte pénale et le référentiel des pratiques opérationnelles. Ces deux supports se basent sur des courants théoriques soutenant la probation contemporaine, pour les assembler en une méthodologie d'évaluation et d'intervention. Précisons ici qu'il n'est fait référence à aucun des outils spécifiques tels que ceux qui ont pu être testés à l'occasion de la recherche-action PREVA qui s'est déroulée dans six SPIP entre 2014 et 2016. À l'issue de ces travaux, trois outils complémentaires ont été préconisés en vue d'un potentiel déploiement dans les SPIP. À ce jour, certains professionnels les ont incorporés dans leur praxis, au rang desquels nous figurons.

Rationalités et pragmatisme du RBR (qui, quoi, comment). Ce modèle théorique, qui pénètre progressivement la probation française, s'inscrit dans une rationalité pragmatique : la prise en charge des usagers doit reposer sur l'évaluation du risque de récidive (le qui) et des besoins criminogènes, au moyen d'un outil standardisé afin d'adapter le niveau d'intervention en fonction des résultats obtenus. Plus le niveau de risque de récidive sera élevé, et plus la prise en charge devra être intensive. Il s'agit donc de mobiliser les ressources humaines à bon escient, c'est-à-dire en direction des personnes présentant des facteurs dynamiques saillants statistiquement corrélés à un niveau de risque de récidive significatif (le quoi). Enfin, la prise en charge devra être organisée au regard du style d'apprentissage et des besoins exprimés par les usagers (réceptivité spécifique), et au moyen de techniques cognitivo-comportementales adaptées, ce que le modèle nomme la réceptivité générale (le comment).

Afin de pouvoir décliner toute la pertinence du modèle RBR, dans le cadre des situations les plus complexes, nous utilisons le LS-CMI. Ciblant la délinquance générale et violente, il permet de structurer l'évaluation des risques en réduisant les différents biais cognitifs liés à un jugement professionnel dit clinique. Cet outil de quatrième génération compte parmi les plus validés par la recherche. Son intégration à la pratique nous a permis d'en mesurer la plus-value en investiguant de manière systématique et rigoureuse les huit domaines les plus corrélés au risque de récidive (antécédents criminels, personnalité antisociale, attitude procriminelle, soutien social de la criminalité, toxicomanie, relations conjugales et familiales, scolarité/travail, activités récréatives). De plus, cet outil permet de moduler l'intensité du suivi et de définir un plan d'accompagnement opérationnel.

Enfin, dans le cadre des entretiens individuels, la question centrale de la réceptivité pourra être creusée au moyen d'un outil dédié : l'inventaire des indices de réceptivité au suivi (IREC). Exhaustif, il permet d'évaluer très finement le niveau de réceptivité de l'usager afin d'adapter le plan d'accompagnement. L'IREC explore par exemple les items suivants : prise de conscience et compréhension des problèmes ; appropriation et responsabilisation ; soutiens extérieurs ; expression verbale d'un besoin d'aide ; définition d'objectifs réalistes ; sentiment d'efficacité personnelle ; attentes positives par rapport au plan d'intervention ou encore les efforts visibles pour amorcer le changement.

L'auto-évaluation, un complément très fécond. Si l'entretien motivationnel préconise d'éviter « le piège de l'expert », alors l'auto-évaluation proposée dans le cadre du début d'un suivi permet de tempérer ce biais identifié. En remettant à la personne suivie un document support à son auto-évaluation (FACILES-RX Auto), le professionnel donne l'occasion au justiciable de réfléchir à sa situation de manière structurée en abordant les différents champs qui pourraient être plus ou moins en relation avec son parcours pénal. En confrontant l'évaluation du professionnel à celle de la personne sous main de justice, l'auto-évaluation des besoins favorise non seulement la bonne qualité de l'alliance de travail, tout en faisant émerger les domaines sur lesquels il conviendrait d'agir afin de favoriser la sortie de la délinquance.

Sous l'angle des facteurs de protection. Si l'évaluation en mode RBR se focalise essentiellement sur les facteurs de risque statiques et dynamiques, la prise en compte des différents facteurs de protection apparaît tout aussi nécessaire pour aider à tempérer les risques de récidive identifiés. Sans avoir à utiliser l'outil spécifique dédié à l'évaluation des facteurs de protection (SAPROF), il s'agit pour le professionnel de pouvoir documenter les facteurs internes de protection (empathie, maîtrise de soi...), les facteurs motivationnels (activités, gestion du budget...) et les facteurs externes (réseau social, relations affectives...) afin d'éclairer la situation sous un angle complémentaire à celui du risque. Dès lors, identifier les ressources de la personne permet d'asseoir sa prise en charge en valorisant les leviers positifs existants.

L'utilisation de ces outils facilite et complète l'intégration du modèle théorique RBR dans le monde réel de la probation. Par ailleurs, s'ils imposent une rigueur certaine dans le processus d'évaluation, ils n'interdisent aucunement au professionnel d'instaurer une relation positive et collaborative avec les usagers confiés.

***Quid* du travail social ?** Si le modèle RBR fait du risque la notion centrale de l'évaluation, il serait toutefois maladroit d'en déduire que leurs auteurs ont fait fi de toute intervention sociale dans le cadre de la prise en charge des personnes condamnées. À ce titre, nous souhaitons signaler le quatrième principe fondamental du modèle - sur un total de quinze - qui préconise notamment « de faire intervenir les services sociaux dans la procédure judiciaire », tout en recommandant de ne pas compter sur la sanction pour réduire le risque de récidive. Et comment ne pas constater combien les SPIP s'appuient déjà sur cette précieuse approche en favorisant l'accès aux dispositifs de droit commun des personnes confiées par l'autorité judiciaire ?

***

Les approches complémentaires prometteuses. Enfin, nous conclurons notre propos en abordant l'intégration progressive des théories de la désistance et du *Good lives Model*, augmentées des compétences professionnelles inscrites dans le *corpus* des pratiques fondamentales en probation (CCP). Cette approche non dogmatique de la prévention de la récidive ne peut que susciter l'espoir de voir les méthodes d'intervention des SPIP se moderniser au bénéfice des usagers comme des praticiens.

Ambitieux pour la probation française, ce chantier devra s'accompagner d'une éthique professionnelle forte et s'inscrire dans une logique de formation continue et de supervision solide à destination des équipes pluridisciplinaires des SPIP. L'enjeu est clair : prévenir toute dérive liée à l'évaluation des risques de récidive chez les personnes suivies.

Document n° 5

Legifrance.gouv.fr
LE SERVICE PUBLIC DE LA DIFFUSION DU DROIT

Chemin :

Code de procédure pénale

- Partie législative
  - Livre V : Des procédures d'exécution
    - Titre II : De la détention
      - Chapitre II : De l'exécution des peines privatives de liberté
        - Section 1 : Dispositions générales

Article 717-1

Modifié par LOI n°2012-409 du 27 mars 2012 - art. 7

Dès leur accueil dans l'établissement pénitentiaire et à l'issue d'une période d'observation pluridisciplinaire, les personnes détenues font l'objet d'un bilan de personnalité. Un parcours d'exécution de la peine est élaboré par le chef d'établissement et le directeur du service pénitentiaire d'insertion et de probation pour les condamnés, en concertation avec ces derniers, dès que leur condamnation est devenue définitive. Le projet initial et ses modifications ultérieures sont portés à la connaissance du juge de l'application des peines.

La répartition des condamnés dans les prisons établies pour peines s'effectue compte tenu de leur catégorie pénale, de leur âge, de leur état de santé et de leur personnalité. Leur régime de détention est déterminé en prenant en compte leur personnalité, leur santé, leur dangerosité et leurs efforts en matière de réinsertion sociale. Le placement d'une personne détenue sous un régime de détention plus sévère ne saurait porter atteinte aux droits visés à l'article 22 de la loi n° 2009-1436 du 24 novembre 2009 pénitentiaire.

Dans des conditions prévues par décret en Conseil d'Etat, les personnes condamnées pour une infraction pour laquelle le suivi socio-judiciaire est encouru exécutent leur peine dans des établissements pénitentiaires permettant d'assurer un suivi médical et psychologique adapté.

Sans préjudice des dispositions de l'article 763-7, le juge de l'application des peines peut proposer à tout condamné relevant des dispositions de l'alinéa précédent de suivre un traitement pendant la durée de sa détention, si un médecin estime que cette personne est susceptible de faire l'objet d'un tel traitement. Ce traitement peut être celui prévu par le dernier alinéa de l'article L. 3711-3 du code de la santé publique.

Le médecin traitant du condamné délivre à ce dernier, au moins une fois par trimestre, des attestations indiquant si le patient suit ou non de façon régulière le traitement proposé par le juge de l'application des peines. Le condamné remet ces attestations au juge de l'application des peines, afin que celui-ci puisse se prononcer, en application des articles 721, 721-1 et 729 du présent code, sur le retrait des réductions de peine, l'octroi de réductions de peine supplémentaires ou l'octroi d'une libération conditionnelle.

Une copie de la décision de condamnation est adressée par le juge de l'application des peines au médecin traitant du condamné. Les rapports des expertises réalisées pendant la procédure sont également adressés au médecin traitant, à sa demande ou à l'initiative du juge de l'application des peines. Celui-ci peut en outre adresser au médecin traitant toute autre pièce utile du dossier.

Les cinquième et sixième alinéas sont également applicables au psychologue traitant du condamné.

Deux ans avant la date prévue pour la libération d'un condamné susceptible de relever des dispositions de l'article 706-53-13, celui-ci est convoqué par le juge de l'application des peines auprès duquel il justifie des suites données au suivi médical et psychologique adapté qui a pu lui être proposé en application des troisième et quatrième alinéas du présent article. Au vu de ce bilan, le juge de l'application des peines lui propose, le cas échéant, de suivre un traitement dans un établissement pénitentiaire spécialisé.

Les agents et collaborateurs du service public pénitentiaire transmettent aux personnels de santé chargés de dispenser des soins aux détenus les informations utiles à la mise en œuvre des mesures de protection des personnes.

Liens relatifs à cet article

Cite:

LOI n°2009-1436 du 24 novembre 2009 - art. 22
Code de procédure pénale - art. 706-53-13
Code de la santé publique - art. L3711-3

Cité par:

DÉCRET n°2014-1279 du 23 octobre 2014 - art. (VD)
Code de procédure pénale - art. 706-47-1 (V)
Code de procédure pénale - art. 721 (VT)
Code de procédure pénale - art. 721-1 (VD)
Code de procédure pénale - art. 729 (V)
Code de procédure pénale - art. 763-7 (V)
Code de procédure pénale - art. D92 (V)

Anciens textes:

CODE DE PROCEDURE PENALE - art. 718 (M)
CODE DE PROCEDURE PENALE - art. 718 (T)

Document n° 6

Terrorisme : les "quartiers d'évaluation de la radicalisation" en prison, nouvelle approche pour gérer les détenus jihadistes

La ministre de la Justice Nicole Belloubet a visité, jeudi, le quartier d'évaluation de la radicalisation (QER) de la maison d'arrêt de Fleury-Mérogis (Essonne). Ces unités ont pour objectif de déterminer la dangerosité des détenus radicalisés.

La prison de Fleury-Mérogis (Essonne), le 14 décembre 2017. (PHILIPPE LOPEZ / AFP)

Mathilde LemaireRadio France

Mis à jour le 05/01/2018 | 16:43
publié le 05/01/2018 | 16:43

"Les djihadistes français capturés en Irak et en Syrie doivent autant que possible être jugés dans ces pays", a déclaré jeudi 4 janvier la ministre de la Justice Nicole Belloubet, en visite à la maison d'arrêt de Fleury-Mérogis (Essonne). Plusieurs Français qui avaient rejoint Daech ont en effet été arrêtés récemment au Kurdistan. Nicole Belloubet ne ferme toutefois pas la porte à des retours en France.

La ministre a découvert au cours de sa visite une unité expérimentale, le quartier d'évaluation de la radicalisation (QER). Les 505 hommes et femmes incarcérés à ce jour en France pour

En quoi consistent les QER ?

Il existe trois quartiers d'évaluation en France : à Osny (Val-d'Oise), Fresnes (Val-de-Marne) et donc celui de Fleury-Mérogis. Dans la maison d'arrêt de l'Essonne, ce QER est installé sur tout un étage avec plus de caméras et quatre fois plus de surveillants. Ces derniers sont spécialement recrutés pour intervenir dans le domaine de la radicalisation. Les détenus emprisonnés en QER sont seulement de passage, pour quatre mois, le temps d'évaluer leur degré d'adhésion à l'idéologie jihadiste et leur dangerosité. Les différents acteurs du monde pénitentiaire tentent de déterminer leur risque de passage à l'acte violent. À Fleury-Mérogis, la deuxième session de travail avec des détenus vient de s'achever.

Qui sont les détenus qui y sont intégrés ?

Un tiers des détenus enfermés en QER reviennent de Syrie, d'Irak ou de Tchétchénie. Les autres se sont radicalisés en France, souvent via internet et une partie d'entre eux ont tenté de rejoindre les rangs du groupe Etat islamique. Certains des détenus sont incarcérés pour des faits de terrorisme, d'autres sont en prison pour des crimes différents mais ont été repérés pour leur pratique radicale de l'islam. Ces détenus radicalisés ont entre 20 et 40 ans. Certains ont fait des études, d'autres sont moins lettrés. Le quartier de Fleury-Mérogis peut accueillir au maximum 20 détenus. Ils sont tous en cellule individuelle.

Comment sont-ils évalués ?

Les 20 détenus du quartier d'évaluation de la radicalisation sont passés au scanner au cours de leur quatre mois de présence. Ils passent 18 entretiens individuels de plusieurs heures avec des psychologues, éducateurs, conseillers d'insertion et de probation, membres du renseignement, imam... Tous les 15 jours, en commission, ces professionnels étudient en détail chacun des cas. Ces encadrants avaient peu l'habitude de travailler ensemble ; ils mettent désormais leurs compétences en commun pour cerner les détenus radicalisés et déceler ceux qui se dissimuleraient derrière une fausse repentance. En plus du sport, des cours et activités classiques, les 20 détenus ont des séances de "contre discours", c'est-à-dire de déradicalisation.

À l'issue des quatre mois d'évaluation, des rapports sont rédigés. Les cas jugés préoccupants - les prosélytes, les violents - sont placés à l'isolement. Ils représentent une minorité des détenus. Les autres rejoignent des cellules individuelles, dans des prisons classiques, où ils auront un suivi spécifique par un binôme composé d'un éducateur et d'un psychologue. Au total, une centaine de binômes ont été constitués en France. L'objectif est de dispatcher ces détenus sur tout le territoire.

Pourquoi avoir créé ces QER ?

La dissémination des détenus radicalisés est une nouvelle approche dans la gestion de la radicalisation en prison. Dans un premier temps, la France avait favorisé le regroupement de ces détenus dans des unités dédiées. Cette stratégie a été abandonnée après une agression à la prison d'Osny (Val-d'Oise), en septembre 2016 : deux surveillants d'une de ces unités avaient été grièvement blessés par un détenu jihadiste sans doute aidé de complices. Le détenu en question ne semblait pas avoir le profil le plus inquiétant et n'avait jamais été en Syrie.

Avec l'expérience, l'administration pénitentiaire a compris que la dangerosité de ces individus n'est pas forcément proportionnelle à la gravité des faits pour lesquels ils sont incarcérés. Il y a autant de profils que de radicalisés. Pour les braqueurs ou les pédophiles, par exemple, une fois la "recette" pour les encadrer et les réinsérer trouvée, on la duplique. Pour les détenus radicalisés, en revanche, il n'y a pas de recette unique, d'où l'importance d'une évaluation et d'un suivi individualisé. Cela a un coût financier important mais, dans les prochains mois, on devrait voir se développer ces quartiers d'évaluation de la radicalisation. Ainsi, Nicole Belloubet a affirmé, vendredi sur BFMTV, vouloir multiplier le nombre de QER par deux ou trois. Certains pourraient être installés en province.

Document n° 7

Liberté • Égalité • Fraternité
RÉPUBLIQUE FRANÇAISE

MINISTÈRE DE LA JUSTICE

DIRECTION
DE L'ADMINISTRATION PÉNITENTIAIRE

SOUS-DIRECTION DE L'ÉTAT MAJOR DE SÉCURITÉ

Paris, le 07 NOV. 2008 000165

NOTE à

Messieurs les Directeurs Interrégionaux
des Services Pénitentiaires

Madame la Directrice de l'Ecole Nationale
de l'Administration Pénitentiaire

Mesdames et Messieurs les Directeurs et
Chefs d'établissement pénitentiaire

Mesdames et Messieurs les Directeurs
des Services Pénitentiaires d'Insertion et de Probation

JJ 2008-162

M. PARKOUDA
Tel : 01 49 96 28 02

Objet : Evaluation de la dangerosité et de la vulnérabilité des personnes détenues

Réf. : - Règles pénitentiaires européennes n° 51-3, 52-1
- Articles 716 et 717-1 du code pénal
- Articles D.74 et suivants, D.91 du code de procédure pénale

P.J. : 2 :
- Grille d'aide à l'évaluation du potentiel de dangerosité et de vulnérabilité
- Notice explicative

Les règles pénitentiaires européennes (RPE) invitent à la mise en place d'une évaluation des détenus.

Ainsi, les règles 51.3 et 52.1 disposent :

Règle 51.3 « Aussi rapidement que possible après son admission, chaque détenu doit être évalué afin de déterminer :

a) le risque qu'il ferait peser sur la collectivité en cas d'évasion ;
b) la probabilité qu'il tente de s'évader seul ou avec l'aide de complices extérieurs »

DAP
Adresse postale : 13, place Vendôme - 75042 PARIS Cedex 01
Bureaux situés : 8 - 10, rue du renard - 75004 PARIS
Tél. 01 44 77 60 60 - Fax. 01 49 96 27 81

Règle 52.1 : « Aussi rapidement que possible après son admission, chaque détenu doit être évalué afin de déterminer s'il pose un risque pour la sécurité des autres détenus, du personnel pénitentiaire ou des personnes travaillant dans la prison ou la visitant régulièrement ainsi que pour établir s'il présente un risque pour lui-même. »

La dangerosité pénitentiaire représente, pour une personne détenue, le risque de trouble à l'ordre public éventuel qu'elle peut causer au sein de l'institution carcérale. Elle n'est proportionnelle ni au quantum de la peine prononcée ni à la gravité de l'infraction commise.
Elle est un élément de la dangerosité criminologique.
Elle se manifeste tant par le risque d'atteintes aux personnes ou aux biens que par les atteintes à l'ordre interne de l'établissement (évasion, mouvement collectif, trafic, prosélytisme….).

La règle 52.1 invite également à une évaluation de la vulnérabilité d'un détenu. Il s'agit d'apprécier le risque qu'une personne détenue subisse des violences de la part de ses co-détenus et soit ainsi victime.

L'évaluation tant de la dangerosité pénitentiaire que de la vulnérabilité constitue un élément de l'individualisation du régime de détention, consacrant la nécessité de la construction d'un parcours individualisé pour chaque détenu.

Cette double évaluation (vulnérabilité, dangerosité) s'inscrit pleinement dans le cadre du processus d'accueil des arrivants. Les établissements expérimentaux dans le cadre des RPE ont pu mesurer l'importance de la qualité de l'évaluation qui doit être faite de la personne et du comportement du détenu dès son incarcération.

La nécessité d'harmoniser et de généraliser ce dispositif d'évaluation s'intègre dans le souci d'être au plus près de la personne détenue afin que la prise en charge soit la mieux adaptée.

Plusieurs établissements ont mis en place des grilles d'évaluation de la dangerosité et de la vulnérabilité afin d'enrichir les échanges des commissions pluridisciplinaires et de permettre au chef d'établissement ou à son représentant de prendre des décisions adaptées d'affectation au sein de l'établissement, puis d'inscription dans un parcours d'exécution de peine ou de mesure.

La grille d'aide à l'évaluation de la dangerosité et de la vulnérabilité est un outil dans un processus décisionnel de nature à favoriser l'échange entre les différents intervenants en faisant un inventaire des risques présentés par une personne détenue lors de la commission pluridisciplinaire unique (CPU).

Elle fonctionne sur le même principe que la grille de repérage des risques suicidaires, de telle sorte que son utilisation soit plus familière.

Ces deux grilles –vulnérabilité et dangerosité- fonctionnent de manière complémentaire. Elles vous aideront à mieux définir le régime de détention adapté à chaque personne détenue.

La grille dangerosité présente six grands points et comptabilise le nombre de oui et de non à différents items. L'item devra être coché dès lors qu'il répond à la situation du détenu. Ainsi, si la personne détenue est à la fois condamnée et prévenue, les deux items seront cochés. Initialement, beaucoup d'items seront remplis uniquement sur des éléments déclaratifs et devront être vérifiés par la suite à partir du dossier pénal.

La grille devra être réactualisée à plusieurs occasions : un changement de bâtiment, un changement d'établissement ou l'élaboration du dossier d'orientation. Elle pourra également être réactualisée tous les six mois, même si la personne détenue ne fait l'objet ni d'un changement de bâtiment, ni d'établissement, ni d'une orientation.

Je rappelle enfin que, conformément à l'article D91 du code de procédure pénale, il appartient au chef d'établissement ou à son représentant de décider de l'affectation en cellule à l'intérieur de l'établissement de la personne détenue.

Vous veillerez à la mise en œuvre rapide de cet outil dans le cadre des quartiers arrivant des maisons d'arrêt de vos régions et me ferez parvenir sous le timbre du bureau de gestion de la détention (EMS1) les difficultés rencontrées.

Le Préfet,
Directeur de l'Administration Pénitentiaire

CdH.

Claude d'HARCOURT

3

DOCUMENT. Prison de Sequedin : comment se décide la libération des détenus les plus dangereux ?

Au Centre national d'évaluation, le personnel examine toute l'histoire des détenus depuis qu'ils sont entrés en prison. / © France 3 Hauts-de-France

Pour la toute première fois, une caméra est autorisée à pénétrer dans le Centre national d'évaluation de Sequedin. Cet établissement doit évaluer la dangerosité des détenus et apprécier s'ils sont prêts à être remis en liberté, le tout pendant une période de six semaines.

Par M. Mas, P. Wursthorn, A. Martin et M. Bitton Publié le 16/09/2017 à 16:15

C'est la première fois que des caméras sont autorisées à pénétrer dans le Centre national d'évaluation de **Sequedin** (CNE) pour y réaliser un reportage. Une partie de l'établissement pénitentiaire du Nord est dédiée aux détenus qui espèrent obtenir une libération conditionnelle. Une procédure souvent mal connue du grand public. Qui décide de cette remise en liberté ? Quels sont les critères à remplir ? Combien de temps dure le processus d'évaluation ?

Tous les détenus qui passent par le CNE purgent une très longue peine et espèrent obtenir une libération conditionnelle. Ce sont des criminels, des braqueurs, des violeurs. Dans cet établissement pénitentiaire, en apparence comme tous les autres, **la justice se demande s'ils sont réinsérables**. "*On ne les connaît pas [...], on a 6 semaines avec eux pour les découvrir et **évaluer la dangerosité** dans le cadre d'un aménagement de peine*" explique Thierry Hibon, lieutenant surveillant.

Prison de Sequedin: comment libère-t-on les détenus ?

Là-bas, outre les activités habituelles comme la promenade ou le sport, les détenus sont soumis à une série **d'entretiens psychologiques** . "*Mon travail ce n'est pas de dire oui ou non,* raconte Agathe Cartagnie, une des cinq psychologues criminologues du CNE. *Il faut évoquer les ressources internes de la personne et ce qu'elle a fait en terme d'analyse et de recul pour pouvoir dire : aujourd'hui elle en est là*".

Evaluer le risque de récidive

De nombreux détenus ont passé la majeure partie de leur vie en prison. L'un d'entre eux, incarcéré depuis 16 ans, a fait "*le tour de France*" en raison de nombreux transferts : Lyon, Saint-Paul, Saint-Joseph, Moulin-Yzeures, Le Pompay, Saint-Quentin Fallavier... "*Quand t'arrives ici, t'es un peu stressé*, reconnaît-il. *On se demande si ça va bien se passer.*"

Pendant six semaines, des entretiens ont lieu, le personnel observe **l'attitude du détenu** envers les surveillants mais aussi ses co-détenus, ainsi que son comportement. Puis l'équipe du CNE rend son verdict à l'occasion d'une commission. Il s'agit surtout de mesurer le risque de récidive. Sur plus de 600 personnes évaluées depuis 2012, le CNE a estimé que la moitié présentait encore un risque trop élevé. Toutefois, **son avis n'est que consultatif**, c'est au juge d'application des peines de décider ou non d'une remise en liberté.

CORRIGÉ

Monsieur X
Conseiller pénitentiaire d'insertion et de probation
Antenne mixte de Y

Le (date)

Note à Monsieur le directeur fonctionnel des services pénitentiaires d'insertion et de probation sur les pratiques d'évaluation des personnes sous main de justice et propositions d'instance favorisant un dialogue pluridisciplinaire entre les services

Les lois pénales adoptées ces dernières années ont toutes eu pour objectif de favoriser la réinsertion des condamnés et de prévenir la récidive au moyen d'une individualisation des peines.

L'intervention des SPIP s'appuie sur des méthodes socio-éducatives qui prennent en compte le contexte social, économique, familial, relationnel et sanitaire de la personne suivie, et qui sont d'ores et déjà pratiquées par les personnels des SPIP. Les actes professionnels qui en découlent (entretiens, démarches, visites à domicile...), les rôles et les fonctions des agents (information, aide, mise en relation...) ont pour objet, dans le cadre du mandat judiciaire, d'évaluer la situation sociale familiale et matérielle des personnes confiées au SPIP, et de les prendre en charge dans le but de concourir à la prévention de nouvelles infractions.

Dans la continuité de cette tradition de la probation française, la définition de la méthodologie de l'intervention des SPIP s'est toujours fondée au regard des principes édictés par les règles européennes relatives à la probation (REP) et des données probantes issues de la recherche.

L'évaluation est aujourd'hui au cœur des politiques pénales. Elle aide l'administration pénitentiaire à réaliser ses missions d'insertion, de probation et de sécurité par une meilleure connaissance des personnes placées sous main de justice.

C'est donc l'évaluation de la personne et non le type de mesure à laquelle elle est soumise qui détermine le contenu de l'accompagnement par le SPIP vers la sortie de la délinquance, comme le rappelle la nouvelle peine de contrainte pénale et conformément aux règles européennes relatives à la probation (REP). La règle n° 66 rappelle la nécessité d'avoir une appréciation fine des risques, des besoins, des facteurs de protection et de la réceptivité de chaque personne au début de sa prise en charge, puis tout au long de celle-ci.

L'exécution des peines fait intervenir de nombreux acteurs dont le rôle, les missions et la charge de travail ont considérablement évolué ces dernières années et ne sont toujours pas stabilisés. Leur articulation demeure aujourd'hui encore délicate.

Pourtant, la politique de réinsertion et de prévention de la récidive doit s'inscrire dans une dynamique nourrie par des partenariats avec des associations et des institutions, indispensables à la prise en charge des personnes tant en milieu fermé qu'en aménagement de peine et en milieu ouvert.

1. L'évaluation de la personne sous main de justice

L'évaluation initiale de la personne détenue doit aboutir à l'élaboration collaborative d'un plan de suivi individualisé pour intervenir en faveur d'une sortie durable de la délinquance au moyen d'une stratégie d'accompagnement régulièrement réévaluée.

En milieu fermé

La commission pluridisciplinaire unique (CPU) remplace désormais toutes les commissions de professionnels qui se réunissaient auparavant dans les établissements pénitentiaires (commission « prévention du suicide », commission « indigence », commission « pluridisciplinaire d'exécution des peines », etc.).

Théoriquement, la CPU a été mise en place pour que les différents services de la prison travaillent conjointement au « parcours d'exécution de peine » des condamnés.

En réalité, sa compétence est bien plus large puisqu'elle examine la situation de chaque détenu, même prévenu, pour donner son avis sur son régime de détention en fonction de son comportement, sa personnalité, son état de santé et sa « dangerosité » supposée.

Les membres permanents sont prévus par la réglementation, mais d'autres personnes peuvent être convoquées par le chef d'établissement « en fonction de l'ordre du jour » et peuvent ainsi assister aux réunions, avec voix consultative en cas de délibération.

En pratique, le chef d'établissement peut prévoir d'autres membres permanents ou d'autres personnes convoquées. Le détenu dont la situation est examinée peut « éventuellement » être présent lors de la réunion de la commission qui le concerne, « soit à sa demande, soit à celle des membres qui la composent ». Mais ce n'est pas un droit, et cette possibilité est peu utilisée en pratique.

Les membres de la commission et les personnes entendues par elle sont tenus à une obligation de discrétion à l'égard des informations qui présentent un caractère confidentiel dont ils ont connaissance dans le cadre de l'exercice de leurs missions.

En milieu ouvert

La note de cadrage du 26 septembre 2014 relative à la contrainte pénale préconise la création d'une commission pluridisciplinaire interne (CPI) comme instance pluridisciplinaire instituée au sein du SPIP. C'est une instance collégiale qui doit permettre d'accompagner l'action des CPIP auprès des personnes condamnées à une contrainte pénale en examinant, régulièrement, la situation des personnes suivies.

Le DFSPIP ou son représentant président les commissions au cours desquelles sont examinées successivement les situations individuelles des personnes inscrites à l'ordre du jour. Les échanges en CPI au sujet des personnes dont la situation est examinée sont confidentiels et ne peuvent être divulgués à l'extérieur de cette commission.

À l'issue de l'évaluation, le CPIP rédige un rapport qui fait l'objet d'un entretien bilan ou de rétrocession avec la personne accompagnée pendant lequel il présente les éléments de son rapport et la synthèse de la CPI. Cet entretien ouvre la phase de mise en œuvre du PACEP.

Le cas particulier des personnes détenues pour acte de terrorisme

Les services de l'administration pénitentiaire ont dû faire face à un nombre croissant de détenus pour faits de terrorisme, d'autant plus complexes à gérer que nombre d'entre eux entendaient faire du prosélytisme. L'administration pénitentiaire a hésité sur la meilleure stratégie à mettre en œuvre pour les 534 détenus pour faits de terrorisme islamique et les 853 détenus de droit commun considérés comme radicalisés : disperser la population concernée avec un risque de prosélytisme accru ou la regrouper au risque de créer des foyers de dangerosité en milieu carcéral.

Elle a d'abord opté pour le regroupement des détenus les plus radicalisés au sein d'unités de prévention du prosélytisme, expérience à laquelle il a été mis fin après l'attaque de deux surveillants par un détenu en septembre 2016, à la maison d'arrêt d'Osny. Elle a alors adopté une stratégie mixte, qui repose sur l'évaluation des détenus pour faits de terrorisme pendant quinze semaines au sein de quartiers d'évaluation de la radicalisation (QER), avant de décider de leur affectation : soit en détention ordinaire au sein d'établissements ciblés, lorsque la radicalisation n'est pas avérée, soit dans des quartiers de prise en charge de la radicalisation (QPR) pour les détenus considérés comme radicalisés, soit dans des quartiers d'isolement (QI) pour les profils les plus violents.
Cette stratégie récente nécessite un suivi attentif par l'ensemble des parties prenantes au processus d'incarcération de ces détenus particuliers.

2. Propositions d'instance

Le recueil des éléments d'information est effectué par le CPIP référent de la mesure lors des premiers entretiens individuels (entretiens d'évaluation). Cependant, les sources d'information doivent être diversifiées, et les personnels du SPIP, autre que les CPIP, doivent être en mesure d'apporter leur contribution pour enrichir l'évaluation (notamment les psychologues, assistants de services sociaux, personnels de l'accueil, surveillant...).

En cas de poursuite d'un suivi entamé par un autre service, il convient de reprendre les précédents écrits professionnels. L'évaluation initiale peut ainsi être complétée en infirmant ou confirmant les orientations dans le cadre d'une réévaluation. Si besoin, un contact téléphonique entre les professionnels référents (du SPIP d'origine et du service d'arrivée) peut permettre de mieux appréhender la situation ou la problématique de la personne.

Le CPIP a la possibilité, en fonction de la situation de la personne suivie et avec son accord, de prendre attache avec les partenaires qui ont en charge l'accompagnement de la personne (ex. :

suivi éducatif d'un jeune majeur, suivi social ou professionnel, suivi par une structure de soins, etc.), éventuellement en lien avec l'assistant de service social ou le psychologue du service.

Travailler le processus de sortie de délinquance implique de pouvoir mutualiser les connaissances et compétences, et de croiser les regards des différents personnels du SPIP (CPIP, DPIP, psychologue, assistant de service social, personnels de surveillance, personnels administratifs et coordinateur culturel).

L'échange pluridisciplinaire ne peut qu'être riche et constructif dès lors qu'il est effectué dans le respect des compétences de chacun.

Il permet :
- une prise de distance par le CPIP référent de la mesure ;
- une aide à l'analyse en confrontant ou confortant les points de vue ;
- la recherche d'issues méthodologiques aux situations difficiles ou conflictuelles ;
- une identification des partenaires adéquats.

Cette pluridisciplinarité doit s'organiser concrètement en permettant l'intervention des personnels en fonction des besoins de la personne.

Si la note de cadrage du 26 septembre 2014 relative à la contrainte pénale préconise, au paragraphe II.1 « La phase initiale de prise en charge et d'évaluation », la création d'une commission pluridisciplinaire interne (CPI), cette commission ne doit plus avoir pour seul objet la contrainte pénale.

Elle doit être prioritairement consultée afin d'accompagner les CPIP dans la définition d'un plan d'accompagnement de la personne et d'exécution de la peine, l'examen de sa pertinence ou son ajustement, notamment lorsque l'évaluation a révélé des risques de récidive élevés et/ou une multiplicité de besoins. Ainsi, lorsque le niveau d'intervention requis est élevé, une consultation de la CPI est requise.

La CPI n'est pas exclusive du maintien et du développement d'instances d'analyse des pratiques et/ou de supervision qui doivent être consacrées dans les pratiques.

De même, l'approche pluridisciplinaire n'est pas exclusive du maintien et du développement de collectifs de travail dans les services.

En effet, dans les SPIP, il est nécessaire d'organiser des espaces d'échanges et de parole sur les pratiques professionnelles (ex. : réunion de service, groupe de travail collectif, etc.).

Cette nouvelle approche requiert la poursuite du recrutement de personnels permettant la concrétisation de cette approche pluridisciplinaire.

Dès lors que le réseau partenarial est structuré en fonction des besoins des personnes suivies, qu'il est formalisé et qu'il fait l'objet d'un suivi, il sera nécessaire de procéder de manière régulière à son évaluation (évaluation de l'action à proprement parler, de l'impact du travail du partenaire vis-à-vis du public et de l'utilisation des financements alloués).

Cette évaluation pourra être conduite sous votre égide en associant le personnel en charge de l'accompagnement. Elle aura vocation à fonder les orientations ultérieures de la politique de service en la matière.

PARTIE 3

Réussir les **épreuves d'admission**

Entretien (concours externe et interne)

DURÉE
30
MINUTES

COEFFICIENT
2

Planning de révisions

Cette épreuve consiste en un entretien avec le jury visant à apprécier la personnalité, les aptitudes et les motivations du candidat à exercer les fonctions de conseiller pénitentiaire d'insertion et de probation à partir d'un sujet tiré au sort portant sur un programme de connaissances générales.

PÉRIODES	DURÉE	NOTIONS À ABORDER
Période 1	2 mois (minimum)	Réfléchissez à vos motivations réelles à exercer les fonctions de conseiller d'insertion et de probation en milieu pénitentiaire, remémorez-vous votre parcours professionnel, et l'enchaînement qui vous conduit à vous présenter à cette épreuve, interrogez-vous sur ce qui vous plaît vraiment dans ce métier, entraînez-vous à l'exprimer (parler tout seul n'est pas forcément un signe d'altération des facultés mentales). Promenez-vous sur Wikipédia (saisissez les différents thèmes dans le moteur de recherche, vérifiez que vous comprenez bien ce qui se cache derrière ces intitulés, lisez les pages, suivez les liens, ils vont vous rappeler des souvenirs, recherchez ailleurs des informations complémentaires) : consacrez au moins une heure par jour à cette exploration.
Période 2	2 mois (minimum)	Continuez vos explorations culturelles sur Wikipédia et ailleurs, lisez, réfléchissez, documentez-vous (si cela peut vous aider, faites-vous des fiches sur les thèmes qui vous paraissent les plus importants : il est impossible de deviner quel sujet sera à traiter le jour J).
Période 3	1 mois (minimum)	Continuez vos explorations culturelles sur Wikipédia et ailleurs, lisez, réfléchissez, documentez-vous, relisez et annotez vos fiches... Racontez sans les lire le contenu de vos fiches à votre entourage (en mode « exposé »), écoutez les commentaires, et vérifiez (avec éventuellement des questions) que ce que vous avez voulu dire a été compris. Refaites le point sur vos motivations, votre manière de les exprimer.
Période 4	1 semaine	Arrêtez tout ! Laissez reposer, détendez-vous, pensez à autre chose, faites un peu de sport...

Méthodologie et conseils

L'oral est souvent l'épreuve la plus redoutée des candidats.

L'oral a pour but d'apprécier vos réactions, vos émotions, votre sens de la communication, la qualité de votre réflexion, la pertinence de vos propos, votre façon de persuader, et surtout votre motivation. Vous devez vous poser une question essentielle : pourquoi l'examinateur me choisirait-il moi plutôt qu'un autre ? Dans l'idéal, vous devez convaincre le jury que son choix doit obligatoirement porter sur vous.

Le jury va regarder votre réactivité, votre présence d'esprit, votre réalisme face à telle ou telle question, votre humanisme aussi.

- Pour les candidats du **concours externe**, l'épreuve orale consiste en **un entretien avec le jury visant à apprécier la personnalité, les aptitudes et les motivations du candidat à exercer les fonctions de conseiller pénitentiaire d'insertion et de probation**. Cet entretien débute par un **exposé** du candidat à partir d'un sujet tiré au sort, portant sur le programme de connaissances générales. Le candidat dispose d'un **temps de préparation de 15 minutes**. La durée de l'entretien ne peut excéder **30 minutes maximum** et le candidat est limité à **15 minutes au plus pour son exposé**. Cette épreuve est notée avec un **coefficient 2**.
- Pour les candidats du concours interne, l'épreuve orale d'admission est au choix :
  - soit **un entretien avec les membres du jury ayant pour point de départ un exposé du candidat sur son parcours professionnel et permettant d'apprécier ses compétences et ses capacités pour exercer l'emploi de conseiller pénitentiaire d'insertion et de probation**. Le candidat dispose d'un **temps de préparation de 15 minutes**. La durée de l'entretien ne peut excéder **30 minutes maximum** et le candidat est limité à **10 minutes au plus pour son exposé**. Cette épreuve est notée avec un **coefficient 2** ;
  - soit la **reconnaissance des acquis de l'expérience professionnelle** (RAEP) du candidat dès lors qu'il dispose d'une **expérience professionnelle minimale de trois ans** (durée : **30 minutes maximum** ; **coefficient 2**).
- **Toute note inférieure à 10 sur 20 est éliminatoire.**

1. La composition du jury

Le jury est national. Il est nommé par arrêté du garde des Sceaux, ministre de la Justice. Il comprend :
- le directeur de l'administration pénitentiaire, ou son représentant, président ;
- deux fonctionnaires de l'administration centrale ;
- un magistrat des cours et tribunaux ;
- trois fonctionnaires des services déconcentrés de l'administration pénitentiaire, dont un directeur d'insertion et de probation et un chef des services d'insertion et de probation.

Des examinateurs qualifiés peuvent être adjoints au jury.

Les oraux se déroulent à Paris ou dans une ville à proximité de Paris (Pantin, Rungis, Levallois-Perret…).

2. Déroulement de l'épreuve

L'entretien avec le jury dure 30 minutes.

Un appariteur ou un membre du jury vous appelle pour entrer dans la salle où est réuni le jury. Préparez à l'avance votre carte d'identité et votre convocation et présentez-la à ce moment.

A. L'entrée dans la salle

Lors de votre entrée dans la pièce, saluez les membres du jury de façon sobre et conventionnelle (« *Bonjour mesdames et messieurs* »). Inutile d'aller vers le jury pour leur serrer la main, ce n'est pas l'usage dans les épreuves de concours !

Dirigez-vous vers la table qui vous est réservée. La table est généralement placée en face du jury laissant un espace qui permet à la fois une conversation mais qui crée aussi une distance qui ne doit pas vous perturber.

Attendez un instant debout à côté de la table. Généralement, un des membres du jury vous invite à vous asseoir. Si ce n'est pas le cas, asseyez-vous.

Compte tenu de la durée de l'épreuve, mettez-vous à l'aise en retirant votre manteau ou votre blouson.

Le jury ne tient pas compte de la tenue vestimentaire du candidat sauf à ce qu'elle soit négligée ou en inadéquation avec la situation de l'entretien. Adaptez votre tenue à la situation de l'examen.

Le port d'un tailleur pour les dames ou d'un costume et d'une cravate pour les hommes n'est pas nécessaire. Préférez une tenue dans laquelle vous serez à l'aise durant l'entretien et qui correspond à votre personnalité.

Quelques petits conseils concrets : Pas de minijupes, ni de décolletés pour les candidates ; les hommes porteront de préférence une chemise et seront rasés. Le chewing-gum est proscrit.

N'oubliez pas que la communication passe par le discours mais aussi par votre attitude, vos gestes, votre comportement (ce que l'on appelle le « paraverbal »). Le jury doit être certain que vous êtes prêt à représenter l'État au quotidien et que vous serez digne des missions qui vous seront confiées.

Un mauvais recrutement coûte cher à une entreprise, c'est encore plus vrai pour l'administration pénitentiaire compte tenu de l'impératif de sécurité qu'elle doit assumer.

B. Présentation du jury

Le jury commencera par se présenter et vous indiquer ce qu'il attend de vous lors de cette épreuve.

Cette phase permet au candidat d'identifier les membres du jury. Lors de la présentation des membres du jury, profitez de ce temps pour vous détendre. Respirez calmement, détendez-vous. Inutile de saluer à nouveau chaque membre du jury d'un « bonjour » ou d'un « enchanté ! » qui n'est de toute façon pas adapté à la situation d'entretien qui va suivre.

Le président du jury vous présentera la façon dont se déroulera l'épreuve.

■ L'épreuve est composée généralement de **4 parties** :
- la présentation rapide du candidat ;
- l'exposé sur le sujet tiré au sort précédemment à l'entrée dans la salle ;
- les questions du jury sur l'exposé ;
- les questions du jury sur les capacités du candidat à occuper l'emploi auquel il postule.

À la fin de l'épreuve, le président du jury vous demandera de prendre la parole pour poser les questions découlant du déroulement de l'épreuve.

C. Présentation devant le jury

Cette phase est la plus importante car elle permet au jury de se forger une première idée de votre personnalité.

Le jury ne vous connaît pas et ne dispose, avant votre entrée dans la pièce, d'aucune information sur vous. Il n'a aucun dossier vous concernant et ne disposera, pour forger son jugement, que des informations que vous lui donnerez et, au moment de la délibération de fin de journée, de l'avis du psychologue qui vous aura reçu précédemment au regard des tests psychologiques.

Pour votre présentation, vous disposez d'une dizaine de minutes. C'est à la fois très court pour parler de soi mais, dans les faits, ce temps paraît souvent bien long au candidat, du fait notamment d'un manque de préparation de cette partie. Il faut absolument préparer cette partie et vous entraîner.

a. La phase de préparation (chez vous)

Chez, vous, prenez une feuille de papier. Divisez-la en quatre parties.

■ Dans la **première partie**, inscrivez les informations relatives à votre état civil. Indiquez votre âge, votre situation familiale, votre lieu de domiciliation, la composition de votre foyer. Si vous vivez en couple, la situation professionnelle de votre partenaire. Si vous avez des enfants, indiquez leur âge, leur présence ou non encore au foyer.

■ Dans la **deuxième partie**, inscrivez les informations relatives à votre parcours scolaire et/ou à votre parcours professionnel. Concernant la scolarité, indiquez les informations essentielles (les diplômes obtenus, vos qualifications, le niveau d'étude atteint). Concernant votre expérience professionnelle, soyez le plus exhaustif possible (notez les années ou le temps pendant lequel vous avez occupé l'emploi, les fonctions et les missions qui vous ont été confiées). Mentionnez les langues que vous connaissez et votre niveau.

■ Dans la **troisième partie**, inscrivez les informations qu'il vous semble important de porter à la connaissance du jury. Décrivez vos hobbies, vos passions, les sports que vous pratiquez ou que vous avez effectués (niveau atteint, membre d'un club, fonction dans le club), les associations dont vous êtes ou avez été membre (les fonctions que vous avez éventuellement occupées).

■ Enfin, dans la **quatrième partie**, listez vos motivations pour occuper l'emploi de conseiller pénitentiaire d'insertion et de probation. Éventuellement vos envies mais aussi vos craintes par rapport à cette fonction. Les emplois de la fonction publique sont recherchés parce qu'ils procurent une certaine assurance face au chômage ou à la précarité professionnelle. Si la sécurité de l'emploi est une motivation pour vous, inutile de le cacher au jury.

Sachez mettre en valeur votre expérience, notamment celle qui a un rapport direct ou indirect avec votre futur métier : moniteur de colonie de vacances, éducateur, travail dans un centre social, moniteur de secourisme, bénévole dans une association d'aide aux personnes en difficultés, arbitre sportif, service national effectué dans la gendarmerie ou la police, expérience dans le domaine de l'aide à la personne…

Travaillez la dernière partie. L'administration pénitentiaire, compte tenu des campagnes de publicité intensives qu'elle mène sur le recrutement, doit faire face à un nombre très important de candidats. Mettez donc toutes les chances de votre côté.

De préférence, notez les éléments sans faire de phrases structurées. Ils seront plus faciles à retenir et cela vous évitera d'apprendre un discours par cœur que vous réciterez ensuite au jury.

Entraînez-vous plusieurs fois à reprendre l'ensemble des éléments, dans un ordre logique. Faites des phrases courtes. Simulez votre présentation à haute voix et en vous chronométrant.

Exemples :

- Patrice Dupont, 24 ans, union libre, pas d'enfant.
- Domicile : Chartres, appartement, locataire.
- Concubine : 22 ans, sans emploi, recherche dans le domaine de l'enfance.
- Permis B, une voiture.
- 2010 : BAC ES.
- 2014 : Licence de psychologie.
- Handball en club depuis l'âge de 14 ans. Formation d'arbitre en cours. Membre du bureau du club.
- Brevet de secourisme.
- Sécurité de l'emploi, pas de certitude sur une embauche.
- Goût pour le travail en équipe, le sens de l'organisation.
- Sens des responsabilités : participe à la vie du club de handball. Organise les déplacements.
- Métier de contacts, relations humaines.
- Mobile.

b. La présentation devant le jury le jour J

L'épreuve devant le jury peut paraître impressionnante.

Votre passage sera précédé d'une attente souvent longue. Vous serez confronté, dans un environnement qui ne vous est pas familier (souvent une salle de formation sur le site d'un établissement pénitentiaire) à des personnels en uniforme et en civil.

Dédramatisez cette situation. Le jury n'a pas pour but de vous juger, mais d'évaluer, à travers votre présentation et vos réponses, votre capacité à occuper l'emploi auquel vous aspirez.

Commencez votre présentation. Prenez le temps de respirer, de faire des pauses. Pensez à regarder les membres du jury. Si votre discours est important, pensez que votre attitude ne l'est pas moins (surveillez la position de vos jambes, contrôlez vos émotions). Les candidats qui se disent calmes et posés sont souvent trahis par leurs jambes qui gigotent ou tremblent sous la table pendant l'entretien…

Le jury est composé de plusieurs membres, vous devez les regarder chacun. Balayez le jury de votre regard. N'oubliez pas que, parfois, les membres du jury ont convenu d'un rôle à jouer qui peut être perturbant pour vous : l'un sera en situation d'écoute, l'autre en train de prendre des notes et le troisième semblera ne pas s'intéresser à vous… Continuez votre présentation, sans rien laisser paraître.

Parlez avec un débit rythmé, vous ne devez pas ennuyer le jury ou le lasser. Articulez et faites attention à la grammaire et à la structure de vos phrases. Faites des phrases courtes et bien construites.

N'hésitez pas à avoir une bouteille d'eau à proximité et à boire avant de commencer votre présentation, vous éviterez ainsi la sensation de « bouche sèche ». Buvez une gorgée à l'issue de votre présentation pour aborder dans de meilleures conditions l'entretien avec le jury.

D. Déroulement de l'entretien après la phase de présentation

Les membres du jury vont, dans un premier temps, reprendre les différents éléments que vous avez abordés dans votre présentation et dans votre exposé. Ils vont souhaiter des **compléments d'informations, des explications supplémentaires**.

- Pour vous, l'objectif est de convaincre que vous avez compris le sujet que vous avez traité.

NOTE DU FORMATEUR

Vous devez convaincre le jury que vous avez les qualités nécessaires pour exercer le métier de conseiller pénitentiaire d'insertion et de probation. Vous devrez être en mesure de montrer votre intérêt pour ce métier et de décrire comment vous vous représentez ses missions au quotidien.

Inutile de préciser que vous devez, au préalable, **vous documenter** un minimum sur votre futur métier.

Trop souvent, les jurys se retrouvent face à des candidats qui n'ont aucune connaissance des spécificités de cette administration et du métier de conseiller pénitentiaire d'insertion et de probation, de ses contraintes et de ses difficultés.

Un candidat qui n'a aucune connaissance du métier auquel il postule, qui n'a pas d'autres motivations que la publicité qu'il a vue un soir à la télévision ou qui donne l'impression d'être entré par hasard dans la salle n'a aucune chance. Il risque même de passer un mauvais moment lors de l'entretien avec le jury !

Pour le recruteur, l'objectif est de mesurer si votre profil correspond au métier de conseiller pénitentiaire d'insertion et de probation. En vous observant et en vous écoutant, il va se faire une première idée de votre personnalité. Il va chercher également à mesurer votre motivation, votre capacité d'intégration et d'adaptation à l'administration pénitentiaire. La suite de l'entretien permettra de compléter la présentation que vous avez faite et les informations qu'il a déjà recueillies sur vous.

Attendez-vous à des **questions personnelles** ou en lien avec votre vie familiale, du type :

- Votre époux travaille en province, êtes-vous prêt à déménager en région parisienne ?
- Si oui, êtes-vous propriétaire ? Comment allez-vous vous organiser ?
- Si non, comment allez-vous vous organiser ? Pouvez-vous supporter un double loyer ?
- Votre partenaire vous soutient-il dans votre projet ? Le cas échéant, quelles sont ses réticences ? Que pense votre famille de votre choix ?

Le jury n'abordera cependant pas vos convictions religieuses ou politiques ou des questions sexuelles. Si tel était le cas, vous devriez en informer le bureau des concours de l'administration pénitentiaire.

Pour évaluer vos dispositions naturelles à exercer le métier de conseiller pénitentiaire d'insertion et de probation, certains **critères** sont **déterminants**. Ils peuvent être résumés ainsi :

- Honnêteté, probité.
- Respect de la hiérarchie.
- Maîtrise de soi.
- Esprit d'équipe.
- Capacité à travailler dans un environnement particulier.
- Sens de l'organisation.
- Polyvalence.
- Mobilité.
- Disponibilité.
- Sens de la communication, de l'information.
- Sens de l'observation.
- Sens de l'autorité.
- Capacité à gérer les conflits.

Les questions qui vous seront posées seront donc **axées sur ces critères**. Ne soyez pas déstabilisé... Le jury peut vous demander ce que représente pour vous la prison, quel concours vous choisirez si vous obtenez les deux que vous présentez, si vous avez déjà travaillé en prison, quelles sont vos appréhensions, etc.

Vous devez être capable de **soutenir une opinion** et **d'argumenter, la défendre**. Si la question consiste à vous demander votre avis, votre réponse doit être le fruit d'une réflexion qui doit être courte mais un minimum définie.

Vos propos seront nuancés et vous ne devrez pas vous montrer excessif. Ne répondez pas hâtivement, prenez le temps de la réflexion…

Répondez aux questions en regardant celui ou celle qui les a posées. Si deux membres du jury vous posent une question en même temps, montrez que vous avez entendu les deux questions et que vous allez y répondre successivement.

Selon les éléments que vous aurez apportés lors de votre présentation, le jury pourra s'en inspirer pour vous poser des questions.

Si vous avez indiqué que vous avez une passion pour le cinéma, imaginez que le jury vous demandera immanquablement le dernier film que vous avez vu au cinéma… Si vous aimez la peinture, quelle période ou quel artiste vous aimez, etc.

Pour évaluer votre capacité à gérer les conflits, le jury peut poser également des **questions directes.** Par exemple, si vous avez indiqué pratiquer le football dans un club, le jury peut vous questionner ainsi : « *Lors de la pratique de votre sport, avez-vous été confronté à des situations de violences ou à des situations tendues ? Comment avez-vous réagi ? Qu'en pensez-vous ?* » « *Plus généralement, avez-vous été confronté à une situation de grande violence par le passé ? Si oui, laquelle ? Comment avez-vous réagi ? Qu'en pensez-vous ? Comment avez-vous vécu ce moment ?* »

Le jury peut également vous positionner dans une **situation imaginaire, vous mettre en situation** : « *Deux joueurs d'équipes différentes commencent à se battre à la sortie des vestiaires. L'un reproche à l'autre de l'avoir poussé lors d'une action de jeu sur le terrain et sans que l'arbitre ne l'ait vu. Que faites-vous ?* » « *Vous êtes dans la rue en train de vous promener. Vous voyez un jeune homme en train d'en agripper un autre, plus jeune. Vous êtes manifestement en face d'une situation de racket, le plus jeune crie :* "Rends-moi mon téléphone portable !" *Que faites-vous ?* »

Le jury pourra aussi vous présenter une **situation professionnelle** à laquelle vous pourriez être confronté et vous demandera votre avis ou ce que vous pensez devoir faire. Puisque vous n'avez pas d'expérience pénitentiaire, le jury ne cherchera pas ici à juger votre pratique au regard de la réglementation (que vous n'êtes pas censé connaître). Il teste votre réactivité, votre bon sens, votre réalisme, vos qualités humaines et si, face à une situation inconnue, vous auriez une réaction appropriée.

Entraînement

- Vous avez un entretien avec une personne détenue écrouée la veille, cette dernière vous dit qu'elle supporte très mal l'incarcération et qu'elle va tout faire pour mettre fin à ses jours, que faites-vous ?
- Un détenu en entretien avec vous a sa poche qui vibre, que faites-vous ?
- Un probationnaire vous envoie un SMS pour vous dire qu'il est amoureux de vous, que faites-vous ?
- Votre hiérarchie n'est pas d'accord avec vous sur un aménagement de peine que vous proposez, que faites-vous ?
- Un détenu que vous suivez vous indique qu'il ne supporte plus son codétenu et qu'il compte le violenter. Que faites-vous ?
- Vous avez pour dossier un pédophile, ayant fait des actes de barbarie et multirécidiviste, comment réagissez-vous ?
- Un collègue entretient une relation avec une personne que vous suivez. Que faites-vous ?

- Vous travaillez dans un SPIP où tout se passe mal et un de vos collègues prévoit de faire grève, que faites-vous ?
- Un détenu que vous devez suivre refuse, car vous êtes une femme. Comment réagissez-vous ?
- Ça fait cinq fois que vous remplacez votre collègue en réunion parce qu'elle est en retard. Que faites-vous ?
- Vous devez suivre un détenu qui a violé des enfants, est multirécidiviste et vous dégoûte au plus haut point. Que faites-vous ?
- Vous êtes la CPIP de permanence et le JAP vous demande un rapport en urgence sur une PPSMJ, mais c'est une collègue à vous qui la suit. Vous ouvrez le dossier, il est vide, car votre collègue ne l'a en réalité jamais rencontrée. Que faites-vous ?
- Une PPSMJ en milieu ouvert vient à un entretien avec une voiture flambant neuve et de luxe et vous savez qu'elle ne dédommage pas les parties civiles alors que cela constitue une obligation, que lui dites-vous ?

Gardez à l'esprit que l'administration est une force de sécurité publique au même titre que l'armée et la police même si les fonctions de conseillers pénitentiaires d'insertion et de probation paraissent moins l'être que celles du surveillant pénitentiaire. Nonobstant, vous agissez dans le même cadre réglementaire. Aussi, quelle que soit votre personnalité, vous devrez **intégrer un cadre particulier** régi par la discipline, le respect de règle et de procédure, le respect d'une hiérarchie et d'une chaîne de commandement.

Au quotidien, cela entraîne l'**observation de certaines valeurs** et d'une **déontologie** propre à l'administration pénitentiaire, qui gouverne les rapports en service, les comportements face au danger, à la pression des personnes placées sous main de justice mais également dans votre vie hors service.

Pour vous aider à préparer l'entretien, réfléchissez à l'univers de la prison et du monde carcéral.

Entraînement

Répondez aux questions suivantes :

- Quelles sont les qualités que, selon vous, doit posséder un conseiller pénitentiaire d'insertion et de probation ?
- Quelles sont vos qualités, que disent de vous vos amis, vos collègues, votre famille ?
- Quels sont, selon vous, les défauts gênants pour exercer le métier de conseiller pénitentiaire d'insertion et de probation ?
- Quels sont vos défauts ?
- Pourquoi souhaitez-vous devenir conseiller pénitentiaire d'insertion et de probation ?
- Quelles sont vos appréhensions ?
- Quelles situations professionnelles pourraient vous mettre mal à l'aise ?
- Quels sont vos points forts ? Quels sont vos points faibles ?
- Pensez-vous que le métier de CPIP est un métier militant ?
- Parlez-nous du droit de grève. Comment faire pour revendiquer vos droits si vous n'avez pas le droit de grève ?

- Parlez-nous d'un sujet d'actualité qui vous a marqué ces derniers temps.
- Quelles sont vos motivations pour devenir CPIP ?
- Quelle est la différence entre probation et insertion ?
- Pensez-vous que ce métier soit dangereux ? Comment pensez-vous gérer cet aspect du métier ?
- Qu'avez-vous pensé de votre stage ? Vous avez préféré le milieu ouvert ou fermé ?
- Comment pensez-vous gérer les situations de violences envers votre personne ?
- Comment expliquez-vous ce métier à vos proches ? Comprennent-ils ce choix ?
- Certaines infractions vous mettent-elles mal à l'aise ?
- Quelle est la journée type d'un CPIP ?
- Un JAP peut-il vouloir gérer votre organisation du travail ?
- Un JAP peut-il vous imposer de voir un détenu toutes les deux semaines ?

Comparez vos réponses, relevez les points communs, les contradictions éventuelles et réfléchissez à des arguments.

Le jury va **tester votre honnêteté intellectuelle** et votre prise de recul. Vous devez montrer que vous êtes capable de dire vos défauts mais aussi vos axes d'amélioration. Pour préparer cette partie, faites appel à vos amis, à vos collègues et à votre famille.

Certains défauts et qualités le sont dans certains cas et pas dans d'autres. Être minutieux peut être une qualité mais aussi un défaut si cela vous conduit à perdre du temps sur des points qui n'ont pas d'intérêt majeur. Essayez d'illustrer vos dires par des exemples précis.

En tout état de cause, vous devez **rester dans l'objectif du concours** et sur un terrain professionnel en prenant soin d'éviter les réponses passe-partout. Le jury aura très peu d'intérêt à vous entendre dire que votre plus gros défaut est la gourmandise !

E. La fin de l'entretien

À la fin de l'épreuve, **le président du jury vous demandera si vous avez des questions** que vous souhaitez poser.

Ne vous sentez pas obligé de poser une question si aucune ne vous vient à l'esprit.

Ne posez pas de questions dont les réponses sont facilement accessibles sur le site Internet du ministère de la Justice ou dans les brochures mises à la disposition du public.

Ne posez **pas de question ayant trait au déroulement même de l'épreuve** que vous venez de subir (attitude d'un membre du jury, nature des questions posées, etc.).

Ne demandez pas non plus quelle note vous avez obtenue. Le jury doit se concerter avant de noter un candidat. La note est fixée provisoirement après l'audition du candidat puis, en fin de journée, elle est posée définitivement après l'audition de l'ensemble des candidats. Une telle question serait tout à fait mal venue. De plus, elle démontrerait que vous n'êtes pas sûr de vous-même.

Annales corrigées

SUJET N° 1 : Exposé

DURÉE : 15 MINUTES

Énoncé

Les salles de shoot, bonne ou mauvaise initiative

Corrigé

Introduction

La naissance des salles de shoot, aussi appelées « salles de consommation à moindre risque » (SCMR), découle de la volonté de refondre la politique de réduction des risques et des dommages à destination des usagers de drogues en clarifiant ses objectifs et ses moyens d'action et en sécurisant la situation juridique des acteurs de cette politique.

Le but est de décorréler cette politique de la lutte contre le VIH (la politique de réduction des risques ayant débuté *via* la distribution de seringues pour éviter la transmission du sida).

À l'étranger, l'installation des SCMR a permis de réduire les comportements dits à risques et les overdoses, mais aussi d'apaiser le climat avec le voisinage des lieux de consommation. En somme, l'objectif est d'améliorer à la fois la santé et la tranquillité publiques.

En France, c'est l'article 43 de la loi n° 2016-41 du 26 janvier 2016 de modernisation de notre système de santé qui permet l'expérimentation des salles de shoot : « à titre expérimental et pour une durée maximale de six ans à compter de la date d'ouverture du premier espace, les centres d'accueil et d'accompagnement à la réduction des risques et des dommages pour usagers de drogue ».

Or, les Nations unies ne sont pas favorables à la mise en place des salles de shoot. Aussi, l'addiction à l'héroïne est quatre fois plus élevée en Suisse et deux fois plus en Espagne, pays dans lesquels il existe des SCMR. Enfin, ces salles peuvent fausser le message envoyé et créer un paradoxe entre politique de désintoxication et facilitation de la consommation.

La mise en place des SCMR en France fait suite à plusieurs expertises, confirmant qu'elles s'intègrent dans un dispositif de réduction des risques et fera l'objet d'une expérimentation évaluée.

L'ouverture des SCMR répond à un besoin mis en évidence par plusieurs experts.

Il a été démontré l'efficacité de ces dispositifs pour attirer des injecteurs à haut risque de contamination par le VIH et l'hépatite C vers des structures de soin, réduire le nombre d'overdoses mortelles, diminuer de manière significative les problèmes sécuritaires liés à l'usage de stupéfiants et en particulier les nuisances pour les riverains.

Pour l'instant, le bilan des deux salles ayant ouvert à Paris et Strasbourg est positif en termes de prévention sanitaire.

Ces lieux permettent aux toxicomanes de consommer de la drogue (cocaïne, héroïne) dans de bonnes conditions sanitaires et d'hygiène ainsi qu'en présence d'un personnel formé. Il est aussi possible d'y échanger les seringues.

À l'inverse de l'effet recherché, la mise en place des SCMR peut troubler la tranquillité des alentours. Un peu moins de trois ans après son ouverture, l'ouverture de la SCMR parisienne pose la question de la violence et de la propreté aux abords de la salle.

Les commerçants du quartier dénoncent « un préjudice économique ». En effet, les attroupements se formant devant la salle de shoot peuvent occasionner des émeutes ou altercations.

La question de la propreté est aussi au centre des préoccupations : même si les responsables des centres font des rondes régulières pour nettoyer, les rues demeurent jonchées de déchets, de seringues et de déjections humaines. Les immeubles ont ainsi renforcé la sécurisation des portes, car les halls étaient souvent squattés pour des injections.

La création d'une zone de tolérance pose également question.

Elle permet aux dealers de vendre sans crainte d'être arrêtés puisque les contrôles de police ne sont pas tolérés dans cette zone, pour permettre aux usagers de transporter leur dose jusqu'à la salle. La prostitution est également un autre phénomène à prendre en considération. Des consommatrices s'y livrent à côté des centres pour pouvoir payer leurs produits.

Les SCMR en France sont pour l'instant des dispositifs expérimentaux, qui permettront à terme de savoir s'il s'agit ou non d'une bonne idée.

Il ne s'agit donc pas d'installer d'ores et déjà durablement le dispositif.

L'évaluation indépendante sera menée par l'INSERM.

SUJET N° 2 : Exposé

DURÉE : 15 MINUTES

Énoncé

Le sexisme

Corrigé

Le **sexisme** est une idéologie qui repose sur l'idée que les femmes sont inférieures aux hommes. Ses manifestations sont très diverses : des formes à l'apparence anodine (stéréotypes, « blagues », remarques) jusqu'aux plus graves (discriminations, violences, meurtre).

Certaines des manifestations du sexisme ne sont pas punies par la loi. C'est le cas des **stéréotypes de sexe :** préjugés, clichés, représentations réductrices et généralisantes qui essentialisent ce que sont et ne sont pas les filles et les garçons, les femmes et les hommes (« Un garçon, ça ne pleure pas. »).

C'est également le cas des remarques sexistes : c'est-à-dire les propos dégradants dirigés contre une personne ou un groupe de personnes en raison de leur sexe qui ont pour objet, parfois avec l'intention d'être drôles, de les rabaisser ou de les dénigrer (« Les femmes n'ont pas le sens de l'orientation. »).

Le sexisme s'exerce dans plusieurs sphères : le travail, le foyer, l'espace public, le sport... Il constitue un obstacle à l'égalité réelle entre les femmes et les hommes.

Dès l'enfance, on attribue des qualités différentes aux garçons et aux filles. Ces stéréotypes influencent fortement la façon dont ils vont se projeter dans leur vie personnelle et professionnelle. Les hommes sont ainsi catalogués comme « costauds », « impulsifs », « conquérants », « bricoleurs », tandis que les femmes devraient être « douces », « calmes » et « ordonnées ». Ces stéréotypes conduisent à des attitudes sexistes qui elles-mêmes empêchent une égalité réelle, les femmes se trouvant ainsi délégitimées.

Les stéréotypes sexistes peuvent limiter le développement des talents et capacités naturels des filles et des garçons comme des femmes et des hommes, ainsi que leurs expériences vécues en milieu scolaire ou professionnel et leurs chances dans la vie en général. Les stéréotypes féminins sont à la fois le résultat et la cause d'attitudes, valeurs, normes et préjugés profondément enracinés à l'égard des femmes. Ils sont utilisés pour justifier et maintenir les comportements sexistes, qui empêchent les femmes de progresser.

Le sexisme peut s'avérer être une idéologie dangereuse par ses manifestations et ses effets. Il produit un sentiment de dévalorisation, la modification des comportements avec l'adoption de stratégies d'évitement, une dégradation de la santé physique (blessures) et psychique. *In fine*, le sexisme est la source de toutes les inégalités femmes-hommes bien connues aujourd'hui.

Le sexisme fait régulièrement la une de l'actualité, il est très répandu et pourtant, encore très peu condamné. 4 femmes sur 10 indiquent avoir dernièrement été victimes d'une injustice ou d'une humiliation du fait d'être une femme. À peine 3 % des actes sexistes qui tombent sous le coup de la loi font l'objet d'une plainte et seulement 1 plainte sur 5 conduit à une condamnation.

La volonté du gouvernement est de punir davantage et plus sévèrement les injures et violences sexistes.

Le premier plan national contre le sexisme 2019-2022 porte l'exigence d'**une culture des droits et de l'égalité femmes-hommes** qui vise notamment à :
- mieux mesurer le sexisme par des enquêtes d'opinion ;
- faire reculer le sexisme en permettant de mieux le repérer ;
- faire reculer le sexisme en condamnant davantage les auteurs. Cela implique la formation des professionnels de la sécurité et de la justice ;
- accompagner les victimes de sexisme en renforçant les financements des associations qui les accompagnent ;
- garantir une action publique exempte de tout sexisme.

Autres sujets possibles

- La culture rend-elle libre ?
- Le harcèlement et la violence à l'école.
- Comment développer les solidarités intergénérationnelles ?
- Droit à la différence, droit à l'indifférence.
- Le développement durable.
- Le transhumanisme.
- Justice et médias.
- La voiture sans permis.
- Le multiculturalisme.
- Une politique de l'environnement est-elle possible ?
- La place du travailleur pauvre dans la société.
- Comment promouvoir la diversité dans notre société ?
- La précarité entraîne-t-elle obligatoirement l'exclusion sociale ?
- La souffrance au travail.

Mises en situations professionnelles

La mise en situation est une épreuve particulièrement intéressante qui permet d'imaginer quelle serait la réaction du candidat devenu professionnel face à une situation donnée.

Il est impossible de lui consacrer une présentation spécifique tant les sujets abordés sont vastes.

Le candidat doit rester honnête et franc : un positionnement artificiel issu d'une réponse apprise « par cœur » ne serait pas du tout apprécié par le jury.

Le candidat évitera donc les réponses convenues, purement théoriques, qui ne tiennent aucun compte du cadre, des réalités et de la cohérence d'un travail d'équipe.

L'épreuve permet d'aborder l'ensemble des questions et des problèmes qui peuvent se présenter dans la « vie réelle » d'un conseiller pénitentiaire d'insertion et de probation, et de vérifier la vision concrète qu'il a du poste que peut-être bientôt il occupera.

Comme dans toute épreuve orale, le positionnement adopté par le candidat (la forme) est au moins aussi important que le contenu de sa réponse (le fond) : il évitera en conséquence d'être trop affirmatif, trop sûr de lui (un candidat péremptoire peut aussi apparaître têtu, peu enclin à la discussion, qui refuse de négocier), mais aussi d'apparaître indécis, hésitant, incapable de décider. Il est conseillé d'utiliser « il me semble », qui laisse supposer que le candidat réfléchit, examine toutes les possibilités et ne se ferme aucune porte.

Il est également conseillé de répondre en faisant des phrases entières, en soignant la qualité de son expression et de son élocution : il s'agit tout de même d'une épreuve orale.

Il est en revanche indispensable que le candidat étaye sa réponse en l'expliquant et qu'il fasse éventuellement de même avec les différents arguments qui pourraient le conduire à préférer telle ou telle réponse (« il me semble que », « néanmoins », « cependant »). On évitera toutefois l'usage de « mais » ou de « en même temps », qui témoignent d'une certaine confusion.

Le candidat profitera de l'occasion pour faire preuve de compréhension et d'une grande éthique : on n'utilise pas un véhicule de service pour aller faire ses courses ou chercher ses enfants à l'école, on ne consomme pas d'alcool sur son lieu de travail, on ne crée pas de relations équivoques avec une personne que l'on suit dans le cadre de son travail, mais on ne dénonce pas non plus ses collègues sans avoir au préalable tenté de discuter avec eux, sans avoir essayé de trouver une solution qui offrira à la situation un dénouement satisfaisant pour tout le monde (un collègue déprimé a probablement besoin d'être écouté, soutenu, conseillé, orienté vers quelqu'un susceptible de l'aider, etc.).

✎ Entraînement

❶ 1. Vous êtes au SPIP dans votre service en MO, vous avez prévu de quitter votre bureau à 16 heures. À 15 h 30, votre supérieur vient vous voir et vous demande de recevoir une PPSMJ avec un profil sensible à 17 h 15.

Que répondez-vous ?

❷ Votre voiture personnelle est en panne.

a. Dans votre service, il y a une flotte de véhicules disponibles dans l'exercice de vos fonctions. Vous devez aller faire des courses rapidement pour votre foyer. Il y a un supermarché sur le chemin de retour de la permanence de service que vous tenez à l'extérieur.

Allez-vous y passer avec le véhicule de service ?

b. Vous devez aller récupérer vos enfants à l'école.

Pouvez-vous y aller avec le véhicule de service ?

❸ Vous travaillez depuis plusieurs années dans un service. Arrive un nouveau directeur qui va impulser une politique de service différente, ce qui va vous contraindre à faire évoluer vos pratiques professionnelles.

Dans quel état d'esprit allez-vous accueillir ce changement ?

❹ Vous constatez que votre collègue de bureau semble aller mal. Il déprime visiblement, et vous vous rendez compte qu'il consomme de l'alcool lors de sa pause déjeuner.

Que faites-vous de cette information ?

❺ Vous allez au cinéma et tombez par hasard sur une collègue du SPIP qui s'y trouve aussi mais ne vous a pas vu. Pendant la séance, vous vous rendez compte que la personne qui l'accompagne n'est autre qu'une PPSMJ du SPIP. La nature de leur relation semble sans équivoque.

Quelle va être votre réaction ?

❻ Vous travaillez en détention. Pendant que vous vous entretenez avec une personne détenue, la sonnerie d'un téléphone portable se fait entendre : elle provient d'une des poches de la personne que vous recevez.

Qu'allez-vous faire ?

❼ Toujours en détention, vous constatez que votre collègue de bureau jette ostensiblement à la corbeille les courriers de personnes détenues qui lui sont adressés.

Comment allez-vous réagir ?

Entretien collectif (concours externe et interne)

DURÉE 30 MINUTES

COEFFICIENT 2

Planning de préparation

PÉRIODES	NOTIONS À ABORDER
Période 1	Il n'existe pas de préparation spécifique à cette épreuve, qui exige que le candidat reste lui-même, mais nécessite tout de même que le candidat dispose d'un bagage de connaissances professionnelles qui lui permettront d'étayer sa réflexion et ses interventions : l'ensemble des contenus présents dans cet ouvrage seront donc étudiés, et le candidat n'hésitera pas à les compléter par des recherches et des lectures personnelles (lire à voix haute certains passages peut être utile).
Période 2 5 à 6 semaines	Quelques semaines avant le jour J, il peut être intéressant de s'exercer non pas à débattre, mais à s'exprimer de manière posée sur différents sujets abordés dans cet ouvrage : le candidat pourra s'installer seul à une table pour improviser un jeu de rôle. Il développera et argumentera – de manière synthétique et convaincante – son point de vue sur différentes questions abordées dans ces pages (de cours, de corrigés, d'annales, etc.). Il élaborera des propositions, les résumera et les argumentera en quelques mots. L'exercice peut sembler étonnant (parler tout seul à un auditoire imaginaire est rarement aisé), mais il permet de s'habituer à poser sa voix, de trouver le ton juste, le bon débit (ni trop lent, ni trop rapide), la bonne posture…
Période 3 1 à 2 semaines	Dans la « dernière ligne droite », le candidat pourra améliorer l'exercice en invitant des figurants autour de la table, qui resteront muets, mais l'aideront à évaluer sa prestation et le conseilleront sur les points évoqués ci-dessus (ton, débit, posture, etc.).

Présentation de l'épreuve

La « table ronde » est une « épreuve collective destinée à apprécier l'aptitude à la prise de parole, les qualités relationnelles et d'écoute du candidat ».

Les candidats (cinq ou six généralement) sont réunis face aux membres de jury. Ils doivent élaborer une réponse collective à une mise en situation professionnelle, dont nous publions ci-dessous quelques exemples.

L'objectif est d'inscrire les candidats dans une dynamique d'équipe.

On attend d'eux qu'ils puissent résoudre collectivement une problématique en faisant appel à une mutualisation de leurs compétences individuelles.

Les membres du jury (autant que de candidats) assistent à l'échange collectif, qui « est suivi d'un entretien individuel avec le jury au cours duquel le candidat est invité à analyser les échanges auxquels il a participé ».

L'épreuve collective dure trente minutes, et l'entretien, dix minutes (épreuve de coefficient 3).

La notation est individuelle. Toute note inférieure à 10 est éliminatoire.

L'épreuve existait dans une précédente version du concours. Elle a été supprimée, puis réintroduite par l'arrêté du 2 octobre 2020 relatif aux règles d'organisation générale, à la nature et au programme des épreuves des concours pour le recrutement de conseillers pénitentiaires d'insertion et de probation. Les sujets n'étaient jadis pas en rapport avec le métier de conseiller d'insertion et de probation, ce qui semble être dorénavant le cas (nous avons peu de recul sur cette nouvelle épreuve). Les candidats ont par exemple tiré au sort : « Vous êtes une équipe pédagogique, et un enfant trisomique est inscrit sur la liste pour la prochaine rentrée des classes, vous discutez de sa prise en charge » ; et « Vous êtes un groupe d'architectes qui répond à un appel d'offres pour la construction de logements sociaux » (2006).

On comprend à la lecture de ces sujets que le fond (les connaissances) est moins important que la forme : nul besoin « d'étaler sa science » ou de se mettre personnellement en valeur ! Les sujets ont été recentrés sur le cadre d'intervention des CPIP, ce qui demande d'adopter désormais un positionnement professionnel, tout en restant concentré sur sa capacité d'écoute, de réflexion, d'analyse et de prise de parole.

Le candidat doit être capable de réfléchir, d'exprimer ses idées et de prendre en considération celles des autres. Il doit prendre la parole, mais pas la monopoliser, ni – surtout ! – couper celle de ses collègues. Il doit tenir compte de leur avis et de leurs suggestions. Il doit éviter toute agressivité ou ironie. Il doit être constructif, même lorsqu'il exprime ses doutes ou son désaccord. Il est conseillé d'essayer d'être celui qui s'efforce de recentrer le débat et de reformuler les idées pour mettre tout le monde d'accord, et d'avancer sur une proposition commune. Il est en revanche déconseillé d'être celui qui, adoptant une attitude professorale, valide ou rejette les idées exprimées (n'oubliez pas qu'il s'agit d'une discussion théorique, vous n'aurez jamais à mettre réellement en place les décisions qui seront prises).

Le candidat restera calme, posé, il évitera de s'agiter, même si la discussion l'inspire et qu'il a quelque chose à dire. Il regardera celui qui parle et n'hésitera pas à le soutenir par son attitude générale concentrée (avec des signes d'approbation ou de réflexion par exemple). Il pourra rebondir sur ce qui a été dit : « Vous pensez que nous pourrions… ? », « C'est-à-dire que vous envisagez… ? », « Vous êtes d'avis que nous devrions… ? ». Il évitera de s'avachir sur sa chaise et conservera une posture volontaire (proche de la table, les avant-bras posés dessus).

Sujets blancs – Table ronde

SUJET N° 1

Vous êtes des conseillers pénitentiaires d'insertion et de probation affectés au sein d'une maison d'arrêt de 400 places. L'établissement dispose d'un quartier arrivant de 10 places et d'un quartier d'isolement de 5 places.
Un jeune homme de 28 ans, porteur du syndrome de Klinefelter, une anomalie chromosomique, a été écroué dans la nuit. Il est placé, en cellule double, au quartier des arrivants. Ce jeune homme, souffrant de handicap mental, placé sous curatelle et hébergé dans une structure d'accueil spécialisée, est mis en examen pour viols, agressions sexuelles sur trois femmes et un homme. Trois de ses victimes résidaient dans le même foyer pour personnes handicapées que lui, et une était étudiante en BTS.

En réunion de service, vous évoquez avec vos collègues la prise en charge à mettre en place à court terme.

SUJET N° 2

Vous êtes des conseillers pénitentiaires d'insertion et de probation affectés au sein d'un centre de détention de 600 places.
Une association locale vous propose de mettre en place une activité sportive de boxe en détention. Selon elle, les détenus peuvent ainsi bénéficier des valeurs positives véhiculées par le sport, mais les syndicats locaux des personnels de surveillance sont défavorables à cette activité.

En réunion de service, vous évoquez avec vos collègues les conditions de mise en œuvre de ce sport en détention.

SUJET N° 3

Vous êtes des conseillers pénitentiaires d'insertion et de probation affectés au sein d'un centre pénitentiaire de 600 places. Il dispose d'un quartier maison d'arrêt de 400 places et d'un quartier centre de détention de 200 places.
Le quartier maison d'arrêt comporte un quartier pour mineurs de 20 places.
Les mineurs incarcérés demandent à disposer d'une PS5 dans leur salle de détente. La réglementation l'autorise. Les moyens du service permettent cet achat.

Vous évoquez avec vos collègues l'opportunité d'accepter cette demande et, le cas échéant, les conditions de mise à disposition de ce matériel

Reconnaissance des acquis de l'expérience professionnelle (RAEP) (concours interne)

Les candidats disposant d'une **expérience professionnelle minimale de trois ans** en rapport avec les fonctions postulées peuvent opter, au moment de leur inscription au concours, pour une épreuve orale d'admission alternative de substitution consistant en la présentation des acquis de leur expérience professionnelle. Le dossier doit être demandé auprès de la direction interrégionale des services pénitentiaires (DISP) dont dépend le candidat.

Sont uniquement pris en compte dans l'expérience professionnelle les **emplois inscrits dans la filière sécurité ou dans la filière socio-éducative** du répertoire interministériel de l'État (RIME) ou en **relation avec les métiers de la sécurité ou de la filière socio-éducative ou relevant de l'administration pénitentiaire**.

Pour l'épreuve d'entretien basé sur la reconnaissance des acquis de l'expérience professionnelle, le candidat produit, au moment de son inscription, un **dossier professionnel** faisant apparaître notamment son **cursus professionnel**, ses **motivations personnelles et professionnelles** pour l'exercice des fonctions de conseiller pénitentiaire d'insertion et de probation. L'entretien doit alors porter exclusivement sur le dossier constitué par le candidat.

NOTE DU FORMATEUR

En suivant ce lien **http://roch.ovh.org/spip.php?article12** vous pourrez télécharger un exemple de dossier RAEP rempli.

1. La constitution du dossier

Le dossier de candidature au titre de la VAE doit être rempli par le candidat. Il le transmet au service de la direction interrégional dont il dépend (en fonction de son domicile) après en avoir gardé une copie pour lui-même.

Le dossier est composé de 4 parties.

Partie 1 : Éléments d'identité du demandeur et déclaration sur l'honneur

La déclaration sur l'honneur permet au candidat de certifier que toutes les informations figurant dans le dossier sont exactes. L'administration se réserve la possibilité de vérifier l'exactitude de vos déclarations.

La loi punit quiconque se rend coupable de fausses déclarations :

- **Article 441-1 du Code pénal :** « Constitue un faux toute altération frauduleuse de la vérité, de nature à causer un préjudice et accomplie par quelque moyen que ce soit, dans un écrit ou tout autre support d'expression de la pensée qui a pour objet ou qui peut avoir pour effet d'établir la preuve d'un droit ou d'un fait ayant des conséquences juridiques. Le faux et l'usage de faux sont punis de trois ans d'emprisonnement et de 45 000 euros d'amende. »

- **Article 441-6 du Code pénal :** « Le fait de se faire délivrer indûment par une administration publique ou par un organisme chargé d'une mission de service public, par quelque moyen frauduleux que ce soit, un document destiné à constater un droit, une identité ou une qualité ou à accorder une autorisation est puni de deux ans d'emprisonnement et de 30 000 euros d'amende. »

Partie 2 : Parcours de formation et expérience du candidat au regard du profil recherché

- Dans un premier tableau, vous indiquerez votre parcours de formation : la dernière classe suivie au titre de la formation générale et vos études professionnelles et/ou technologiques et/ou universitaires.
- Vous indiquerez dans un second tableau les autres formations que vous avez suivies (formations professionnelles, civiles et militaires, stages, congés de formation, etc.).
- Dans un dernier tableau, vous devrez caractériser les éléments qui constituent, selon vous, les acquis de votre expérience professionnelle et vos atouts au regard des connaissances, compétences et aptitudes recherchées.

L'expérience au regard du profil recherché est la partie à remplir avec le plus de soin. Elle permet au jury de constater vos aptitudes à exercer les fonctions de conseiller pénitentiaire d'insertion et de probation et permet de connaître l'ensemble des connaissances, compétences et aptitudes que vous avez acquis au sein d'un emploi salarié mais aussi au sein de tout autre activité (participation à des groupes de travail, à des instances représentatives, démarche autodidacte, séjours linguistiques, expérience sociale, fonctions bénévoles...).

À partir de ce tableau, vous reprendrez les **expériences professionnelles** qui vous ont permis d'exercer des activités en relation directe avec **l'expérience professionnelle recherchée**. Vous pouvez joindre deux documents que vous auriez réalisés au cours de vos activités antérieures et qu'il vous paraîtrait pertinent de porter à la connaissance du jury au regard de l'expérience professionnelle recherchée.

Partie 3 : Documents joints à la demande

Vous devez joindre à votre demande les justificatifs, pour un minimum de 36 mois cumulés, consécutifs ou non, d'activités salariées, non salariées ou bénévoles en rapport avec la certification visée par la VAE.

Partie 4 : Fiche administrative de suivi du dossier et accusé de réception

2. L'entretien avec le jury

L'entretien avec le jury se déroulera dans les mêmes conditions que pour les autres candidats. Le jury aura pris connaissance du dossier que vous aurez au préalable déposé.

Il vous demandera de vous présenter et d'expliquer en quoi votre **expérience passée** peut vous permettre d'assurer les fonctions de conseiller pénitentiaire d'insertion et de probation.

Les membres du jury reprendront les différents éléments que vous avez abordés dans votre présentation. Ils vont souhaiter des compléments d'informations, des explications supplémentaires.

L'entretien diffère peu de ce que subit un candidat aux épreuves normales sauf que le jury ne doit pas, normalement, interroger le candidat sur ses motivations à exercer le métier de conseiller pénitentiaire d'insertion et de probation.

NOTE DU FORMATEUR

Le jury vous sanctionnera d'une note éliminatoire si vous avez opté pour la validation des acquis de l'expérience au moment de l'inscription au concours (en cochant la case sur le formulaire électronique) et que :

- vous ne déposez pas de dossier ;
- votre dossier est incomplet ;
- vous ne pouvez justifier de trois années d'expérience professionnelle dans des emplois inscrits dans la filière sécurité du répertoire interministériel de l'État ou en relation avec les métiers de la sécurité ou de la filière socio-éducative ou relevant de l'administration pénitentiaire.

Achevé d'imprimer en mai 2021
sur les presses de la Sepec (France)
N° d'imprimeur : 09467210501
N° d'éditeur : MAGSI 20200538
Dépôt légal : juin 2021

IMPRIM'VERT®

PEFC 10-31-1470 / Certifié PEFC / Ce produit est issu de forêts gérées durablement et de sources contrôlées. / pefc-france.org